丛书由信阳师范学院资助出版

中国工作环境研究丛书

劳动过程视角下的
员工工作时间研究

RESEARCH ON EMPLOYEES' WORKING TIME
FROM THE PERSPECTIVE
OF LABOR PROCESS

李 中 著

社会科学文献出版社
SOCIAL SCIENCES ACADEMIC PRESS (CHINA)

编　委　会

丛书总序

工作环境（working conditions）主要指的是从业者在其工作单位中，在主观上所感受到的一种工作氛围（working climate）与工作状态（working state）。工作组织与单位作为一个社会中重要的制度载体，主要通过其所形成和营造的独特的社会环境或者组织文化影响并规范员工的组织行为。在欧洲，工作环境研究已经初具规模，成为一个很重要的交叉学科领域。在中国，学者们对工作环境的研究才刚刚开始，目前主要从工作时间、工作报偿、工作场所以及工作中的员工参与四个方面展开研究。

从历史发展的过程来看，工业文明的一个重要特点，就是使人们从互不关联的"个体劳动"中脱离出来，走向互为关联的"集体劳动"。人们在"集体劳动"过程中不断互动，社会交往日益频繁。这种不断互动与频繁交往使人们产生了对公共品的需求，同时也发展出公共道德规范。随着公共（集体）空间和公共品在质量上的提高与数量上的增加，"集体劳动"的效率会不断提高，与此同时，"集体劳动"的环境以及公共空间的环境也会不断改善，这既是文明发展的历史趋势，也是文明发展的条件和前提。[①]在现代社会，工作组织是各类组织中的最主要形式，也是多数社会成员的主要"栖身"场所。人们生活在社会里，工作是人们生活最重要的组成部分，它会给人们带来完全的满足与充分的意义。一方面，人们的工作以及工作的环境深深地影响着人们的行为，

---

① 郑永年：《当代中国个体道德下沉根源》，《联合早报》2019 年 7 月 23 日。

1

这样的组织及其环境实际上是人们在社会生活中价值观与行为取向重塑的社会场所；另一方面，人们的行为也深深地嵌入了他们工作的那个单位或者说他们的职业或工作之中。在很多情况下，人们在这种环境中完成他们的社会化过程。恰恰在这个意义上，人们在工作单位中感受到的组织氛围与工作状态，对人们在组织中的行为会产生举足轻重的影响。

事实上，经济增长的质量和效率取决于参与经济活动的劳动者的质量，取决于这种经济活动的组织者所营造的工作环境的质量。良好的工作环境，能够成就有质量的工作，它既是社会高质量发展的前提，也是条件。一个高质量发展的中国，首先需要创新劳动者的工作环境，同时需要提高劳动者的工作质量，这是当今中国发展的重要基础。

不少的研究告诉我们，一个好的工作环境，在微观个体层面，能够为人们获得幸福与满足提供必要的物质保障和前提，为人们的情感满足提供必要的社会归属，能够帮助个体更好地在组织中实现自我、激发潜能，为人们的自我成长和满足提供必要的公共场所；在中观组织层面，能够促进良好的组织文化构建，提高组织成员对组织的认同感和满意度，提高组织效率，进而快速推动组织的创新与发展；在宏观社会层面，有助于我国的经济与社会实现"新常态"下的健康、平稳发展，同时也能够为高质量发展提供合理的预期。

按照社会学的理论，在一个组织的发展过程中，人们的行为结构总是嵌入组织的结构之中。在这个意义上，工作环境作为组织员工行为的结构性因素，同样也发挥着至关重要的作用。毋庸置疑，好的工作环境、工作质量，作为衡量人类福祉的重要指标，不应该也不能够被排除在社会发展的关注范畴之外。

从学科特点来说，组织工作环境问题是社会学研究的重要内容，特别是从组织社会学角度出发进行的研究具有明显的学科特长和优势。就研究路径而言，将组织社会学的相关理论、方法和观点运用于对工作环境问题的研究，不仅使我们从学术视角对组织工作环境变迁的结构特征及影响机制有更为深入的认识，而且由于工作环境贴近现实生活实践，勾连社会成员与各类工作组织，因而使其成为宏观与微观社会治理的一个重要环节。

在很多情况下，我们还可以观察到，一个社会的景气离不开这个社会中各种不同类型的组织的景气，或者组织中良好的工作环境。当一些社会成员在自己所隶属的组织中不愉快、不满意，感受不到组织的激励，体会不到其他组织成员的帮助和支持时，那么，他们这种不满的感受和情绪就会或多或少地以各种不同的方式宣泄到社会当中去，这在一定程度上会影响一个社会的景气。所以，从某种意义上说，研究一个组织的景气以及组织的工作环境能够使我们在更深层次上理解一个社会的景气，这恰恰也是我们研究组织景气与工作环境的学术意义①。

另外，对工作环境研究的深入，能够为组织的评估提供一个良好的学术与方法的基础。事实上，如何运用科学的方法对一个组织的景气状况进行评估，对于提高组织的效率、提高员工的满意度和获得感、增强员工对组织的认同与归属，都能够起到很重要的作用。

正是从工作环境研究的重要学术意义和应用价值出发，我们从 2013 年开始，对中国的工作环境问题进行了深入研究。这套丛书，就是试图根据我们的田野调查和研究数据，从各个不同的角度对中国的工作环境问题进行深入的观察与分析，同时也是对我们前一个时期的研究工作的一个小结。

同时需要说明的是，这套丛书由信阳师范学院资助，这项研

---

① 所以，这套丛书也可被看作两个国家社会科学基金项目课题研究的进一步深入和延续，分别为：张彦，2015 年国家社会科学基金一般项目"中国企业工作环境研究：概念、量表与指数构建"（项目编号：15BH05）；李汉林，2018 年国家社会科学基金重大项目"中国社会景气与社会信心研究：理论与方法"（项目编号：18ZDA164）。

究由信阳师范学院中国工作环境研究团队实施。

我们衷心地期望，这套丛书的出版，能够进一步推动中国工作环境研究的深入。

是为序。

目　录

第一章　导论

本书是关于中国员工工作时间的研究。笔者将从劳动过程的视角出发，分析组织与员工围绕工作时间展开的互动，以揭示员工工作时间的生成和作用机制。在正式进入分析之前，我们有必要对本书的研究背景、研究意义、关键概念、研究方法等进行简要的介绍。

一　研究背景

2019年3月27日，一个名为"996. ICU"的项目在GitHub上传开。GitHub是程序员们常用的一个代码托管网站，可以理解为一个"代码仓库"，除了可在此存放代码，程序员也可以将自己的开源项目放在上面供他人浏览学习。什么是"996. ICU"呢？简单来说，"996"是指每天早上9点到岗，晚上9点下班，每周工作6天的工作模式，"996. ICU"即中国程序员对这种工作时间过长状态的戏谑调侃。项目发起人试图借此联合广大程序员抵制那些执行"996"制度的互联网公司，以维护自身合法的劳动权益。"996. ICU"一经发布，便成为自GitHub成立以来最受欢迎的项目之一。截至2023年8月，该项目已经获得26.8万颗星（类似于点赞）①。

①　参见996. ICU项目页，https://github. com/996icu/996. ICU，最后访问日期：2023年11月20日。

"996" 的话题从外网传回国内之后，也引发了国内网友的广泛讨论。不过，真正引爆话题的是阿里巴巴集团董事局主席马云于 2019 年 4 月 11 日在内部交流活动上对 "996" 现象发表的评论，他说："我个人认为，能做 996 是一种巨大的福气，很多公司、很多人想 996 都没有机会。如果你年轻的时候不 996，你什么时候可以 996？……我想你们应该有这个理想，在阿里工作 10 年、15 年，有一天可以建立一个自己的公益基金，可以做一些愿意做的事情，能够帮助你的孩子更有福报，帮助你自己有福报，不是一件很好的事情吗？这就需要 996。"① 由于马云互联网行业的"资本"身份，这番 "996 福报说" 的辩驳之辞迅速引发了社会公众和媒体的强烈反响。人民日报、新华社等主流媒体先后发表评论文章《强制加班不应成为企业文化》《崇尚奋斗，不等于强制 996》《奋斗应提倡，996 当退场》等，指出 "996" 工作制既不合法，也不利于提升企业的核心竞争力②，强调崇尚奋斗精神不等于强制加班③，善待劳动者才是对奋斗精神的最好弘扬④。尽管马云在随后几天多次对先前的言论进行解释，但是此时已是"一石激起千层浪"，舆论对 "996" 的批判性议论一直持续了一整年。2019 年 12 月 2 日，教育部官网发布了国家语言资源监测与研究中心总结的 "2019 年十大网络用语"，"996" 即位列其中⑤。而今，"996" 已经成为被广泛使用的指代劳动者超时工作状态的惯用语。

---

① 阿里巴巴：《"马云谈'996'"》，https://zhuanlan.zhihu.com/p/62208409，最后访问日期：2023 年 11 月 20 日。
② 彭波：《强制加班不应成为企业文化》，《人民日报》2019 年 4 月 11 日，第 19 版。
③ 人民日报评论：《崇尚奋斗，不等于强制 996》，https://weibo.com/ttarticle/p/show？id=2309404360947027344911，最后访问日期：2023 年 11 月 20 日。
④ 参见辛识平《奋斗应提倡，996 当退场》，http://www.xinhuanet.com/politics/2019-04/15/c_1124370790.htm，最后访问日期：2023 年 11 月 20 日。
⑤ 《汉语盘点：2019 年十大网络用语发布》，http://www.moe.gov.cn/jyb_xwfb/gzdt_gzdt/s5987/201912/t20191202_410477.html，最后访问日期：2023 年 11 月 20 日。

在更广泛意义上，"996"事件指向的是发展时期的劳动者权益保护问题。自20世纪90年代起，随着市场经济的发展和国有企业改革，"民工潮""下岗潮"相继出现，劳动者权益保护成为社会发展面对的新问题。为了解决这一问题，政府围绕保障劳动者就业机会、实行劳动合同制、推行集体合同制、建立劳动关系三方协商机制、完善劳动标准体系、健全劳动争议处理体制等，制定、颁布和实施了一系列法律法规①。例如，1992年4月，全国人民代表大会通过了《中华人民共和国工会法》，明确了维护职工合法权益是工会的基本职能。1994年7月，全国人民代表大会常务委员会通过《中华人民共和国劳动法》（以下简称《劳动法》），这是新中国关于劳动者权益保护的专门法律，实现了对宪法规定的公民劳动权的具体化。不过，就现实来说，虽然这些法律的制定和实施在劳动者权益保护方面发挥了重要作用，但是其也存在不足之处，如劳动法律体系尚不完善、劳动立法覆盖的劳动者范围较窄、劳动立法中对劳动者权益的突出保护还需加强、劳动争议处理制度已明显落后等②。

随着中国于2001年正式加入世界贸易组织，中国经济参与到了全球经济一体化的进程中，这不仅加速了中国劳资关系的重构，也加剧了劳资双方的冲突——就业、分配、社会保障、劳动安全与卫生等劳动问题开始日益突出。在这新的经济环境下，对劳动者权益的保护就变得尤为重要。常凯认为，面对新的经济环境，政府一方面需要参照国际劳工标准，完善中国劳工标准立法，以更有效地保障中国工人的合法权益③，另一方面要结合国际劳工组

---

① 姜颖：《我国劳动立法与劳动者权益保障》，《工会理论与实践（中国工运学院学报）》2003年第3期，第40~43页。

② 姜颖：《我国劳动立法与劳动者权益保障》，《工会理论与实践（中国工运学院学报）》2003年第3期，第40~43页。

③ 常凯：《WTO、劳工标准与劳工权益保障》，《中国社会科学》2002年第1期，第126~134页。

织提出的"体面劳动"等战略目标，在"促进工作中的基本原则和权利、促进就业、促进社会保护、促进社会对话"等方面加强对中国劳动者的权益保护①。

工作时间限制是劳动者权益保护的重要内容。1919 年，国际劳工组织通过的第一项公约就是《工作时间（工业）公约》，其确定了工作时间的国际标准：对于工业企业，员工每天工作不超过 8 小时，每周不超过 48 小时。1930 年，国际劳工组织又将这一标准推广至商业和行政领域；1935 年，国际劳工组织进一步将 48 小时标准工时建议缩减为 40 小时②。新中国在成立之初就对员工的工作时间进行了限制，例如 1949 年 9 月发布的《中国人民政治协商会议共同纲领》第三十二条就规定"公私企业目前一般实行 8 小时至 10 小时的工作制"。法定工时制度也于 1994 年被纳入法律文本之中，1994 年通过的《劳动法》第三十六条规定，国家实行劳动者每日工作时间不超过 8 小时、平均每周工作时间不超过 44 小时的工时制度；第三十八条规定，用人单位应当保证劳动者每周至少休息一日。

尽管有了法律的规范，但是相关工时制度并未得到完全落实，工作时间过长的现象仍然存在。究其原因，是规则的制定很多时候并不能与一国的现实处境完全契合。以国际劳工组织的公约为代表的遏制超时工作的努力固然具有其珍贵的人文价值，但是就世界经济发展的现实来看，在全球生产一体化的背景下，一个国家一旦施行严格的工时制度就会增加该国的劳动力成本，使得来自该国产品的生产成本上升，进而导致该国在全球生产链中失去竞争力，最终结果是经济发展的滞后；对于那些处于国际产业链的低端环节、主要依靠廉价劳动力赚取微薄的加工费的发展中国

---

① 常凯：《经济全球化与劳动者权益保护》，《人民论坛》2003 年第 5 期，第 4~6 页。

② Sangheon Lee, Deirdre McCann & Jon C. Messenger, *Working Time Around the World: Trends in Working Hours, Laws and Policies in a Global Comparative Perspective* (London: Routledge, 2007), p. 1.

家而言，这种劳动者权益维护与经济发展之间的不协调问题更是格外突出。同样地，在企业层面上，面对全球化背景下日益激烈的市场竞争环境，很多企业（尤其是中小企业）为了维持自身生存和发展，也用在"擦边"或直接违背法律制度的情况下要求员工非法、低偿甚至无偿加班的方式来节约劳动力成本。

对于这一情况，国际劳工组织于1962年发布的《减少工时建议书》（第116号建议书）明确指出：减少实际工时需要考虑所在国家的国情。具体来说，这些国情因素包括：

①现有的经济发展水平和国家所具备的缩短工时而不降低总生产或生产率，不影响经济增长、新工业的发展或国际贸易中的竞争地位，以及不引发通货膨胀压力，以致降低工人实际收入的条件程度；

②已有的技术进步和运用现代技术、自动化和管理技术提高生产率的可能性；

③仍处于改善人民生活水平阶段的某些发展中国家的需要；

④各有关产业活动部门的雇主组织和工人组织对减少工时方式的选择。①

可以认为，宏观层面的经济压力导致了过去很长一段时期内劳动者权益保护的力度不够，并且可以想象，在经济下行压力持续、疫情等"黑天鹅"事件带来冲击、国际局势紧张等多重背景下，在未来一段时间里，劳动者权益保护要取得实质性的进展，也存在一定困难。但是，这并不意味着以超时工作为代表的劳动者权益保护问题需要放任、搁置或者冷处理。因为就业是最大的民生，影响着千家

---

① ILO, Reduction of Hours of Work Recommendation（No. 116）（46th ILC session, Geneva, 1962），https://www.ilo.org/dyn/normlex/en/f? p = NORMLEXPUB: 12100: 0::NO::P12100_ILO_CODE:R116，最后访问日期：2023年11月20日。

万户的生活。要践行以人民为中心的发展思想，更好地满足人民日益增长的美好生活需要，就需要让广大劳动者实现高质量充分就业。

党的十八大以来，以习近平同志为核心的党中央高度重视就业问题，始终把促进就业摆在优先位置，做出一系列决策部署，推动我国就业工作取得重大成就。党的二十大报告提出："强化就业优先政策，健全就业促进机制，促进高质量充分就业。"这是党中央牢牢把握我国发展的阶段性特征，根据新形势新任务明确的目标要求。一方面，"充分就业"需要千方百计创造更多就业机会，扩大就业容量；另一方面，"高质量就业"需要增强就业的适配性，通过健全劳动法律法规、完善劳动关系协商协调机制和劳动者权益保障制度等措施，不断提升劳动者的工作质量，包括提升劳动者的工资收入、限制非法加班、改善工作环境等。只有这样，劳动者才能够真正通过劳动创造幸福，才能在新的发展阶段为实现他们个体和集体的目标而努力奋斗。反之，如果劳动者在劳动过程中感受到的都是疲惫、焦虑、失望、无助等负面情绪，那么他们势必会在心理上和行动上对工作有所抵触，包括对组织和政府失去信任，在工作中采取偷懒、破坏等反生产行为，这些势必会成为影响组织和社会稳定的不确定性因素。

概言之，工作时间问题更深层次地指向的是发展时期劳动者权益与组织利益、社会经济发展与民生保障之间存在的阶段性紧张关系。在全面建成社会主义现代化强国、实现第二个百年奋斗目标的新征程中，准确把握和处理这一问题就变得尤为重要。

二 理论视角和研究问题

一般来说，任何社会现象的学术性研究都需要解决两个基本问题，一是"是什么"，二是"为什么"。"是什么"指向发现和展示现象，"为什么"则指向探寻因果机制。显然，后者是社会科学研究的关键，因为正是对社会现象背后相对恒定的因果机制的挖掘，才带来了我们知识积累的可能①。本书的核心任务也是分析员工工作时间背后的因果关系。但是，这一目标显然过于宏大。任何一个社会现象产生的原因和可能的影响都是复杂的，"多因一果"和"一因多果"是社会研究中的常态，这种复杂的因果关系在很大程度上是无法被简化的。因此，要想在一篇文章或是一本书中将这些因果关系都厘清，显然是困难的。在学术研究中，学者们往往只是基于自身学科的特定理论视角关注某一条或少数几条因果路径。只有对不同学者所勾画的不同因果路径进行整理，社会现象的全貌才能逐渐清晰，而这是一个漫长的过程。本书也需要借用一个特定的理论视角来切入对工作时间背后因果关系的分析。

本书对工作时间的分析将采用社会学研究劳动问题的经典视角：劳动过程视角。"劳动过程"最初是马克思阐释劳动价值论时所重点关注的内容，后其观点由一些马克思主义学者继承和发展，形成了一个解释现代雇佣关系下劳动生产秩序的理论。该理论聚焦于中观和微观层次，关注劳动组织的结构和制度以及员工的感受和行动；基于社会学冲突论的理论框架，通过分析劳动过程中组织的控制管理策略以及员工的应对性行动，来解释劳动相关问题的前因和后果。

选择这一理论视角的原因有以下几点。第一，劳动过程理论是社会学冲突论的代表，它关注的是资本和劳动者由于存在一定程度的利益不一致而形成的带有冲突性质的互动过程。在中国旧的生产体制消失、新的生产体制尚未完全成形，导致劳资冲突问题尚存的背景下，这种分析视角被认为是中国劳工问题研究的重要理论基础和分析方法②。一些学者认为，由于20世纪90年代后期以来中国社会形势日趋紧张，只有重新通过冲突论的视角来考

① 王天夫：《社会研究中的因果分析》，《社会学研究》2006年第4期，第132～156页。
② 吴清军：《西方工人阶级形成理论述评——立足中国转型时期的思考》，《社会学研究》2006年第2期，第182～203页。

察劳动问题，才能对中国社会不平等的结构及其形成做出更有洞察力和前瞻性的分析①。就劳工研究而言，有学者也主张，应该将马克思的冲突论思想带回劳工研究的中心，即应用控制、支配等概念来认识中国的劳工和劳资关系②。不过，在本书中，笔者尽管借用劳动过程理论的分析框架，但是并不将分析的两个主体（组织和员工）定义为两个具有严格对抗关系的主体，而是基于一种"多元论"③的视角来审视两者的互动过程，即强调组织和员工之间存在一定程度上的利益冲突，但是对于这种冲突的解决不是依赖传统马克思主义的斗争思路，而是主张在冲突之中寻求和解和共赢之道，以推动建立一种和谐的劳动关系。

第二，劳动过程理论的分析视角是中观和微观的结合性视角，既关注组织结构和制度，也关注个体感受、态度和行动，更关注两者之间的相互作用。这种跨层次的视域正是当前社会学强调的宏观和微观整合的一个可取的视角选择。"结构还是行动"是社会学长期以来关于研究范式的争论。社会学奠基人之一迪尔凯姆（Durkheim，又译为"涂尔干"）认为，社会是一个独立的实体，而不是其组成部分的简单集合。个体的行动绝不是经济学所假定的自由的个体行为，而是受到社会结构的约束。社会学的研究对象是社会事实，即那些外在于个体的、对个体行为具有限制作用的"物"④。涂尔干的

---

① 冯仕政：《重返阶级分析？——论中国社会不平等研究的范式转换》，《社会学研究》2008年第5期，第203~228页。

② 佟新：《当代中国劳动问题的社会学研究》，社会科学文献出版社，2014，第113~130页。

③ 常凯等人指出，劳动关系研究有三种主要的取向，一是二元论，这是传统马克思主义的理论视角，认为劳资矛盾和冲突是不可调和的，只能用社会革命的方式来解决；二是一元论，认为劳资之间的利益总体上是一致的，劳动冲突可以避免，可以通过改善企业的人力资源管理方式等方法来解决；三是多元论，认为冲突是劳资关系所固有的，但这种冲突可以通过适当的规则去处理和解决。参见常凯主编《中国劳动关系报告——当代中国劳动关系的特点和趋向》，中国劳动社会保障出版社，2009，第6页。

④ 〔法〕E. 迪尔凯姆：《社会学方法的准则》，狄玉明译，商务印书馆，2017，第33~35页。

思想确定了社会学的基本学科问题，到帕森斯提出"社会系统理论"时结构功能主义已达到顶峰，成为社会学主流研究范式。不过，这一理论范式的主流地位并没有一直延续下去，20世纪70年代，一场社会学的范式争论开始上演。学者们批判帕森斯的理论过于抽象，与真实的社会生活相去甚远，认为社会学的研究应该回到社会的基本单位"人"身上。此后，交换论、符号互动论、拟剧论、常人方法学等一系列新的理论或研究方法被相继提出，社会学的研究视角也逐渐从宏观转向了微观，学者们开始重点关注人在社会生活中的行动①。

补足微观个体行动研究的重要性并不能否定宏观社会结构研究的价值，越来越多的学者发现弥合两个视角之间的缝隙，形成一个整合性的研究范式是社会学学科建设的一项关键性工作。布劳、吉登斯、布迪厄、哈贝马斯、科尔曼等一批学者都对此进行了研究。他们秉持的一个基本观点是，结构与行动是相互作用的：社会的结构制约了人的行动，同时人的行动也会形塑社会的结构。于是，在一个具有整合性的社会学分析框架内，对一个特定社会性结果进行分析时，就需要对形成该结果的场域之结构和行动同时进行观察，着重分析它们的相互作用过程。劳动过程理论的提出虽然没有统一结构与行动的理论意图，但是其分析框架暗含了这种可能性。由此，基于中观与微观结合②的视角，考察员工工作时间背后组织与员工的双向互动过程，在某种程度上，可以为社会学理论视角整合提供经验证据。

此外，从学科视角的差异来看，不同学科对员工工作时间的

---

① 〔德〕汉斯·约阿斯、沃尔夫冈·克诺伯：《社会理论二十讲》，郑作彧译，上海人民出版社，2021，第87~89页。

② 在这里，本书采用的表述是中观与微观的结合，而非宏观与微观，这是基于"社会—组织—个人"的三层次划分。如果我们忽略外部的"社会"，那么，对于个人而言，组织也可以理解为相对于"微观"的"宏观"。本书在分析的时候并未过多考察宏观因素，而是主要聚焦于组织与员工的互动过程。

考察和解释大多存在学科视野上的限定性，要么聚焦于微观层面，关注个体的能动性，如微观经济学、心理学和管理学（尤其是组织行为学）；要么强调社会（或组织）结构、制度、文化的约束性，如政治学和宏观经济学。我们知道，一个社会现象的产生一定是多方面因素的结果，包括个体的、组织的或社会的因素。专注于一个层面的因素，不仅容易看不清事件的全貌，还容易忽视对各层次因素相互作用的思考。当前社会学提倡宏观和微观的结合，目的正是消解社会科学研究中的"二元论"，通过打破学科视角间的壁垒，更全面地认识社会世界和探索其运行规律。

　　劳动过程理论关注劳动过程中组织与员工的双向互动关系和行动，一方面，组织为了维系生产秩序需要对员工的劳动过程进行管理和控制；另一方面，面对组织的控制，员工出于对自我权益的考量会采取一定的应对性行动。如果将工作时间的研究放入这一分析框架之中，那么前一环节指向的是员工工作时间的生成过程，后一环节指向的是员工工作时间的作用过程。我们可以将本书的基本分析框架用图 1-1 表示，该分析框架涉及三个关键变量：组织控制、工作时间和员工应对。

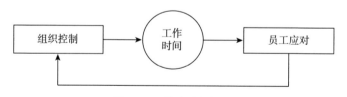

图 1-1　基本分析框架

　　具体来说，本书将回答以下三个问题：第一，组织的哪些管理控制策略影响了员工的工作时间；第二，工作时间的增加引发了员工的何种组织行为；第三，员工的行动是否有助于改善组织环境，进而影响其工作时间。本书试图通过第一个问题去分析影响员工工作时间的组织管理因素，通过第二个问题去探究工作时间过长的组织性后果，通过第三个问题来考察组织与员工在劳动过程中的双向互动关系。

三 概念辨析

概念是人类对所感知的经验事物的理性概括，它回答了"这是什么"的基本问题，是人类就所感知事物进行交流、分析和论证的基础。因此，我们有必要对研究问题所涉及的核心概念进行界定和辨析。

（一）组织与员工

本书旨在探讨员工工作时间形成背后组织和员工的互动过程。因此，组织和员工是本书研究的两个基本对象，对它们进行定义需要格外谨慎。对于组织，斯格特（W. Richard Scott）总结认为，可以从三个角度来理解[①]。第一，在理性系统视角下，组织是意图寻求具体目标并且结构形式化程度较高的社会结构集合体。该视角下的组织被视为一种为完成特定目标而设计的工具，具有具体化和一致性的目标，并且在组织内部通过标准化、规范化和形式化的方式使组织内的每个成员的行为变得确定。这种理解组织的视角的代表包括泰罗的科学管理主义、法约尔的行政管理理论、韦伯的科层制理论以及西蒙的管理行为理论。在这一视角下，以科斯和威廉姆森为代表的交易成本学派还进一步解释了组织何以成为一个有效工具的问题[②]。

第二，在自然系统视角下，组织是一个集合体，参与者寻求着多种利益，无论是不同的还是相同的。该视角强调组织目标的复杂性，组织成员与组织的目标可能一致也可能存在矛盾。这种

[①] 〔美〕W. 理查德·斯格特：《组织理论：理性、自然和开放系统》，黄洋等译，华夏出版社，2002，第 24～26 页。

[②] 周雪光：《组织社会学十讲》，社会科学文献出版社，2003，第 34～40 页。

利益的多元化进一步带来了两种关于组织秩序的观点，一种是社会一致性观点，即强调组织是拥有共同目标的个体所组成的集合体，组织是稳定和持续的，组织内部存在共同规范、价值观念与合作行为。这种社会秩序的观点主要来自涂尔干、帕森斯等结构功能主义者。另一种相反的观点来自以马克思为代表的社会冲突论者，该观点指出，秩序并不来自一致的利益或价值观念，而是源于压制，即强大群体对弱小群体的控制。由于冲突的存在，组织秩序总是不稳定的。

第三，在开放系统视角下，组织是与其参与者之间不断变化的关系相互联系、相互依赖的活动体系；该体系根植于其运行的环境之中，既依赖与环境之间的交换，同时又由环境构建。该视角强调组织不是一个封闭的系统，而是受到外部环境的影响。组织研究中的制度学派和社会网络学派都对开放系统视角进行了拓展和深化[1]。

通过对定义组织的三种视角的分析，可以看出，本书更倾向于采用自然系统视角来界定组织。在劳动过程理论的视域下，组织和员工的利益并不统一，而是具有一定的冲突性。在这种视角下，组织是一个具有一定结构的实在的主体，它代表的是生产资料的所有者（如私有企业）或其代理人（如国有企业）的利益，使用的是资本（以利益为目标）或政治（以合法性为目标）的行动逻辑。换句话说，在本书中，组织是具有一定结构和制度的生产资料所有者或其代理人。当强调"所有者"时，"组织"与"资本"、"企业主"等具有相似的内涵；一般情况下，"组织"与"雇主"、"用人单位"等概念的内涵一致。

在劳动过程视角下，员工是与组织相对应的概念，是与劳动组织建立持续性雇佣关系的人员。这个概念强调成为"员工"应满足三个条件，一是加入劳动组织，二是建立雇佣关系，三是关系具有持续性。第一个条件的设立借鉴了卢曼使用成员资格来界

---

① 周雪光：《组织社会学十讲》，社会科学文献出版社，2003，第 154～155 页。

定组织的方式①，即员工身份的排他性是由组织赋予的；第二个条件表明员工与组织建立的是一种雇佣关系，这种雇佣关系的本质是劳动力交换，即员工通过出让劳动力向组织换取金钱等回报，这也意味着员工是具有个人目的的理性行动者，其利益诉求并不总是与组织一致，往往还存在冲突；第三个条件强调员工与组织之间的关系应是稳定、长期和持续性的，而不是临时或间断性的。

（二）超时工作

尽管笔者指出对于工作时间的评价和测量应该涉及工作时长、工作时点和工作时间自主性三个维度②，但是很明显，反映数量性的时长是最为重要的维度。因此，本书关于员工工作时间的探讨将主要涉及指向员工工作时间长短的"超时工作"的概念。所谓超时工作，是指劳动者工作时间超过一定限度的状态。这是一个较为宽泛的定义，其宽泛之处在于，我们并没有对"限度"进行明确。理论上，判定是否超时的限度标准既可以是客观的，也可以是主观的。有学者总结了常用的三种限度标准：一是法定工时标准，即工作时长是否超过法律规定的标准工时；二是主观意向标准，即劳动者对是否超时的自我感知；三是健康受损标准，即工作时长是否长到对健康造成明显负面影响③。在实际研究过程中，一些学者也使用相对性标准（如均值）作为判定超时工作与否的阈值④。综合来看，

---

① 转引自夏传玲《权杖和权势——组织的权力运作机制》，中国社会科学出版社，2008，第 78 ~ 79 页。

② 李中：《工作时间质量对员工的影响：理论路径与实证检验》，《中国劳动关系学院学报》2021 年第 3 期，第 81 ~ 94 页。

③ Sangheon Lee, Deirdre McCann & Jon C. Messenger, *Working Time Around the World: Trends in Working Hours, Laws and Policies in a Global Comparative Perspective* (London: Routledge, 2007), p. 37.

④ Elena Bardasi & Quentin Wodon, "Working Long Hours and Having No Choice: Time Poverty in Guinea," *Feminist Economics* 16 (2009): 45 – 78; Stella Chatzitheochari & Sara Arber, "Class, Gender and Time Poverty: A Time-Use Analysis of British Workers' Free Time Resources," *British Journal of Sociology* 63 (2012): 451 – 471.

本书认为，超时工作的限度标准主要有以下四类。

（1）法定工时标准

社会生活中客观的限度标准通常由集体商定，为集体成员所共同了解和接受。就超时工作而言，通常所认可和使用的客观的限度标准包括国际组织（如国际劳工组织）、区域组织（如欧盟）以及国家的法律制度所建议或规定的工作时长，本书将其统称为法定标准工时。基于法定标准工时的超时工作限度标准就是法定工时标准。当劳动者的工作时长超过法定标准工时，即认为劳动者处于超时工作的状态。此时，超时工作的定义可以进一步明确为劳动者工作时长超过法定标准工时的状态。从既有研究来看，这一标准是最常被使用的。

（2）相对工时标准

法定工时标准是一种普适的、绝对的限度标准，而这种普适和绝对性就意味着，该标准是稳定的；然而，尽管十分缓慢，但是社会是变动的。用一个稳定的标准来衡量变动的社会，可能会出现"失准"的问题。此外，法律通常不会对所有时间跨度的标准工时进行明确，例如，中国的《劳动法》只规定了日工作时长和周工作时长标准，而没有对月和年标准工时予以明确。此时，如果调查数据以月和年为单位来统计人们的工作时长，那么，便缺少一个可以利用的法定工时标准。通常的解决办法是采用相对工时标准，如平均工作时长、工作时长中位数等。这一方法既可以解决标准"失准"的问题，也可以解决标准缺失的问题。

（3）健康受损标准

健康受损标准是一种基于工作时长与劳动者身体健康水平之间存在相关性的假定，将客观上能够明显造成劳动者身体健康状况水平下降的工作时长视为"超时"的限度标准。这里所说的健康水平下降，并不一定是指被明确诊断出疾病，更多是指由工作引发身体或心理上的不适症状，如四肢疼痛、头痛、头晕、浑身乏力、疲惫，以及焦虑、紧张等。这些不适症状可能在长期的超时工作之后转变为明确的疾病。

不过，健康受损标准很少作为超时工作的判断依据来使用。一方面，劳动者由于超时工作而健康受损是一个长期性的过程，很难在短时间内被观察到；另一方面，劳动者健康的好坏程度也不容易被量化。所以，要基于健康状况来客观和准确地确立一个限度值通常十分困难。

（4）主观意向标准

人是有感知能力的生物，任何与人有关的限度标准几乎都可以通过主观的感受来确定。超时工作亦是如此：人们可以自我的感受来判断自己的工作时间是太长还是不够。因此，学者提出了"工作时长倾向"（working hours preference）这一测量主观意愿或感受的概念。工作时长倾向是指人们期望工作时长与实际工作时长的关系。在实际调查中，受访者需要对下列三种情况进行选择：①增加工作时长，同时增加收入；②减少工作时长，同时减少收入；③保持现状。如果受访者选择第一项，表明其倾向工作更长时间，学者们称这种状态为"非充分就业"（underemployment）；如果受访者选择第二项，表明其愿意以降低收入为代价来减少工作时间，学者们称这种状态为"过度就业"（overemployment）[1]，也即本书所指的超时工作。

相较于客观标准，主观标准加入了对"回报"因素的考量，人们基于对时间投入和金钱回报两个因素的考虑，综合判断其是否处于超时工作的状态。如果金钱方面的效益大于投入时间耗费的成本（即超时工作的负面影响，包括消极感受、健康受损、工作－生活冲突等），那么他们就可能选择用时间来换取更多的收

---

① Lonnie Golden & Tesfayi Gebreselassie, "Overemployment Mismatches: The Preference for Fewer Work Hours," *Monthly Labor Review* 130 (2007): 18 – 36; Steffen Otterbach, "Mismatches Between Actual and Preferred Work Time: Empirical Evidence of Hours Constraints in 21 Countries," *Journal of Consumer Policy* 33 (2010): 143 – 161.

入。由于主观意向标准综合性地考虑了每个劳动者不同的境遇以及由此产生的不同的时间和金钱需求，因此其也被认为是一种有效的超时工作判断标准①。

但是，主观意向标准的最大缺点是不具有可比性。在客观标准下，每周工作50小时的人超时工作的情况一定比工作40小时的人严重，但是在主观标准下，前者可能由于希望工作更长时间而被判定为"工作时长不足"，而后者可能由于选择了"减少工作时间"而被判定为超时工作。已有的调查研究已经反映出了这一问题。奥特巴赫（Otterbach）对全球21个国家的劳动者的工作时长倾向进行统计分析后发现，在国家层面上，一个国家的劳动者每周工作时间越长，该国劳动者希望工作更长时间的比例反而越高②。这背后实质上反映的是不同劳动者的经济资源占有量不同引发的对于工作时间和收入的不同需求：那些在经济资源上占有优势的人，更可能愿意选择闲暇而不是工作。奥特巴赫的研究也证实了，一国人均GDP越低，该国劳动者通过延长工作时间来获得更多收入的意愿也就越强③。正是这种先赋资源的不平等，使得基于主观意向标准判断的超时工作不具有个体和群体之间的可比性。此外，在消费主义的影响下，人们很可能为了获得更多收入一味选择延长工作时间，这将使我们在一定程度上低估劳动者超时工作的程度。

总的来说，超时工作的判定可以依据多种标准。不过，正是由于超时工作的不同限度标准的存在，学者们使用了一些表述不同但内涵十分一致的概念。例如，"过度就业"就是劳动者对自身

---

① Mark Wooden, Diana Warren & Robert Drago, "Working Time Mismatch and Subjective Well-Being," *British Journal of Industrial Relations* 47 (2009)：147 – 179.

② Steffen Otterbach, "Mismatches Between Actual and Preferred Work Time：Empirical Evidence of Hours Constraints in 21 Countries," *Journal of Consumer Policy* 33 (2010)：143 – 161.

③ Steffen Otterbach, "Mismatches Between Actual and Preferred Work Time：Empirical Evidence of Hours Constraints in 21 Countries," *Journal of Consumer Policy* 33 (2010)：143 – 161.

工作时长是否超过心理限度的主观判断的一种结果，其本质上就是一种基于主观意向标准定义的"超时工作"。一些学者也基于健康受损标准来定义"过度劳动"（overwork）的概念[1]，例如孟续铎将"过度劳动"定义为：劳动者在其工作过程中存在超时、超强度的劳动行为，并由此导致疲劳的蓄积，经过少量休息无法恢复[2]。这一定义为过度劳动的限度标准确定了两个要素，一是超时和超强度，二是疲惫。不过，尽管本书认为"过度劳动"和"超时工作"两个概念十分接近，即两者表达的都是劳动者处于某种基于工作时间及其后果而判定的劳动状态，但是，由于"过度劳动"的概念本身存在界定上的争论，一些学者将其与生理学中的"过劳""过度疲劳"等同，因而完全用生理症状来界定该概念，另一些学者则仅仅将其与工作时间相联系[3]，因此，为了避免陷入这种概念之争，本书会尽量避免使用"过度劳动""过劳"等概念。

除了由于标准使用不同而形成的相似概念之外，还有一些概念由于是超时工作引发的结果，因而也具有很强的相关性，包括时间贫困（time poverty）、时间挤压（time squeeze）、时间荒（time famine）等。这些概念虽然没有明确指向超时工作本身，但是实质上反映的是超时工作的结果，即由于工作占据了大量时间，人们出现了时间不够用的情况。不过，由于工作只是引发人们时间贫困的原因之一，因此尽管这些概念在一定程度上描述了与超时工作类似的个体状态或社会现象，但是它们并不与超时工作等同。

（三）隐性加班

隐性加班是现代劳动条件下出现的现象。在传统的工厂式生

---

① 孙姣、杨河清：《近年我国过度劳动问题研究动态》，《中国人力资源开发》2016年第19期，第92～98页。

② 孟续铎：《劳动者过度劳动的成因研究：一般原理与中国经验》，博士学位论文，首都经济贸易大学，2013，第45页。

③ 石建忠：《过度劳动理论与实践——国外经验、中国现状和研究展望》，《人口与经济》2019年第2期，第105～118页。

产中，由于工人的劳动生产与用于生产的机器设备高度关联，一旦离开了工作场所就无法开展工作，因而工作与生活是高度区分的，工作时间也都是显性的。然而，随着现代信息与通信技术的普及，在脑力劳动者中，远程办公成为可能。在此背景下，工作开始突破工作与生活的物理边界，"入侵"员工的生活①。员工下班后依然要被迫处理工作事务，如接听工作电话、收发电子邮件、回复工作消息等，而这部分工作通常不被计算到工作时间之中，进而形成了"隐性加班"的问题，即员工长期在工作时间、工作场所以外通过微信等社交媒体进行工作的现象。最近几年中，这一问题也开始受到一定程度的关注②。

隐性加班会在一定程度上给劳动者带来负面效应。根据边界理论，由于人们在不同领域（包括工作、家庭和其他社会领域）中所处的空间、时间和心理状态存在不同，所以必然存在领域边界③。当工作突破物理空间的边界进入生活之后，一方面，员工休闲时间必然会被挤占，因而可能缺乏恢复的时间，根据努力—恢复模型（Efforts-Recovery Model），一旦劳动者恢复过程受阻而无法回到基准水平，由工作造成的不适感就会累积，进而给劳动者带来长期性的生理不适感或是生理病症④。另一方面，劳动者心理状态也会因此受到影响，因为工作和休闲两个领域所要求的情绪和状态几乎是截然相反的，工作要求专注，而休闲要求放松；一旦

---

① 李中、杨书超：《居家办公为何很累：基于边界理论的解释》，《前沿》2020 年第 6 期，第 100～106 页。

② 高建东：《论隐性加班及其法律规制》，《中国劳动关系学院学报》2022 年第 2 期，第 64～74 页。

③ Sue Clark, "Work/Family Border Theory: A New Theory of Work/Family Balance," *Human Relations* 53 (2000): 747 – 770; Blake Ashforth, Glen Kreiner & Mel Fugate, "All in a Day's Work: Boundaries and Micro Role Transitions," *Academy of Management Review* 25 (2000): 472 – 491.

④ T. F. Meijman & G. Mulder, "Psychological Aspects of Workload," in P. Drenth, H. Thierry & C. Wolff (eds.), *Handbook of Work and Organizational Psychology: Work Psychology* (Hove, England: Psychology Press, 1998), pp. 5 – 33.

工作频繁入侵生活，劳动者就会处于一种"待机"状态，即便行动上没有在工作，他们在心理上也还是不能进入休闲的情绪和状态之中，因而很难真正得到放松。所以，我们在讨论员工的工作时间时，有必要将那些未被严格记录的、在工作场所之外投入工作的时间也考虑在内。

（四）工作与劳动

概念上有必要说明的最后一个问题是，为什么是工作时间，而不是劳动时间。要准确区分工作和劳动是一件相当困难的事，无论是在学术研究中还是在日常交流中，两者都常常被不加区分地使用；但是由于本书将"工作时间"作为最核心的概念来使用，对其与其他相似概念进行语义学上的区分仍然是必要的。

赫勒（Agnes Heller）提出了三种理解工作概念的视角[①]。第一种是以马克思为代表的经济学的视角，在该视角下，工作被定义为创造满足他人需要的产品的过程。社会需要是这一视角的关键词，赫勒认为："如果产品不能满足社会需要，或者如果用于生产的时间超过社会必要劳动时间，我们就不能再谈论'工作'，但是我们依旧可以谈论'劳动'。"也就是说，在经济学视角下，工作的基本功能是维持经济的再生产。第二种是社会学的视角，在该视角下，所有直接的社会活动，或者说特定社会再生产所必需的所有活动，都可被视为工作。这是一种典型的功能主义的解释，工作的功能即是维持社会的再生产。第三种是经验性的视角，人们通常认为工作是不得不从事之事；工作就是谋生，是个体维持生存的基本手段。可以看出，对工作的经验主义解释是从个体的再生产角度出发的。

总结而言，工作同时具有经济再生产、社会再生产和个体再生产的多重含义。赫勒从社会再生产和个体再生产的角度对工作

---

① 〔匈〕阿格妮丝·赫勒：《日常生活》，衣俊卿译，重庆出版社，2010，第64～66页。

和劳动进行了区分，她指出，虽然工作和劳动都涉及同一行为或活动，但是两者仍然各有其独特的内涵：不包含劳动的工作可以指那些对于个体再生产无益的社会活动；不包含工作的劳动则不会渗透到社会中或不会对他人产生什么效用①。简言之，工作具有更多的社会内涵，而劳动则具有更多的个人意味。

借鉴赫勒的研究，本书将"工作"定义为，个体通过自身的体力或脑力生产出具有市场交换价值的产品或服务，并换取能满足自身生存需要的物资或货币的活动。这一定义指明，第一，工作必须是一项经济交换活动，因而那些只能独自从中受益而不具有市场交换价值的（如吃饭、睡觉等生理活动，学习活动，娱乐休闲活动等）、只能让他人受益的（如志愿活动），以及具有市场交换价值但是没有实际发生交换的（如直接用于维持个体生存的捕捞、种植、采集、狩猎等活动和家务活动等）活动都应被排除在工作的范畴之外。第二，在工作这种交换活动中，行动者出让的是一定量的体力或脑力，而不能是其他有形或无形之物，因而变卖个人物品的行为不能被视为工作。第三，工作活动交换到的物品必须是能够满足自身生存需要的物资或物资等价物（货币），只能换得情感等非物质性回报的活动（如志愿活动），也不能被视为工作②。

相对而言，劳动的定义较工作更广，它是指个体通过自身的体力或脑力生产出具有市场交换价值的产品或服务的活动，并且无所谓该产品或服务是否真实用于交换。在这一定义下，首先，所有的工作都是劳动；其次，具有市场交换价值但是没有实际发生交换的活动，包括直接用于维持个体生存的捕捞、种植、采集、

① 〔匈〕阿格妮丝·赫勒：《日常生活》，衣俊卿译，重庆出版社，2010，第69页。
② 需要指出的是，一项具体的活动是否被视为工作，不是由其形式而是由其实质决定的。例如，一般来说，个人的吃饭活动不是工作，因为它更多是一种个体行为，不具有市场交换价值。但是，如果有人欣赏你的吃饭过程并愿意为之付费，即当前互联网上的"吃播"，那么，尽管形式上仍然是吃饭，但是实质上其已成为具有市场交换价值的工作。

狩猎等活动以及家务活动，虽然不属于工作，但是属于劳动。

这一关于工作和劳动的区分旨在说明，工作一定是社会性的，而不能只有个体性。当本书使用工作这个概念时，就明确将家务劳动、自愿劳动等非市场交换性活动剔除在外了。不过，由于"劳动者""劳动过程""劳动生产"等劳动相关概念已经为学界和日常生活所广泛接受和使用①，因此，为了概念的统一和延续，本书还将继续使用这些劳动相关概念。

四 工作时间研究综述

工作时间一直是社会学、人口学、经济学、管理学、心理学、生理学等多学科的共同研究主题。笔者通过中国知网以"工作时间""超时工作""超时劳动""过度劳动""加班"为关键词进行检索，共检索到期刊文献 523 份②，其中，最早一篇是蔡启明和张立功于 1997 年发表的《关于工作时间制度的探讨》；进一步以"北大核心"和"CSSCI"为限制条件并排除不相关文献，共检索出 209 篇主要文献。以同样的关键词，共检索出博士论文 11 份。英文文献的检索主要包含三个部分，一是利用 Web of Science 以"work time""working time""working hours""overtime"为关键词，检索出 2015 年以来收录于 SSCI 或 CPCI-SSH 的相关论文共 2010 篇；二是利用谷歌学术检索相关关键词，筛选全部时间段中引用量较大、相关性较强的文献约 100 篇；三是检索出国际劳工组织发布的关于工作时间的 17 份研究报告。

基于对检索出的文献的整理和筛选，对工作时间研究的相关问题（包括现象描述、因果机制、优化策略等）进行简要回顾。

---

① 在大多数情况下，包括马克思在内的学者使用这些"劳动"相关概念时，实质上指向的都是"工作"。

② 检索日期为 2023 年 7 月 28 日，下同。

（一）工作时间的描述

20 世纪 90 年代初，美国学者斯格尔（Juliet Schor）出版《过度劳累的美国人》一书，引发了一场关于工作时间变化趋势的争论。这场学术争论的焦点是，在过去的几十年间，美国人的工作时长发生了怎样的变化。主流的观点是"增长说"，持这一观点的学者认为，在 20 世纪 70~90 年代，美国人的工作时间总体上呈现增长趋势。例如，斯格尔指出，1969~1989 年，美国人年均工作时长增长了约 163 个小时，其中男性增长了 98 个小时，女性增长了 305 个小时[1]。根据费加特（Figart）和高顿（Golden）的总结，"增长说"所使用的调查数据主要来自两项调查[2]：美国当前人口调查（Current Population Survey，CPS）[3] 和美国收入动态面板调查（Panel Survey of Income Dynamics，PSID）[4]。相反的观点是"减少说"，一些学者基于多项时间日志（time diaries）调查数据发现，在过去几十年间，美国人工作时间呈下降趋势。例如，罗宾逊（Robinson）和戈德比（Godbey）指出，1965~1985 年，美国人周均工作时间减少了 5 小时[5]。

这场争论并没有一个确定的结果，但是在很大程度上推动了

---

① 〔美〕朱丽叶·斯格尔：《过度劳累的美国人》，赵惠君、蒋天敏译，重庆大学出版社，2010，第 31 页。

② Deborah M. Figart & Lonnie Golden, "The Social Economics of Work Time: Introduction," *Review of Social Economy* 56 (1998): 411 – 424.

③ 例如〔美〕朱丽叶·斯格尔《过度劳累的美国人》，赵惠君、蒋天敏译，重庆大学出版社，2010；Laura Leete & Juliet B. Schor, "Assessing the Time-Squeeze Hypothesis: Hours Worked in the United States, 1969 – 89," *Industrial Relations* 33 (1994): 25 – 43；P. L. Rones, R. E. Ilg & J. M. Gardner, "Trends in Hours of Work Since the Mid-1970s," *Monthly Labor Review* 120 (1997): 3 – 14.

④ 例如 Barry Bluestone & Stephen Rose, "The Growth in Work Time and the Implications for Macro Policy", Working Paper, No. 204, Levy Economics Institute of Bard College, 1997。

⑤ John Robinson & Geoffrey Godbey, *Time for Life: The Surprising Ways Americans Use Their Time* (Pennsylvania: Penn State University Press, 1997).

工作时间调查方法的发展。一些研究者指出，对工作时间变化趋势描述的差异实质上是工作时长测量方式不同造成的，或者说，本质上是数据质量问题。一批学者遂开始研究如何取得更准确的工作时间数据。一般来说，工作时间的测量方式有两种，一是格式化估算法（stylised estimates），即受访者通过回忆估算出"通常的"或是"过去一周的"工作时长；二是时间日志法（time diary），受访者需要记录一段时间内各项活动的用时情况。学者们普遍同意，时间日志法得出的工作时长数据更加准确，但是该方法更复杂，调查内容也更加单一；格式化估算法在操作上更为简单，是综合性社会调查普遍使用的方法，但是其时间数据准确性更低①。因此，如何处理简便性和准确性的矛盾是需要解决的问题。学者们采用了多种方法，例如波拉（Borra）等人同时使用倾向值和马氏距离的匹配方法对在两种方法下具有显著性差异的数据进行整合②，沃尔瑟里（Walthery）和乔谢里（Gershuny）以用时间日志法得到的数据为校标，利用最小二乘法对用格式化估算法得到的工作时长数据进行校准，调整之后，两种方法下的工作时间数据差异显著地减小③。

确定工作时间的现状和趋势都属于描述性工作，国内学者在这方面的专门性研究并不多，大多是将这部分内容作为因果分析的基础内容进行报告。杨河清等人较早围绕工作时间开展专门性调查研究，他们考察了北京地区员工的过度劳动情况，发现在接

① Man Yee Kan & Stephen Pudney, "Measurement Error in Stylized and Diary Data on Time Use," *Sociological Methodology* 38 (2008): 101 – 132; Florian Schulz & Daniela Grunow, "Comparing Diary and Survey Estimates on Time Use," *European Sociological Review* 28 (2011): 622 – 632.

② Cristina Borra, Almudena Sevilla & Jonathan Gershuny, "Calibrating Time-Use Estimates for the British Household Panel Survey," *Social Indicators Research* 114 (2013): 1211 – 1224.

③ Pierre Walthery & Jonathan Gershuny, "Improving Stylised Working Time Estimates with Time Diary Data: A Multi Study Assessment for the UK," *Social Indicators Research* 144 (2019): 1303 – 1321.

受调查的 1218 人中，日均工作时间超过 8 小时的人占比高达 65.6%，其中，每天工作 10 小时以上的人占比超过了 20%①。还有一些研究聚焦于农民工群体。朱玲对 5 所大城市 2392 名农民工的工作时间进行调查和统计后发现，报告日均工作时间超过 8 小时的人约占 45.2%，36.5% 的农民工每周休息时间不足 1 天②；谢勇和史晓晨通过对江苏省 631 名农民工工作时间的统计发现，高达 84.31% 的农民工每周劳动时间超过 44 小时的法定标准③；王琼和叶静怡利用 2008 年中国农村城市移民调查数据，对 15 个主要移民城市的 4884 名进城务工人员工作时间进行统计发现，进城务工人员每周工作时间的均值为 62.7 小时，每周工作时间不超过 40 小时的比例仅为 11.1%④。这些研究都表明农民工群体总体上存在较为严重的超时工作问题。

在趋势描述上，郭凤鸣和曲俊雪利用 2000~2010 年中国健康与营养调查数据对中国劳动者工作时间的变化趋势进行了统计，结果表明，2000~2010 年，中国劳动者的平均工作时间在 46 小时左右，超时工作（周均工作时长大于 50 小时）的比例在 20%~30%，并且表现出上升的趋势⑤。樊明和田志浩将趋势研究理论化，在建立过度劳动形成的理论模型的基础上，解释称人类社会自工业化以来，在最初阶段过度劳动普遍比较严重，之后随着消费品产出的不断增加、资本的积累和技术的不断进步，工作时间不断减少，过度劳动趋于缓和，同时他们预测在不久的将来，体

---

① 杨河清、韩飞雪、肖红梅：《北京地区员工过度劳动状况的调查研究》，《人口与经济》2009 年第 2 期，第 33~41 页。

② 朱玲：《农村迁移工人的劳动时间和职业健康》，《中国社会科学》2009 年第 1 期，第 133~149 页。

③ 谢勇、史晓晨：《农民工的劳动时间及其影响因素研究——基于江苏省的调研数据》，《河北大学学报》（哲学社会科学版）2013 年第 1 期，第 113~118 页。

④ 王琼、叶静怡：《进城务工人员健康状况、收入与超时劳动》，《中国农村经济》2016 年第 2 期，第 2~12 页。

⑤ 郭凤鸣、曲俊雪：《中国劳动者过度劳动的变动趋势及影响因素分析》，《劳动经济研究》2016 年第 1 期，第 89~105 页。

力劳动将被大规模取代，工作时间也将进一步减少①。

（二）工作时间的影响因素

总结既有研究，影响劳动者工作时间的因素可以划分为四类。一是个体偏好。经济学中的"收入—闲暇选择模型"是从个体偏好的角度解释人们工作时间长短的经典理论模型，该模型指出，人们投入工作的时间量主要由其个体偏好和工资率所决定，个体根据收入和闲暇的边际收益自主决定工作时间的长短②。换句话说，超时工作是劳动者基于自身金钱与时间偏好做出的理性选择。刘贝妮和杨河清基于这一理论来解释高校教师群体的过度劳动现象，指出高校教师群体由于工作时间比较自由，工作和家庭生活经常出现一体化的现象，因此认为闲暇的价值相对更低，当工资率提高，替代效应的强烈作用在抵消掉了收入效应之后，使得高校教师的时间分配向着延长劳动时间的方向变化③。

二是劳动力市场结构。一些研究认为，劳动者工作时间的选择并不能完全归因于个体的偏好，他们在选择时并不是完全自由的，而是受到其所处的劳动力市场结构的限制。根据劳动力市场分割理论，当劳动者处于次级劳动力市场时，他们缺乏议价能力，只能选择工作时间较长的工作。例如，朱玲的研究指出，农村迁移工人出现超时工作问题主要是因为他们的工作机会有限、时薪低，并且家庭负担较大，为了满足经济需要，他们必须延长工作时间④。李钟瑾等人通过对中国劳动者生存工资水平的估计，发现

---

① 樊明、田志浩：《过度劳动的过去、现在与未来——理论模型与实证支持》，《中国劳动关系学院学报》2017 年第 4 期，第 8 ~ 14 页。

② 曾湘泉主编《劳动经济学》，中国劳动社会保障出版社、复旦大学出版社，2005，第 90 页。

③ 刘贝妮、杨河清：《我国高校部分教师过度劳动的经济学分析》，《中国人力资源开发》2014 年第 3 期，第 36 ~ 41 页。

④ 朱玲：《农村迁移工人的劳动时间和职业健康》，《中国社会科学》2009 年第 1 期，第 133 ~ 149 页。

长期以来中国私有企业工人工资水平远低于生存工资水平，劳动力再生产的成本在相当程度上由劳动者通过延长工作时间来承担，由此造成其工作时间过长的问题①。类似地，董延芳等人的研究也指出，次级劳动力市场的低工资率使农民工更偏好收入而非时间，为了增加收入，他们除了加班并接受越来越低的工资率之外别无选择②。孟续铎从经济学理论视角出发，认为宏观劳动力市场中供需双方的非均衡，导致了雇主在劳动过程中具有优势地位，进而可以采取成本最小化的雇佣模式。在微观经济学的视域下，由于雇佣成本中存在准固定成本，且该成本大于支付加班工资和产出水平下降的成本，所以雇主更倾向于维持原有劳动人数，而采取延长员工工作时间、提高劳动强度的做法③。如果站在全球视角来看，中国在全球分工体系中处于价值链的低端，而发达国家或核心国家处于价值链的高端。这种全球价值链和产业分工决定了中国的劳工要获得必要的劳动力再生产的条件，就不得不超时工作④。

三是社会文化。在宏观层面上，除了劳动力市场结构的约束之外，一些研究也指出，消费文化提升了人们赚取更多收入的意愿，进而促使人们为了满足消费欲望而延长工作时间。例如，斯格尔指出，造成人们过度劳动的主要原因是"工作—消费的隐性循环"，即在消费主义的主导下，人们开始越来越多地从消费中获取满足感，甚至从消费中寻找生活的意义。人们不再关注空闲时间，而

---

① 李钟瑾、陈瀛、齐昊、许准：《生存工资、超时劳动与中国经济的可持续发展》，《政治经济学评论》2012 年第 3 期，第 35~57 页；孙中伟、黄婧玮：《加班依赖体制：再探青年农民工过度加班问题》，《中国青年研究》2021 年第 8 期，第 5~13 页。

② 董延芳、罗长福、付明辉：《加班或不加班：农民工的选择还是别无选择》，《农业经济问题》2018 年第 8 期，第 116~127 页。

③ 孟续铎：《劳动者过度劳动的成因研究：一般原理与中国经验》，博士学位论文，首都经济贸易大学，2013，第 58~70 页。

④ 王宁：《压力化生存——"时间荒"解析》，《山东社会科学》2013 年第 9 期，第 39~46 页。

愿意将时间投入工作来换取额外的报酬用以消费。"工作—消费"的循环中二者相互加强，使人们在不自觉之中做出了对时间用途的选择①。布莱克（Brack）和考林（Cowling）很早就提出，广告增加导致的物资消费需求的增长是人们长时间工作的重要诱因②。

四是组织管理。以马克思为代表的劳动过程研究者更多是从组织管理控制的角度来寻找劳动者工作时间过长的原因。马克思认为，资本家由于掌握了工资的议价权，他们将工资收入控制到仅能维持劳动力再生产的水平。布若威的著名研究指出，在后资本主义时代，企业对员工劳动过程的控制已经逐步隐蔽化，其通过一系列的诱导性制度设计使得员工心甘情愿地延长工作时间③。所谓诱导性制度，是指组织利用升职、福利、流程设计、企业文化等方式诱导人们接受包括超时工作在内的工作要求，有学者将之称为"后福特的职业设计"（post-Fordist job design）④。范伊切特（van Echtelt）等人比较了强制性和诱导性管理模式对人们超时工作的解释力后发现，后者的解释效果更佳，即受雇于"后福特"组织的员工更可能出现超时工作的问题⑤。类似地，庄家炽和韩心茹对中国金融从业人员的加班原因进行分析时也指出，以工作的流程化、劳动产品的结构化为纲要，以极低的容错率为抓手，以社会性惩罚为主要手段的精细化管理方式，是金融从业人员加班

① 〔美〕朱丽叶·斯格尔：《过度劳累的美国人》，赵惠君、蒋天敏译，重庆大学出版社，2010，第121～122页。

② John Brack & Keith Cowling, "Advertising and Labour Supply: Workweek and Work-year in U. S. Manufacturing Industries, 1919 – 76," *Kyklos* 36 (1983): 285 – 303.

③ 〔美〕迈克尔·布若威：《制造同意——垄断资本主义劳动过程的变迁》，李荣荣译，商务印书馆，2008，第90页。

④ Leslie A. Perlow, "Boundary Control: The Social Ordering of Work and Family Time in a High-Tech Corporation," *Administrative Science Quarterly* 43 (1998): 328 – 357.

⑤ Patricia E. van Echtelt, Arie C. Glebbeek & Siegwart M. Lindenberg, "The New Lumpiness of Work: Explaining the Mismatch Between Actual and Preferred Working Hours," *Work, Employment & Society* 20 (2006): 493 – 512.

的重要原因①。一些学者对互联网员工劳动过程的分析也指出，互联网企业通过项目制、弹性工作制度、绩效考核与组织文化等，形塑了知识劳工对加班的自愿性服从，掩蔽了劳动过程中的过度控制②。

此外，在原因分析上，一些学者也试图对影响员工工作时间的因素进行系统化，并提出了一些涵盖经济、社会、科技、文化、组织管理、个体动机等诸多要素的解释模型③。这类研究为我们很好地搭建了分析工作时间生成机制的框架。

（三）工作时间的影响与后果

学者主要围绕以下三个方面对工作时间影响与后果进行讨论。第一，在个体性后果上，学者主要关注健康、工作—家庭平衡等变量。在工作时间与健康的关系的研究上，大量实证研究表明，长时间工作对劳动者的身体和心理健康存在显著的负面影响④。例如，王欣和杨婧以肥胖为健康指标对工作时间与健康的关系进行

---

① 庄家炽、韩心茹：《精细化管理与金融从业人员加班问题研究》，《中国青年研究》2021 年第 8 期，第 22～28 页。

② 侯慧、何雪松：《"不加班不成活"：互联网知识劳工的劳动体制》，《探索与争鸣》2020 年第 5 期，第 115～123 页；梁萌：《996 加班工作制：互联网公司管理控制变迁研究》，《科学与社会》2019 年第 3 期，第 67～86 页。

③ 例如张智勇、王玉洁《过度劳动形成机制的分析》，《中国劳动》2015 年第 8 期，第 23～26 页；孟续铎《劳动者过度劳动的若干理论问题研究》，《中国人力资源开发》2014 年第 3 期，第 29～35 页；王丹、杨河清《知识工作者过度劳动的形成机制探析》，《中国人力资源开发》2012 年第 1 期，第 96～99 页。

④ Kate Sparks, Cary Cooper, Yitzhak Fried & Arie Shirom, "The Effects of Hours of Work on Health: A Meta-Analytic Review," *Journal of Occupational & Organizational Psychology* 70 (1997): 391－408; Kapo Wong, Alan H. S. Chan & S. C. Ngan, "The Effect of Long Working Hours and Overtime on Occupational Health: a Meta-Analysis of Evidence from 1998 to 2018," *International Journal of Environmental Research and Public Health* 16 (2019): 2102; 李韵秋、张顺：《"职场紧箍咒"——超时劳动对受雇者健康的影响及其性别差异》，《人口与经济》2020 年第 1 期，第 16～28 页；张抗私、刘翠花、丁述磊：《工作时间如何影响城镇职工的健康状况？——来自中国劳动力动态调查数据的经验分析》，《劳动经济研究》2018 年第 1 期，第 107～127 页。

分析，指出工作时间超过 8 小时、睡眠时间不足 7 小时，均会使劳动者 BMI 及腰围显著增加[1]。王广慧和苏彦昭对工作时间影响劳动者健康的阈值进行了分析，指出当脑力劳动者周工作时间超过 40 小时，体力工作者达到或超过 50 小时，劳动者身体健康状况明显恶化；当周工作时间达到或超过 70 小时，无论是脑力劳动者还是体力劳动者，其身体健康和心理健康状况都进一步显著恶化[2]。

关于工作时间与工作—家庭平衡（冲突）的关系，格林豪斯（Greenhaus）和彼特尔（Beutell）在早期建立"工作—家庭角色压力不相容模型"时，就将时间型冲突（time-based conflict）作为工作—家庭冲突的基本类型[3]。后续的一系列实证研究都表明，工作时间越长，人们的工作—家庭冲突越大[4]。一些研究也关注到隐性加班与工作—家庭冲突的关系，指出非工作时间的连通行为会显著增加工作—家庭冲突[5]。不过，也有学者强调，工作时间并不是工作—家庭冲突的主因，工作任务量才是关键的原因变量[6]。拉潘奈尔（Ruppanner）和莫姆（Maume）从跨文化的角度提出一个新的观点，他们通过对 32 个国家的比较研究发现，周均工作时间更

①　王欣、杨婧：《劳动时间长度与健康的关系——基于肥胖视角》，《人口与经济》2020 年第 1 期，第 29 ~ 48 页。
②　王广慧、苏彦昭：《工作时间对劳动者健康影响的阈值效应分析》，《劳动经济研究》2021 年第 4 期，第 81 ~ 98 页。
③　Jeffrey H. Greenhaus & Nicholas J. Beutell, "Sources of Conflict Between Work and Family Roles," *The Academy of Management Review* 10 (1985): 76 – 88.
④　Virginia Smith Major, Katherine J. Klein & Mark G. Ehrhart, "Work time, Work Interference with Family, and Psychological Distress," *Journal of Applied Psychology* 87 (2002): 427 – 436；金家飞、刘崇瑞、李文勇、Patricia Mary Fosh：《工作时间与工作家庭冲突：基于性别差异的研究》，《科研管理》2014 年第 8 期，第 44 ~ 50 页。
⑤　例如吴洁倩、张译方、王桢《员工非工作时间连通行为会引发工作家庭冲突？心理脱离与组织分割供给的作用》，《中国人力资源开发》2018 年第 12 期，第 43 ~ 54 页。
⑥　Natalie Skinner & Barbara Pocock, "Work-Life Conflict: Is Work Time or Work Overload More Important?," *Asia Pacific Journal of Human Resources* 46 (2008): 303 – 315.

长的国家的人报告的工作—家庭冲突感不是更高，而是更低。他们用"强化的期望"（heightened expectation）来解释这种反直觉现象，即本身处于工作时间较短国家的人会追求更短的工作时间和更好的工作—家庭平衡，从而对工作—家庭的冲突更加敏感[①]。此外，一些研究也分析了工作时间对幸福感等主观变量的影响，指出超时工作会显著降低人们的幸福感[②]。

第二，在组织性后果上，学者主要关注工作时间对劳动者组织行为学相关变量的影响，包括工作满意度、工作效率、反生产行为、离职意愿等。一系列研究表明，工作时间过长会降低人们的工作满意度和工作效率[③]，提高员工的离职意愿[④]。例如，王欣和杨婧的研究指出，长时间劳动会使员工产生身心疲劳，导致工作效率下降、出现缺勤或者隐性出勤的情况，从而造成经济损失[⑤]。宋皓杰等人对工作时间与工作绩效关系的元分析则指出，工作时间与任务绩效、关系绩效之间的关系并非线性的，而是显著的倒 U 形关系[⑥]。

第三，在社会性后果上，一些研究指出，工作时间过长可能

① Leah Ruppanner & David J. Maume, "Shorter Work Hours and Work-to-Family Interference: Surprising Findings from 32 Countries," *Social Forces* 95 (2016): 693 – 720.

② 刘金典：《超时劳动对农民工幸福感的影响研究》，《劳动经济研究》2022 年第 6 期，第 16～39 页；聂伟、风笑天：《996 在职青年的超时工作及社会心理后果研究——基于 CLDS 数据的实证分析》，《中国青年研究》2020 年第 5 期，第 76～84 页。

③ Young Jin Ko & Jin Nam Choi, "Overtime Work as the Antecedent of Employee Satisfaction, Firm Productivity, and Innovation," *Journal of Organizational Behavior* 40 (2019): 282 – 295.

④ Achmad Junaidi, Eko Sasono, Wanuri Wanuri & Dian Emiyati, "The Effect of Overtime, Job Stress, and Workload on Turnover Intention," *Management Science Letters* 10 (2020): 3873 – 3878.

⑤ 王欣、杨婧：《过度劳动视阈下员工隐性缺勤的经济损失研究》，《首都经济贸易大学学报》2021 年第 2 期，第 103～112 页。

⑥ 宋皓杰、郜人婧、张强、程延园：《工作时间与工作绩效的非线性关系：一项元分析》，《心理科学进展》2022 年第 12 期，第 2666～2682 页。

对社会就业存在"挤出效应",即对行业其他就业岗位形成挤压,使行业的实际就业人数大大低于应该就业的人数①。此外,工作时间过长也会显著降低人们的社会参与水平②。过长的工作时间会挤占消费时间,从而抑制家庭消费,并且相比于低收入、非富裕家庭,超时工作对高收入、富裕家庭的消费挤出作用更明显③。

(四) 工作时间的优化策略

如果以客观中立的学术眼光来审视员工的工作时间,那么,工作时间的长短主要是一个客观"现象"而非带有价值判断的"问题",但是,社会科学的研究常常不只是发现规律,还有其人文主义的态度;研究者常常不是止于认识世界,而是还希望改变世界。此时,我们需要对员工的工作时间提出优化策略。在此方面,研究者大致围绕三个层面进行分析。

一是宏观层面上,通过法律进行约束。从世界范围来看,最常被使用的法定工作时间标准为一周40小时,也有国家采取一周48小时制④。在此基础上,一些国家试图进一步减少法定工作时间,最著名的是法国的35小时工作时间制度,法国政府于2000年将法定周工作时长从原来的39小时减至35小时。学者们遂好奇这一工作时间制度的调整是否有助于增强人们对工作和家庭的平衡能力。法格纳尼 (Fagnani) 和雷塔利尔 (Letablier) 对这一问题

① 王艾青:《过度劳动及其就业挤出效应分析》,《当代经济研究》2007年第1期,第45~48页。
② 祝仲坤:《过度劳动对农民工社会参与的"挤出效应"研究——来自中国流动人口动态监测调查的经验证据》,《中国农村观察》2020年第5期,第108~130页。
③ 罗连化、周先波:《超时工作会挤出居民家庭消费吗?——基于CFPS数据的经验证据》,《中山大学学报》(社会科学版) 2022年第3期,第167~180页。
④ 学者对世界各国的法定工时标准进行了归纳,参见 Sangheon Lee, Deirdre McCann & Jon C. Messenger, *Working Time Around the World: Trends in Working Hours, Laws and Policies in a Global Comparative Perspective* (London: Routledge, 2007), pp. 13 – 16。

进行了回答，他们以在职父母（孩子在 6 岁以下）作为研究对象，结果显示，该项公共时间政策在保障工作—家庭平衡上的有效性是有限的，大约 58% 的受访者认为该项政策有助于他们更容易地平衡工作和家庭生活。从构成上来看，拥有标准工作时间或工作时间自主性强的父母中认为从该政策中获益者的比例相对更高，由此，他们认为，减少法定工作时间虽然部分有效，但是可能进一步制造不平等[1]。戈尼克（Gornick）和赫伦（Heron）也认为减少法定工作时间很可能产生负面影响，包括迫使更多的人选择非标准工作时间以及加剧男女不平等[2]。拉潘奈尔和莫姆通过对 32 个国家的法定工作时间制度与劳动者报告的工作—家庭冲突感进行分析也发现，法定工作时间的长短对人们工作—家庭冲突感并没有显著影响[3]。

中国学者对此方面也有所讨论[4]。例如，王林清指出，超时工作现象背后存在立法、司法、行政和工会等的"失灵"问题，具体包括劳动定额的法律制定缺乏规范性、涉及延长工作时间的劳动争议案件的裁决难度大、劳动行政部门监察不力、工会未能很好地履行其维护劳动者权益的职责等。优化劳动者的工作时间需要同时从上述四个方面着手[5]。可以认为，工作时间相关法律制度

---

① Jeanne Fagnani & Marie-Thérèse Letablier, "Work and Family Life Balance: The Impact of the 35-Hour Laws in France," *Work*, *Employment & Society* 18 (2004): 551 – 572.

② Janet Gornick & Alexandra Heron, "The Regulation of Working Time as Work-Family reconciliation Policy: Comparing Europe, Japan, and the United States," *Journal of Comparative Policy Analysis: Research and Practice* 8 (2006): 149 – 166.

③ Leah Ruppanner & David J. Maume, "Shorter Work Hours and Work-to-Family Interference: Surprising Findings from 32 Countries," *Social Forces* 95 (2016): 693 – 720.

④ 杨河清、王欣：《新常态下我国过度劳动法律规制问题研究》，《南京大学学报》（哲学·人文科学·社会科学）2017 年第 5 期，第 71～77 页；谭金可：《论过度劳动的法律治理》，《法商研究》2017 年第 3 期，第 27～37 页。

⑤ 王林清：《加班控制制度法律问题研究》，《法学杂志》2012 年第 8 期，第 115～119 页。

的制定可能对超时工作等问题有约束效应，但是需要行政、司法等手段的配合落实才可能更好发挥作用。此外，近来一些学者从立法的角度探讨隐性加班的问题，提出应该在立法中明确规定劳动者享有必要的离线权①。

二是中观层面上，一些西方学者从改变工作时间模式的角度提出了优化策略，包括采取非全职工作模式和弹性工作制等。首先，非全职工作（part-time job）被大多数学者视为劳动者（主要是女性劳动者）解决时间贫困问题和维持工作—家庭平衡的一种有效的手段②，例如，罗伊特斯（Roeters）和克雷格（Craig）发现在澳大利亚、荷兰、德国和英国，非全职工作均与工作—家庭冲突具有显著的负相关关系③。学者们尤其强调非全职工作时间策略在较低层级的女性群体内的有效性，吉恩（Ginn）和桑德尔（Sandell）研究发现，对处于职业层级低端的女性而言，非全职工作可以帮助她们更好地处理家庭事务和减少压力④。

不过，学者们意识到，非全职工作尽管可能在一定程度上帮助女性劳动者减少工作—家庭矛盾，但是会对其他领域产生消极影响。这些消极影响可以归纳为两方面：第一，在职场上，非全职女性的收入和职业发展都将受限⑤；第二，在家庭内部，非全职工作可能加剧男女在家庭事务分工上的不平等，与全职太太相比，

---

① 高建东：《论隐性加班及其法律规制》，《中国劳动关系学院学报》2022年第2期，第64~74页；王健：《必要的消失：论劳动者的离线权》，《上海交通大学学报》（哲学社会科学版）2023年第6期，第77~91页。

② Penny Edgell Becker & Phyllis Moen, "Scaling Back: Dual-Earner Couples' Work-Family Strategies," *Journal of Marriage and the Family* 61 (1999): 995 – 1007.

③ Anne Roeters & Lyn Craig, "Part-Time Work, Women's Work-Life Conflict, and Job Satisfaction: A Cross-National Comparison of Australia, the Netherlands, Germany, Sweden, and the United Kingdom," *International Journal of Comparative Sociology* 55 (2014): 185 – 203.

④ Jay Ginn & Jane Sandell, "Balancing Home and Employment: Stress Reported by Social Services Staff," *Work, Employment & Society* 11 (1997): 413 – 434.

⑤ Tracey Warren, "Working Part-Time: Achieving a Successful 'Work-Life' Balance?," *British Journal of Sociology* 55 (2004): 99 – 122.

非全职工作并没有提升女性对家庭事务的话语权①。总的来说，非全职工作潜在地加剧了男女在职场和家庭内部的性别不平等，让女性陷入一种双重困境之中。不过一些学者的定性研究也显示，非全职工作对女性在职场和家庭内的负面影响并不是绝对的②。要回答非全职工作到底是加剧了还是弱化了性别不平等的问题，需要考虑女性从事非全职工作之前的雇佣状态、现在的工作地点和工作时间安排等多重因素。查默斯（Chalmers）等人则提出了更具综合性的标准，他们认为要知道非全职工作是否能成为平衡工作和家庭的有效策略，关键是评估非全职工作的质量。他们提出了四条评价非全职工作质量的标准，包括工作时长、工作时间安排、工作时长和工作时间安排的灵活性、（同一项工作）非全职和全职相互转换的能力③。

其次，增强工作时间的自主性也被认为有助于减少劳动者工作—家庭矛盾、促进劳动者工作—生活平衡④。研究者认为，尽管增强工作时间自主性不一定会让员工的工作时长变短，但是其可以通过发挥"减压阀效应"⑤，降低超时工作的负面影响。例如，瓦尔库尔（Valcour）发现，增强人们对工作时间的控制力有助于减轻工作时长对工作—家庭平衡满意度的负向影响：只有当人们

---

① Haya Stier & Noah Lewin-Epstein, "Women's Part-Time Employment and Gender Inequality in the Family," *Journal of Family Issues* 21 (2000): 390 – 410.

② Gretchen Webber & Christine Williams, "Part-Time Work and the Gender Division of Labor," *Qualitative Sociology* 31 (2008): 15 – 36.

③ Jenny Chalmers, Iain Campbell & Sara Charlesworth, "Part-Time Work and Caring Responsibilities in Australia: Towards an Assessment of Job Quality," *Labour & Industry* 15 (2005): 41 – 66.

④ Mina Beigi, Melika Shirmohammadi & Jim Stewart, "Flexible Work Arrangements and Work-Family Conflict: A Metasynthesis of Qualitative Studies Among Academics," *Human Resource Development Review* 17 (2018): 314 – 336; M. J. Sirgy & D. J. Lee, "Work-Life Balance: An Integrative Review," *Applied Research in Quality of Life* 13 (2018): 229 – 254.

⑤ 李中：《工作时间质量对员工的影响：理论路径与实证检验》，《中国劳动关系学院学报》2021年第3期，第81～94页。

对工作时间控制程度较低时，工作时长与工作—家庭平衡满意度之间才显现出负相关；而当人们对工作时间控制程度较高时，相关性便消失了[1]。类似地，休斯（Hughes）和帕克斯（Parkes）也发现，工作时间自主性对工作时长与工作—家庭冲突的关系具有显著的调节作用[2]。李挺等人的研究也指出，工作自主性可以显著减轻超时工作对青年劳动者幸福感的负面影响[3]。

当前，国际劳工组织关于提升员工工作时间质量的政策研究中，也将提升劳动者工作时间弹性和自主性的措施置于核心位置。该机构发布的《促进工作时间安排平衡指南》还总结了多项提升工作时间弹性的具体措施，包括交错安排工作时间（在一定范围内自主选择上下班时间）、压缩工作周（增加每日工作时间，减少每周工作天数）、建立时间银行（在一定时期内可以存取工作时间）等[4]。不过，有研究也指出，尽管一些组织为提升员工工作时间弹性提供了政策上的支持，但是考虑到背后的使用成本（如收入降低、晋升机会减少等），很多弹性工作时间政策并未被使用[5]。

三是个体层面上，加入工会也被视为缩短劳动者工作时间的可能路径。不过，目前国内学者对其的研究结果并不一致。一些研究发现加入工会有助于缩短员工的工作时间，例如，李明和徐建炜基于对 2009 年一份涵盖 24 万名职工的统计数据的分析发现，

① Monique Valcour, "Work-Based Resources as Moderators of the Relationship Between Work Hours and Satisfaction with Work-Family Balance," *Journal of Applied Psychology* 92 (2007): 1512 – 1523.

② Emily Hughes & Katharine Parkes, "Work Hours and Well-Being: The Roles of Work-Time Control and Work-Family Interference," *Work and Stress* 21 (2007): 264 – 278.

③ 李挺、汪然、刘欣：《超时劳动、工作自主性对青年劳动者幸福感的影响研究——基于 CLDS（2016）数据的实证分析》，《中国青年社会科学》2021 年第 2 期，第 88 ~ 95 页。

④ International Labour Office, *Guide to Developing Balanced Working Time Arrangements*, (Geneva: International Labour Organization, 2019), pp. 11 – 30.

⑤ Jerry Jacobs & Kathleen Gerson, *The Time Divide: Work, Family, and Gender Inequality* (Cambridge: Harvard University Press, 2004), pp. 109 – 114.

加入工会能够显著减少员工的年均工作时长，并且异质性检验结果显示，该结论对所有技能水平的员工均成立，此外他们还发现，加入工会对减少非国企员工工作时间的积极效应更大[①]。然而，另一些学者则得出几乎相反的结论，例如，李后建基于对 2008 年中国综合社会调查数据的分析发现，工会对非国企和非集体企业单位员工的工作时长没有显著影响[②]；基于同样的数据，卿石松和刘明巍也发现是否加入工会对所有员工每周工作时长、加班概率和超时工作概率均没有显著影响[③]。类似地，孙中伟和贺霞旭基于对珠三角和长三角 19 个城市的外来工的问卷调查数据的分析也发现，企业是否建立工会与外来务工人员是否严重加班之间没有显著相关性[④]。总的来看，在工会与员工工作时间关系的问题上，还需要利用更多的调查数据和更准确的分析方法进行分析和探讨。

（五）工作时间研究评述

总的来看，国内外学者在工作时间的描述、影响因素、影响与后果、优化策略等方面都进行了颇有成效的研究，但是仍存在有待完善之处。

第一，就目前而言，在对工作时间的描述方面仍然缺乏比较性研究，包括国别或地区比较、群体比较以及跨期比较等。就国别比较而言，国外学者（尤其是欧洲的学者）在这方面所做的工作较多，但是这些国别比较更多是区域范围内的，如在欧盟国家中进行比较。这些国家文化和经济水平的相似，降低了比较研究

[①] 李明、徐建炜：《谁从中国工会会员身份中获益？》，《经济研究》2014 年第 5 期，第 49 ~ 62 页。

[②] 李后建：《加入工会能有效改善职工工作条件吗》，《社会保障研究》2014 年第 1 期，第 85 ~ 93 页。

[③] 卿石松、刘明巍：《劳动合同和工会的权益保护作用——基于 CGSS 2008 的经验分析》，《社会学评论》2014 年第 1 期，第 57 ~ 70 页。

[④] 孙中伟、贺霞旭：《工会建设与外来工劳动权益保护——兼论一种"稻草人机制"》，《管理世界》2012 年第 12 期，第 46 ~ 60 页。

的价值。在这方面，应该更多地考察不同文化、不同经济发展水平、不同政治体制的国家之间的差异，尤其需要将中国这样一个在政治、文化和经济等多方面具有独特性的国家作为比较对象，以更好地探究导致工作时间差异的宏观因素。在群体比较方面，尽管也有研究关注到不同性别、不同年龄或不同学历劳动者的工作时间差异，但是分析仍然不够全面和细致，特别是在劳动者内部出现明显分化的背景下，还缺少从社会分层的角度去分析不同层级的工作时间状况的研究。在跨期比较上，中国学者对其着墨很少，使我们无法知晓在过去几十年中，中国劳动者的工作时间发生了何种变化、呈现何种趋势。

第二，在工作时间的影响因素方面，研究总体上呈现广而不深的局面。学者们试图建立一个囊括所有因素的模型，但是十分欠缺对具体因素的作用路径的观察。一个完整的影响因素框架对于我们把握工作时间的生成机制是十分重要的，但是这仅仅是研究的开始。我们更需要关注的是那些具有重要理论和现实意义的关键性因果变量。对此，我们应该在已有理论或重新构建理论的基础上，有针对性地利用经验数据去挖掘和检验那些影响员工工作时间的重要因素及其作用机制，而不是仅仅将各种因素简单罗列，或是将所有统计学上显著相关的变量都视为工作时间的前因。国外学者在对工作时间影响因素的探索上更具有层次性和深度，不过，也很少有学者基于马克思主义的分析视角开展工作时间问题的研究，去讨论工作时间背后的组织与员工的互动过程，这不利于我们全面而准确地把握员工工作时间的生成机制。

第三，在工作时间的影响与后果方面，国内学者对个体健康的关注较多，而对组织和社会生活相关变量关注较少。组织方面涉及工作时间对员工的工作感受、态度和行为表现的影响，具体的变量包括工作满意度、离职意愿、工作绩效、工作投入、组织承诺等。这些变量是社会学、管理学和心理学共同关注的重要结果变量，应该给予其足够的重视。社会生活方面涉及工作时间对个体家庭、休闲等领域的影响，具体的变量包括工作—家庭平衡、家庭关系、休闲多样性、社会参与等。对这些结果变量的关注不仅有利于提高工作时间影响研究的广度，也能够更好地揭示工作时间在个体和社会运作过程中所扮演的角色，这决定了我们该以何种态度和方法去应对包括超时工作在内的工作时间问题。

第四，就工作时间的优化策略而言，学者们主要关注的是外部的法律制定和执行，而更少关注组织和个体层面的优化方法，更没有将这一问题放在组织和员工博弈式互动的视角之下考察。工作时间的生成和作用过程都不是仅涉及单一主体的，而是多主体共同行动的结果。因此，只有站在一个综合的角度，通过分析各主体的行动动机和逻辑，才能找到具有共赢性质的优化员工工作时间、解决超时工作问题的方法。

五 研究方法与数据说明

（一）研究方法

本书基于实证主义方法论，在资料收集上主要采用了调查研究法，数据分析主要采用定量分析法。实证主义（positivism）方法论一直在社会研究中占据着主导地位。社会学奠基人奥古斯特·孔德在《实证哲学教程》中最早系统地阐述了社会科学的实证主义原则。随后，涂尔干在其著作《社会学方法的准则》一书中基于实证主义原则提出了"社会事实"的概念，为社会学确立了独立的研究对象、范围和方法，并在《自杀论》一书中通过数据分析对理论假设进行检验，实际开展了基于实证主义原则的社会研究。所谓实证主义社会科学方法，就是指为了发现并证明一组能够用于预测人类活动一般模式的概率性因果法则，而将演绎逻辑与经验观察组织起来的方法。在实证主义视域下，尽管研究对象存在差异，但是社会科学与自然科学的研究都遵循共同的原则和逻辑。

调查研究（survey research）是一种通过自填式问卷或结构式访问，系统地、直接地从一个取自总体的样本那里收集资料，并通过对资料的统计分析来认识社会现象及其规律的社会研究方式。调查研究法是社会研究中最常使用的研究方法，这种方法强调基于概率抽样方法抽取样本作为调查对象，采用问卷调查的方法收集资料，并在对资料进行统计分析的基础上把调查结论推广到研究总体。相较于其他研究方法，调查研究法具有研究内容的广泛性、资料获取的及时性、描述的全面性和概括性、实际应用的普遍性等特征[①]。本书使用的调查研究法属于学术性调查，即由社会科学专业研究人员开展社会调查。这类调查的主要目的并不是解决某个社会问题，而是探索社会现象背后的社会规律，进而加强学科理论建设。

基于调查研究的资料分析主要采用定量分析法。定量分析法主要是对数据型资料进行量化分析，主要适用于实验研究、调查研究等。该方法是建立在实证主义的方法论之上，通过对量化的资料进行分析，描述客观事实、发掘变量之间的因果关系的一种资料分析法。相较于定性分析法，定量分析法更强调客观性和价值中立原则。定量分析不仅需要运用大量的统计知识，而且由于计算繁杂，还需要借助统计软件来完成。在本书中，定量分析主要采用 STATA 17 作为分析工具。

（二）数据说明

本书的数据依托 2022 年中国工作环境研究（The Research on the Chinese Working Conditions，以下简称 RCWC 2022）项目获得。RCWC 2022 的项目设计由中国工作环境研究团队完成，调查执行工作由国家统计局中国统计信息服务中心（国家统计局社情民意调查中心）负责统一组织，会同相关省（区、市）统计局民调机构共

---

① 风笑天：《社会研究方法》，中国人民大学出版社，2018，第68页。

同实施。笔者作为团队成员之一，全程参与了项目的设计和执行，包括问卷设计、抽样设计、调查执行、数据回收和处理等工作。

1. 目标总体与样本量

RCWC 2022 调查的目标总体为中国城市 16 岁及以上居住在家庭户中的就业人口。其中，"16 岁及以上"是指调查时点潜在被访者的年龄已经满 16 周岁。"居住在家庭户中"是指居住在自有住房、租赁房屋中，而不是居住在集体宿舍、养老机构、监狱、军营、旅店等各种组织所有或管控的场所，且在调查所在城市居住半年以上（无论是否拥有当地户籍）。家庭户成员包括临时出差、求学、探亲访友的同吃同住的成员。"就业"是指调查时点的前一周（周一至周五）被访者至少花 1 小时的时间从事用于换取工资或赚取利润的劳动、服务、创作或工作。"城市"是指中国的市辖区和县级市的城区。参照国家统计局发布的《关于统计上划分城乡的规定》，此处的"城区"，是指在市辖区、县级市，区、市政府驻地的实际建设连接到的居民委员会和其他区域。调查设计的样本总量为 8100 份。

2. 问卷设计

RCWC 2022 调查的问卷包含 7 个部分。①A 部分记录访问基本信息，包括访问地点和访问记录，该部分由访问员填答。②B 部分用于筛选受访者，涉及受访者家庭正在工作人数等内容，该部分由访问员填答。③C 部分调查受访者工作的基本情况，问题涉及受访者的工作安排、工作状态、工作感受等内容，共 87 题。问卷从 C 部分开始进入主体部分，均由受访者作答。④D 部分调查受访者所在单位的基本情况，问题涉及单位类型、机构设置、单位制度建设等内容，共 83 题。如果受访者没有工作单位，则跳过该部分的作答。⑤E 部分调查受访者收入和福利情况，问题涉及收入状况、收入评价等内容，共 28 题。⑥F 部分调查受访者工作和生活中的感受，问题涉及受访者对生活各方面的满意度和预期，共 41 题。⑦R 部分收集受访者个人基本信息，包括年龄、性别、学历等，共 14 题。

RCWC 2022 调查问卷题量较大，设计作答时间约为半个小时。笔者节选了本书分析中所使用的问卷内容放入了本书附录部分。

3. 抽样方法

该调查采取分层抽样、按规模大小成比例的概率抽样（Probability Proportional to Size Sampling，PPS 抽样）与简单随机抽样结合的复杂抽样设计。

具体来说，该调查采取四级多段抽样设计，前三级抽样框均基于 2020 年第七次全国人口普查数据形成，末端抽样框在入户环节形成。具体情况如下。

第一，将县级行政单位（包括 973 个市辖区和 388 个县级市，合计 1361 个县级行政单位）作为一级抽样单位（Primary Sampling Unit，PSU），考虑到不同地区经济发展水平存在差异，为了增强样本的代表性、减少抽样误差，该调查根据城市规模，将 PSU 划分为三个层级：一是特大城市层，包括北京、上海、广州和深圳的市辖区；二是大城市层，包括不属于特大城市层的直辖市、省会城市和非省会副省级城市的市辖区；三是中小城市层，包括不属于特大城市层和大城市层的所有城市的市辖区和县级市。以 16 ~ 60 岁劳动人口数为辅助信息①，按照 PPS 原则（就业人口越多，被抽中概率越大），在三个层级内分别抽取 5 个、15 个和 40 个 PSU，总共抽取 60 个 PSU。

第二，将社区作为二级抽样单位（Second Sampling Unit，SSU），以社区内 16 ~ 60 岁劳动人口为辅助信息，按照 PPS 原则，在 60 个 PSU 中各抽取 9 个社区，总共抽取 540 个 SSU。

第三，将家庭户作为三级抽样单位（Third Sampling Unit，TSU），项目设计的每个社区内的样本量为 15 个，但是考虑到无应答、拒访等问题，在 TSU 的抽取环节，按照简单随机抽样原则在

---

① 因为无法获取就业人口数据，因此用基于第七次全国人口普查的 16 ~ 60 岁劳动人口数作为替代，各阶段 PPS 抽样均采用此方式替换就业人口数。

每个社区抽取 60 个家庭作为接触目标。接触家庭地址分多批次发放，首次发放 30 户。在接触调查地址的过程中，访问员不能在入户地址表之外进行调查。对于经 3 次接触，仍然无法进行访问的样本户，访问员须在入户情况登记表中的相应栏目中清楚记录，然后接触下一户。若接触完 30 个家庭户，仍然无法得到 15 份有效样本，则可再次申请新的入户地址，每次可申请 15 户。

第四，户内的就业人口作为最终抽样单位（Ultimate Sampling Unit，USU），访问员通过 Kish 表在户内随机抽取 1 名就业人员作为调查对象。如果抽中对象同意接受访问，则开始进行问卷访谈；如果抽中对象拒绝或无法接受访问，访问员应如实在入户情况登记表中清楚记录。不管是何种原因导致访问失败，访问员都不得在户内替换抽中的被访者。同一个社区内完成 15 份样本即终止该社区内的调查。

4. 质量控制

项目对调查实施中的关键环节进行了严格控制。一是"居内抽户"环节。该调查要求同一住户访问 3 次无应答或拒访 2 次才可将其视为访问失败，并将情况如实填写在入户情况登记表中。对上门 3 次仍不能完成规定数量有效样本访问的社区，项目组将提供第二批访问地址。为了防止访问员不按照地址入户，项目组要求访问员在实际调查过程中必须为完成访问的家庭户拍摄住址照片一套〔居委会全称照、住宅楼（平房）编号照、家门牌号照〕，照片中显示地址应与样本地址一致，照片缺失或地址错误的问卷将被视为废卷。

二是"户内抽人"环节。按照调查流程，访问员在成功入户之后首先要借助问卷首页上的 Kish 表从户内成员中抽取出被访者。"户内抽人"环节是保持样本随机性的重要环节，必须严格执行抽样原则。为保证户内抽样原则被严格执行，调查要求访问员在访问过程中，必须进行全程录音。录音中有造假行为的访问员所做的所有问卷被视为废卷。录音缺失"户内抽人"环节的问卷将被视为废卷。

三是"入户访问"环节。要求访问员在访问过程中不能出现漏问、跳答错误等问题。如果出现上述错误，必须及时进行纠正；在补充调查完成之前，访问员不能执行新的访问。如果发现明显的录音造假行为，要求调查机构对该访问员负责的所有问卷重新入户。

在执行机构审查的基础上，项目组开展资料验收二审工作，对每一份样本资料分别从真实性，正确性，跳、漏问，纠错纠偏四个方面进行审核。一是真实性审核，识别是否真实访问，需要考察照片、时间和访问特征之间的一致性，根据证据链做综合判断。二是正确性审核，确认是否正确访问，主要是看访问户是否在接触家庭户的列表中，入户后的 Kish 表是否被正确使用，抽样框是否正确，受访者是否是随机抽取的。三是跳、漏问审核，检查跳、漏题项，主要通过访问录音，以倍速播放的形式，结合每一份问卷的平均用时或每一个模块的平均用时来确认是否有跳、漏题现象，发现跳题或漏题的现象，及时记录和反馈。四是纠错纠偏审核，检查访问员错误录入等差错，同时详细记录访问员访问不规范项。项目组审核团队收到样本共计 8370 份，经过二审审核，其中认定合格样本 8155 份，不合格样本 215 份，样本合格率为 97.43%。

（三）样本基本情况

本书的分析对象是员工，员工的基本特征是受雇于组织，因此，本书根据受访者的工作状况和是否有单位两个变量筛选出员工样本，同时剔除在主要变量（工作时间变量和人口统计学变量）上存在缺失的样本，最终得到有效样本 5165 份[①]。

表 1-1 展示了样本的基本情况。第一，性别上，女性样本多于男性样本；第二，年龄均值为 38.92 岁，样本最低年龄为 18 岁，最高年龄为 69 岁；第三，婚姻状况上，已婚样本占比更高；第四，

---

① 需要说明的是，在后续的回归分析中，由于相关自变量和因变量可能存在缺失，因此在各回归模型中的样本数会略低于该值。

受教育程度上，本科、大专和高中学历样本占比相对较高；第五，户口方面，由于调查主要在城镇地区开展，因此农业户口样本占比较低；第六，管理层级上，基层员工的占比明显高于管理层员工；第七，技术层级上，呈"金字塔"结构，无技术员工占比最高，高级员工占比很低；第八，工作于单位组织（党政机关、事业单位、国有企业）的样本数量相对更少；第九，组织规模①上，工作于小型和微型企业的样本的占比最高；第十，从行业分布来看，制造业，居民服务、修理和其他服务业，批发和零售业的样本最多，国际组织及其他的样本最少；第十一，从地区分布来看，华东地区样本最多，西北地区样本最少。

上述 11 个变量都将作为控制变量加入后续实证检验的回归模型之中。

表 1 - 1   样本基本情况统计

变量	取值	比例（%）	编码说明
性别	女性	56.05	0
	男性	43.95	1
年龄	18 ~ 24 岁	4.76	1
	25 ~ 29 岁	13.61	2
	30 ~ 34 岁	16.5	3
	35 ~ 39 岁	19.36	4
	40 ~ 44 岁	15.26	5
	45 ~ 49 岁	15.31	6
	50 ~ 54 岁	8.73	7
	55 ~ 59 岁	5.25	8
	60 岁及以上	1.22	9

① 采用组织人数作为指标，参照国家统计局判定工业企业规模的标准，参见《大中小微型企业划分标准是什么》，https：//www.stats.gov.cn/zs/tjws/tjbz/202301/t20230101_1903367.html，最后访问日期：2023 年 11 月 20 日。

续表

变量	取值	比例（％）	编码说明
婚姻状况	未婚	21.88	0
	已婚	78.12	1
受教育程度	小学及以下	1.63	1
	初中	9.76	2
	高中	21.26	3
	大专	29.02	4
	本科	34.81	5
	研究生	3.52	6
户口	农业户口	24.92	1
	非农户口	53.80	2
	居民户口	21.28	3
管理层级	基层	77.73	0
	管理层	22.27	1
技术层级	无技术	63.62	1
	初级	20.25	2
	中级	12.43	3
	高级	3.70	4
组织类型	非单位组织	66.49	0
	单位组织	33.51	1
组织规模	微型	29.53	1
	小型	53.9	2
	中型	9.53	3
	大型	7.05	4
行业	农林牧渔业	1.32	1
	采矿业	0.79	2
	制造业	13.67	3
	电力、热力、燃气及水生产和供应业	2.75	4

续表

变量	取值	比例（%）	编码说明
行业	建筑业	3.95	5
	批发和零售业	10.34	6
	交通运输、仓储和邮政业	5.44	7
	住宿和餐饮业	5.52	8
	信息传输、软件和信息技术服务业	4.18	9
	金融业	4.07	10
	房地产业	2.71	11
	租赁和商务服务业	1.78	12
	科学研究和技术服务业	1.16	13
	水利、环境和公共设施管理业	1.01	14
	居民服务、修理和其他服务业	12.18	15
	教育	9.99	16
	卫生和社会工作	7.51	17
	文化、体育和娱乐业	1.49	18
	公共管理、社会保障和社会组织	9.99	19
	国际组织及其他	0.15	20
地区	华北	9.55	1
	东北	9.82	2
	华东	37.87	3
	中南	22.88	4
	西南	15.08	5
	西北	4.80	6

第二章　中国工作时间制度与员工工作时间状况

一般来说，对于社会现象的学术性研究需要解决两个基本问题，一是"是什么"，二是"为什么"。"是什么"指向发现和展示现象，"为什么"则指向探寻因果机制。尽管后者才是社会科学研究的关键，但是前者是对特定问题进行研究的起点。本章将从制度和现实两个层面对中国工时制度和员工工作时间现状进行分析。

一　中国工时制度

（一）中国工时制度的发展

工时制度是雇佣劳动关系下的产物。在古代中国，尽管在个别行业存在现代雇佣关系的雏形，但是由于社会生产主要方式是耕作，而耕作基本依循的是"春耕、夏长、秋收、冬藏"以及"日出而作、日落而息"的自然节律，所以无须在国家层面建立对劳动者的劳动时间有所限制的制度规范。不过，针对国家行政体系内的雇佣，古代政府还是制定了专门的休假制度。例如，汉代官吏执行五日一休的"休沐制度"；到了唐代，则改为了"旬休"，即十日一休①。

---

① 曹灿明：《中国休假制度变迁研究》，《苏州大学学报》（哲学社会科学版）2009 年第 6 期，第 33～36 页。

20 世纪初，随着现代工业生产和工厂雇佣关系进入中国，中国工时制度才逐步建立起来。在半殖民地半封建的旧中国，工人阶级受到帝国主义、封建主义和官僚资本主义共同的压迫。他们一方面受到资本家的剥削，需要长时间劳作，另一方面在政治上缺少权力而无法推动建立限制工时的法律制度。直到 1921 年中国共产党成立，中国的工人运动才取得实质性进展。

张希坡对中国工时制度的历史演进做出了详细的回顾[①]，如表 2-1 所示，中国最早的全国性工时制度是 1922 年 5 月第一次全国劳动大会通过的《八小时工作制案》，该制度奠定了中国 8 小时标准工时的基础；同年 8 月，中国劳动组合书记部颁布的《劳动法案大纲》首次对周工作时长进行了限制，规定工人每周至少有连续 42 小时的休息时间，即"一日半休假制度"。1927 年第一次大革命失败后，中国共产党经过武装斗争在全国多地建立起革命根据地，并于 1931 年 11 月在江西瑞金召开中华苏维埃第一次全国工农兵代表大会，宣告成立中华苏维埃共和国、中华苏维埃共和国临时中央工农民主政府，并颁布了《中华苏维埃共和国劳动法》，该项法规延续了日 8 小时工作制和"一日半休假制度"。1937 年抗日战争全面爆发，为了应对抗战的特殊情况，各个抗日根据地在工时制度上开始实行日 10 小时工作制；抗战胜利之后，1948 年 8 月，第六次全国劳动大会召开，大会吸取抗战时期的经验主张"工业工人一般实行 8 小时至 10 小时制度"，新中国成立前夕颁布的《中国人民政治协商会议共同纲领》和 1952 年 8 月由政务院颁布的《政务院关于劳动就业问题的决定》都延续了这一工时制度规范。直到 1956 年，国务院和商业部先后针对建筑业和商业企业将工时制度调整为日 8 小时工作制；1960 年 12 月，《中共中央关于在城市坚持八小时工作制的通知》重申了日 8 小时工作制的工

---

① 张希坡：《我国劳动法中关于工时和周休制度的历史演进》，《人文杂志》1996 年第 2 期，第 115~120 页。

时规范；从此，日 8 小时工作制延续至今。

表 2 - 1　中国工时制度的历史演进

时间	会议/部门	政策文件	主要工时规定
1922 年 5 月	第一次全国劳动大会	《八小时工作制案》	日 8 小时工作制
1922 年 8 月	中国劳动组合书记部	《劳动法案大纲》	日 8 小时工作制（夜工、吃力的工作、18 岁以下工人日工作不得超过 6 小时）；每周连续 42 小时休息
1931 年 11 月	中华苏维埃第一次全国工农兵代表大会	《中华苏维埃共和国劳动法》	日 8 小时工作制（16～18 岁以及对身体有危害工种的工人日工作不超过 6 小时，夜间工人在上述限制下再减少 1 小时）；每周连续 42 小时休息
1941 年 4 月	晋西北行政公署	《晋西北工厂劳动暂行条例》	日 10 小时工作制；每月休假 1 日
1941 年 11 月	晋冀鲁豫边区临时参议会	《晋冀鲁豫边区劳工保护暂行条例》	日 10 小时工作制
1948 年 8 月	第六次全国劳动大会	《关于中国职工运动当前任务的决议》	日 8～10 小时工作制
1949 年 9 月	中国人民政治协商会议第一届全体会议	《中国人民政治协商会议共同纲领》	日 8～10 小时工作制
1952 年 8 月	政务院	《政务院关于劳动就业问题的决定》	日 8～10 小时工作制
1956 年 6 月	国务院	《国务院关于建筑业实行八小时、小礼拜工作制度的规定》	日 8 小时工作制（建筑业）
1956 年 12 月	商业部	《国营商业企业工作时间暂行办法（草案）》	日 8 小时工作制（商业企业）

时间	会议/部门	政策文件	主要工时规定
1960 年 12 月	中国共产党中央委员会	《中共中央关于在城市坚持八小时工作制的通知》	日 8 小时工作制
1994 年 2 月	国务院	《国务院关于职工工作时间的规定》	日 8 小时工作制；周 44 小时工作制
1994 年 7 月	第八届全国人民代表大会常务委员会第八次会议	《中华人民共和国劳动法》	日 8 小时工作制；周 44 小时工作制；加班每日不超过 1 小时（一般）或 3 小时（特殊），每月不超过 36 小时
1995 年 3 月	国务院	《国务院关于修改〈国务院关于职工工作时间的规定〉的决定》	日 8 小时工作制；周 40 小时工作制
2008 年 1 月	劳动和社会保障部	《关于职工全年月平均工作时间和工资折算问题的通知》	年标准工作天数 250 天，平均季工作天数 62.5 天，平均月工作天数 20.83 天

资料来源：根据张希坡《我国劳动法中关于工时和周休制度的历史演进》一文补充整理。

当前，中国工时制度的规范性文件主要有三份，一是《国务院关于职工工作时间的规定》（以下简称《规定》），该文件于1994 年 2 月颁布，确定了日 8 小时和周 44 小时的工时标准，同时第五条规定"因工作性质和工作职责的限制，需要实行不定时工作制的，职工平均每周工作时间不得超过 44 小时"。1995 年 3月国务院颁布《国务院关于修改〈国务院关于职工工作时间的规定〉的决定》，对 1994 年《规定》进行了修改，将周工作时长改为 40 小时，删除了第五条中"不得超过 44 小时"的内容，调整为"因工作性质或者生产特点的限制，不能实行每日工作 8

小时、每周工作 40 小时标准工时制度的，按照国家有关规定，可以实行其他工作和休息办法"。这一调整确立了"周 40 小时工作制"。

二是《中华人民共和国劳动法》（以下简称《劳动法》），这是新中国成立后的首部劳动专门法，《劳动法》延续了 1994 年《规定》的工时规范，第三十六条明确规定"国家实行劳动者每日工作时间不超过 8 小时、平均每周工作时间不超过 44 小时的工时制度"。此外，《劳动法》提供了一定的合法加班时长，第四十一条提出："用人单位由于生产经营需要，经与工会和劳动者协商后可以延长工作时间，一般每日不得超过 1 小时；因特殊原因需要延长工作时间的，在保障劳动者身体健康的条件下延长工作时间每日不得超过 3 小时，但是每月不得超过 36 小时。"这也是我国工作制度首次对月加班时长进行了限制。

三是《关于职工全年月平均工作时间和工资折算问题的通知》（以下简称《通知》），该《通知》首次于 2000 年下发，因国家法定节假日出现变更，劳动和社会保障部于 2008 年对其进行了调整，调整后《通知》明确了月平均工作天数为 20.83 天，计薪天数为 21.75 天。

从历史的维度来看，中国共产党在开始领导工人运动以来的百余年间，一直致力于维护劳动者的工作时间权益，时至今日，中国已经建立相对完善并且符合国际劳工组织建议的"日 8 小时，周 40 小时"工时制度。不过，我们能够看到中国的工时制度还是存在一些问题。

一是制度规范不统一，存在条文冲突。《国务院关于职工工作时间的规定》规定了 40 小时周工时标准，而《劳动法》规定的是 44 小时周工时标准。1995 年《规定》对周工作时长进行了修改之后，《劳动法》并未进行相应调整。与此同时，劳动部 1995 年发布的《〈国务院关于职工工作时间的规定〉问题解答》对 40 小时工作制进行了再次强调，对"企业因生产经营需要延长工作时间是在每周 40 小时，还是在每周 44 小时基础上计算？"这一问题做出了明确解答："1997 年 5 月 1 日以前，以企业所执行的工时制度为基础。即实行每周 40 小时工时制度的企业，以每周 40 小时为基础计算加班加点时间；实行每周 44 小时工时制度的企业，以每周 44 小时为基础计算加班加点时间。上述加班加点，仍然按《劳动法》的有关规定执行。1997 年 5 月 1 日以后，一律应以每周 40 小时为基础计算。"①

依照上位法优于下位法的原则，当《劳动法》和《规定》出现冲突时，应该遵照《劳动法》的 44 小时标准，但是实践中更多采用了《规定》的 40 小时标准。例如，在人力资源社会保障部和最高人民法院于 2021 年联合发布的《劳动人事争议典型案例（第二批）》的第七个案例中，在解释工作时间的限度时，该文件有意避开了《劳动法》的规定，而引用了《规定》之 40 小时标准②。有学者指出，《劳动法》附从于《规定》的制度结构不仅有悖于法律位阶之法理，更造成工时基准制度无法针对劳动关系的特点得到有效调整③。

二是制度缺乏刚性，主要体现在《劳动法》额外规定了可以合法延长工作时间的情形，即"用人单位由于生产经营需要，经与工会和劳动者协商后可以延长工作时间，一般每日不得超过 1 小时；因特殊原因需要延长工作时间的，在保障劳动者身体健康的条件下延长工作时间每日不得超过 3 小时，但是每月不得超过 36 小时"。由于在一些行业中，生产存在周期

---

① 参见《劳动部关于印发〈《国务院关于职工工作时间的规定》问题解答〉的通知》，http://www.lscps.gov.cn/html/13988，最后访问日期：2023 年 11 月 20 日。

② 参见《劳动人事争议典型案例（第二批）》，http://www.mohrss.gov.cn/SYrlzyhshbzb/laodongguanxi_/zcwj/202108/P020210825588559448703.pdf，最后访问日期：2023 年 11 月 20 日。

③ 王天玉：《工作时间基准的体系构造及立法完善》，《法律科学（西北政法大学学报）》2016 年第 1 期，第 122～133 页。

性、突发性、临时性等特点，这一规定的设立初衷即是增强法律与复杂的社会生产现实之间的适配性，减少法律的刚性约束对满足企业特殊生产经营需要的影响。然而，在实际运作过程中，由于缺乏制度刚性，一些企业将这一应对特殊时期生产需求的政策工具转换成了对员工的日常性要求，损害了员工的权益。

（二）中国工时制度的国际比较

1919 年，国际劳工组织通过了第一项公约——《工作时间（工业）公约》，制定了工作时长的国际标准：对于工业企业，员工每天工作不超过 8 小时，每周不超过 48 小时。1930 年，这一标准被推广至商业和行政领域；1935 年，国际劳工组织进一步将 48 小时标准工时建议缩减为 40 小时[①]。世界各个国家均围绕此标准制定本国的工时制度。

如表 2 - 2 所示，从世界范围内的比较来看，中国的工时制度是较为严格的。一方面，在具有相似经济发展水平的金砖国家中，仅有中国和俄罗斯采用了国际劳工组织建议的"8/40 工时制"。另一方面，与一些发达国家相比，中国的工时制度也相当完善且严格，例如，英国和美国都未明确日法定标准工时，且英国采用了更为宽松的周 48 小时工作制。

表 2 - 2　工时制度国际比较

国家/国际组织	日标准工时	周标准工时	其他说明
国际劳工组织	8	40	—

---

① Sangheon Lee, Deirdre McCann & Jon C. Messenger, *Working Time Around the World*: *Trends in Working Hours*, *Laws and Policies in a Global Comparative Perspective* (London: Routledge, 2007), p. 1.

续表

国家/国际组织	日标准工时	周标准工时	其他说明
中国	8	40	加班每日不超过 1 小时（一般）或 3 小时（特殊），每月不超过 36 小时
俄罗斯	8	40	加班每两日不超过 4 小时，每年不超过 120 小时
印度	9	48	—
巴西	8	44	加班每日不超过 2 小时，每年不超过 45 天
南非	9	45	加班每日不超过 3 小时，每周不超过 10 小时
日本	8	40	—
韩国	8	40	加班每周不超过 12 小时
美国	—	40	—
英国	—	48	—
法国	—	35	每天工作时间（包括加班）不超过 10 小时；加班每周不超过 13 小时，每年不超过 220 小时

资料来源：根据国际劳工组织网站数据整理，参见国际劳工组织网站，https://www.ilo.org/dyn/travail/travmain.byCountry2？p_lang=en#tab5，最后访问日期：2023 年 11 月 20 日。

总的来看，中国建立了相对严格的工时制度。不过，工时制度只是影响员工实际工作时长的因素之一，社会经济因素、组织管理因素和个体因素也都会对员工的工作时长产生影响，尤其在发展中国家，法定工时和实际工时之间往往存在一定差异。[①] 这意味着，我们不能止步于制度层面的分析，而必须进入经验层面，

① Sangheon Lee, Deirdre McCann & Jon C. Messenger, *Working Time Around the World: Trends in Working Hours, Laws and Policies in a Global Comparative Perspective* (London: Routledge, 2007), p. 23.

去考察中国员工工作时间的现状。

二　中国员工工作时间的现状

本节将对中国员工工作时间的总体情况和群体差异进行分析。

（一）总体情况

基于 RCWC 2022 调查数据计算出的中国员工周工作时长[①]均值为 48.18 小时，标准差为 10.99 小时。这一结果与国家统计局公布的企业就业人员周平均工作时间是比较接近的，根据国家统计局发布的信息，2022 年全国企业就业人员周平均工作时间为 47.9 小时[②]，2023 年 5 月全国企业就业人员周平均工作时间为 48.6 小时。

从周工作时长的分布状况来看，如图 2-1 所示，中国员工周工作时长并非呈正态分布，而是呈现"断崖状"和"下阶梯状"并存的分布形态。具体来说，一方面，由于大多数组织都根据组织生产需求对员工的工作时长提出基本的要求，同时根据国家相关法规的限制具体采取周 40 小时的工作时间安排，因此周工作时长落在 35~45 小时[③]的区间内的员工是最多的（约占 38.66%），其中周工作时长为 40 小时的比例达到 30.78%。由此，员工工作时间分布的左半边呈现"断崖状"形态。另一方面，尽管法律层面有工时的限制，但由于生产需要，员工常常会主动或被迫延长工作时间，延长工作时间者的比例会随着工作时长的增加而逐步

[①] "周工作时长"通过分别询问受访者每日正常工作时长、每日加班时长和每周工作天数综合计算获得。后文不再赘述。

[②] 参见《国务院新闻办就 2022 年国民经济运行情况举行发布会》，https://www.gov.cn/xinwen/2023-01/17/content_5737627.htm？eqid=d54ae40200027f70000 0000264672041，最后访问日期：2023 年 11 月 20 日。

[③] 包括 35 小时，不包括 45 小时。

降低，因此，周工作时长的分布在右半边呈现"下阶梯状"的形态。

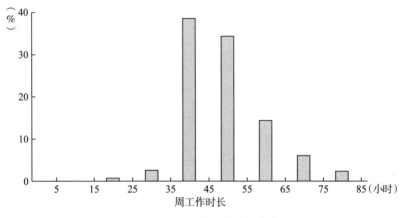

图 2 - 1　员工周工作时长分布

从工作时间的变化趋势来看，如图 2 - 2 所示，2001 ~ 2021 年，中国城镇就业人员①的周工作时长呈现波动上升趋势，其中，2005 ~ 2010 年，数据波动较大。经计算，周工作时长 y 对年份 x 的线性回归方程为：

$$y = 0.071x + 45.37$$

可以看到，回归系数为 0.071，表明年份每增加 1 年，周工作时长的预测值平均增加 0.071 小时，约 4.26 分钟，增长幅度较小。

---

① 需要说明的是，这里的"城镇就业人员"并不等同于本书的"员工"，前者范围要更大。根据 2022 年《中国劳动统计年鉴》中"主要统计指标解释"的说明，"就业人员"指年满 16 周岁，为取得报酬或经营利润，在调查周内从事了 1 小时（含 1 小时）以上劳动的人员，或由于在职学习、休假等原因在调查周内暂时未工作的人员，或由于停工、单位不景气等原因临时未工作的人员。2015 年及之前的《中国劳动统计年鉴》还进一步将其明确分为 8 类人员：①职工；②再就业的离退休人员；③私营业主；④个体户主；⑤私营企业和个体就业人员；⑥乡镇企业就业人员；⑦农村就业人员；⑧其他就业人员（包括现役军人）。因为无法取得关于员工工作时长的较为完整和权威的时间序列数据，因此，用城镇就业人员作为替代。在这里，我们假定了年份对不同身份的就业人员的工作时间没有差异性影响。

这意味着，在 2001～2021 年，中国城镇就业人员的工作时间尽管有所增加，但是依然在可控的范围之内。

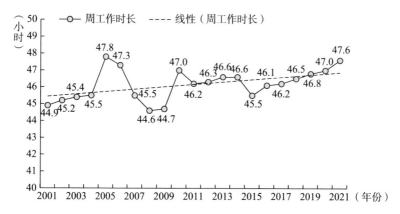

图 2 - 2　2001～2021 年中国城镇就业人员周工作时长变化趋势
资料来源：历年《中国劳动统计年鉴》。

（二）群体差异

美国学者斯格尔发表的《过度劳累的美国人》一书引发了一场关于工作时间变化趋势的争论。在此背景下，雅各布斯（Jacobs）和格尔森（Gerson）提出了一个更具有理论和现实意义的问题：谁是过劳的美国人（Who are the overworked American）？该问题暗含的判断是，并不是所有群体都是过度劳动的。例如，他们的研究就指出，超时工作问题主要出现在受教育程度较高、在大企业工作的管理者或专业人员之中[1]。因此，我们除了要考察中国员工工作时间的总体情况，更需要分析员工内部不同群体之间的工作时间差异状况。

1. 性别

在性别方面，如表 2 - 3 所示，男性员工的周均工作时长长

---

[1] Jerry A. Jacobs & Kathleen Gerson, "Who Are the Overworked Americans?," *Review of Social Economy* 56 (1998): 442 - 459.

于女性员工，两者相差约 2.1 小时。这一结果与我们的经验认知是一致的。中国向来有"男主外，女主内"的家庭分工传统，尽管自新中国成立以来，女性一直是劳动力市场中的中坚力量，但是这种家庭分工传统依然在很大程度上被延续。现代女性仍然更倾向于将时间交给家庭，她们在职业选择时会更注重工作时间安排和工作强度，以希望更好地在现在或未来兼顾工作和家庭。很多时候，女性更愿意以牺牲收入为代价获取一份时间要求上相对宽松的工作，而男性出于养家糊口的家庭需要和社会期许，在职业选择中更可能去从事那些辛苦但是收入更高的工作。

表 2-3　不同性别员工的周工作时长差异与方差检验结果

变量	取值	均值	标准差	样本量	F 值	p 值
性别	女性	47.27	10.25	2895	46.38	0.000
	男性	49.36	11.76	2270		

不过，我们也可以看到，尽管女性员工的周工作时长均值小于男性员工，但是她们的工作时长依然不短。因此，有学者指出，当代城镇从业者打破了传统的"男主外，女主内"的分工格局，而转变为"男主外，女内外兼顾"的格局：家务劳动依然占据女性更多的时间，但在职业方面女性的时间付出几乎与男性相同，其中，女性高层次人才承担更重的来自工作和家庭的双重压力①。

2. 年龄

如表 2-4 所示，不同年龄员工的周工作时长均值并不存在显著性差异，这意味着在当下的组织劳动过程中，所有年龄的员工

---

① 佟新、周旅军：《就业与家庭照顾间的平衡：基于性别与职业位置的比较》，《学海》2013 年第 2 期，第 72～77 页。

都处于相同的工时制度体制之下；尽管从事的工作内容可能有所差异，但是在时间的投入上相差不大。

表 2-4　不同年龄员工的周工作时长差异与方差检验结果

变量	取值	均值	标准差	样本量	F 值	p 值
年龄	18~24 岁	48.40	11.57	246	1.41	0.185
	25~29 岁	48.53	10.37	703		
	30~34 岁	47.88	10.64	852		
	35~39 岁	47.93	10.49	1000		
	40~44 岁	47.95	10.73	788		
	45~49 岁	48.07	10.80	791		
	50~54 岁	48.75	11.95	451		
	55~59 岁	48.23	12.78	271		
	60 岁及以上	52.02	16.19	63		

一般认为，我们的职场中有一些类似于"年轻人就要多干多历练"的隐性文化，一些组织中也会出现个别"躺平"了的老员工。不过，从调查数据来看，这种情况并不具有普遍性。即使是临近退休的员工也在工作中付出了和他们后辈们等量甚至比后辈更多的时间。不过，考虑到我们这里分析的工作时间只是形式层面的时间量，或许在相同的时间量中，不同年龄员工的工作任务量会有所不同。然而，将"因为工作量大，我常常感到时间不够用"作为衡量工作任务量的因变量，对其与年龄进行方差分析后发现，不同年龄员工在工作任务量上依然没有显著差异。事实上，随着老龄化程度不断加深，组织中老龄员工的比例不断上升，如何更好地发挥老龄员工的优势，实现职场的成功老龄化，是当前组织管理领域的重要议题。研究者们相信，老龄员工通过有效整合内外资源，仍能维持或取得积

极的工作状态和结果①。

3. 婚姻状况

在婚姻状况方面，如表2－5所示，未婚和已婚员工群体的周工作时长均值不存在显著差异。如边界理论所指出的，工作与家庭分属不同领域，有各自的领域边界。领域边界有强弱之分，强弱程度主要由边界的灵活性和可渗透性决定，其中，灵活性是指为了满足其他领域的需求，当前领域边界可以进行调整的程度；可渗透性是指某一领域可以被其他领域的元素渗透的程度。由于工作领域的灵活性和可渗透性都较弱，其边界属于强边界，而家庭领域的灵活性和可渗透性较强，其边界属于弱边界，因而工作领域事务总是很容易"入侵"家庭领域，导致家庭的边界常常形同虚设②。因此，理论上，是否结婚（是否已经组建家庭）对员工的工作时间并不会产生实质性影响。

表2－5 不同婚姻状况员工的周工作时长差异与方差检验结果

变量	取值	均值	标准差	样本量	F 值	p 值
婚姻状况	未婚	48.23	10.83	1130	0.02	0.888
	已婚	48.17	11.03	4035		

4. 受教育程度

如表2－6所示，总的来看，受教育程度越高，员工的周均工作时长越短。受教育程度最高的研究生学历员工周均工作时长比最低的小学及以下学历员工短了约11小时，差距相当明显。此外，本科和研究生学历员工的周均工作时长相差并不大。

---

① 彭息强、田喜洲、彭小平、姜梦媛、焦青松：《莫道桑榆晚：老龄员工职场成功的前因、后果及实现策略》，《外国经济与管理》2022年第8期，第90~105页。

② Sue Clark, "Work/Family Border Theory: A New Theory of Work/Family Balance," *Human Relations* 53 (2000): 747－770.

表 2 – 6 不同受教育程度员工的周工作时长差异与方差检验结果

变量	取值	均值	标准差	样本量	F 值	p 值
受教育程度	小学及以下	56.64	15.48	84	59.65	0.000
	初中	52.67	13.49	504		
	高中	50.58	11.77	1098		
	大专	47.56	10.12	1499		
	本科	45.86	9.40	1798		
	研究生	45.53	8.75	182		

从经验上来看，这一结果与我们预期的十分相符：学历更高的劳动者更可能找到一份质量更高的工作。在这一方面，劳动力市场分割理论指出，由于社会和制度性因素，劳动力市场被分割为首要部门和次要部门。在首要部门中，组织往往为员工提供更高的待遇、更好的工作环境和更大的发展空间，而在次要部门中，员工往往面临工作条件差、收入低、工作不稳定等诸多问题。既有的研究指出，受教育程度是影响人们进入首要部门还是次要部门的重要因素①。这也是为什么父母、老师总是向子女和学生传达这样的理念：只有好好读书，将来才能找到好工作。

5. 户口

如表 2 – 7 所示，相较于农业户口员工，非农户口和居民户口员工的周工作时长均值更小。由于中国在过去很长一段时间处于农村与城市二元分割的状态，户口在一定程度上限制了人们的就业形态和工作质量。国务院 2014 年发布了《关于进一步推进户籍制度改革的意见》，提出取消农业户口与非农业户口性质区分和由此衍生的蓝印户口等户口类型，统一登记为居民户口。目前，全国 31 个省份均已出台各自的户改方案，全部取消农业户口，标志

---

① 胡建国、裴豫：《人力资本、社会资本与大学生就业质量——基于劳动力市场分割理论的探讨》，《当代青年研究》2019 年第 5 期，第 109～116 页。

着在我国存在半个多世纪的"城里人"和"农村人"的二元分割至少在制度层面退出了历史舞台，也标志着在就业领域中的制度性户籍歧视问题在很大程度上得到了解决。

表 2 - 7　不同户口员工的周工作时长差异与方差检验结果

变量	取值	均值	标准差	样本量	F 值	p 值
户口	农业户口	50.62	11.80	1287	44.25	0.000
	非农户口	47.19	10.50	2779		
	居民户口	47.85	10.77	1099		

不过，很多研究依然指出，尽管呈现弱化的趋势，但是非制度性户籍歧视依然存在：农业户口劳动者在工资收入、工作条件等方面依然处于弱势地位[①]。在笔者看来，这种状况并不能被理解为户籍歧视或所谓的非制度性户籍歧视，而更多的是一种户籍差异，这种差异并不是户籍制度本身导致的，而主要是由于农业户口劳动者在文化资本、经济资本、社会资本等方面处于劣势地位，因而无法找到一份高质量的工作。换句话说，笔者认为，在当前，不同户口员工在工作时间、工资收入等方面差异的形成，主要依循的是市场逻辑，而非制度逻辑。不过，需要明确的是，农业户口群体在各类资源上的劣势地位与过去十几年所实行的户籍制度有很大关系。因此，在户籍改革之后，如何在事实层面缩小城乡居民在公共教育、公共服务、就业等方面的资源差距，是国家在推动共同富裕战略目标实现过程中需要解决的现实问题。

6. 管理层级和技术层级

管理层级和技术层级反映了员工内部的分化问题。弗莱德曼

---

① 陈杰、郭晓欣：《城市外来劳动力市场上的农业户籍歧视程度研究》，《华东师范大学学报》（哲学社会科学版）2019 年第 5 期，第 11 ~ 23 页；梁盛凯、陈池波：《从收入不平等走向共同富裕——中国城乡户籍"非制度性歧视"的分解与弥合》，《山西财经大学学报》2022 年第 3 期，第 1 ~ 15 页。

（Friedman）很早就关注到了工人群体中表现出的"核心工人"与"边缘工人"的地位层级分化以及组织对他们执行的差异化管理控制策略[1]。这种工人内部分化现象普遍存在，即使在过去坚持平均分配原则的单位组织中，也存在一定的身份差异和由身份差异导致的资源分配差异[2]与员工行动方式差异[3]。可以认为，这种差异是科层制组织结构和技术作为核心组织资本的必然结果。这样，理论上，所处的管理层级（基层和管理层）不同、技术层级（无技术、初级、中级和高级）不同的员工，自然也会面临差异化的工作环境。

不过，如表2-8所示，就工作时间这一具体指标而言，尽管管理层员工、技术层级上的中高级员工的周工作时长均值相对更小，但是差异并不大。这在某种程度上表明，当前员工内部分化所导致的资源差异，并不在时间上，而可能在金钱等更为关键的资源上。例如，对不同管理层级员工和技术层级员工的月收入进行比较，可以发现，平均来看，管理层员工的月收入比基层员工高出38.33%，技术层级上的高级员工的月收入比无技术和初级员工分别高出54.41%和31.39%。可见，收入的层级差异相对更为明显。

表2-8 不同管理层级和技术层级员工的周工作时长差异与方差检验结果

变量	取值	均值	标准差	样本量	F 值	p 值
管理层级	基层	48.34	11.29	1015	3.64	0.057
	管理层	47.64	9.83	1150		

---

[1] Andrew L. Friedman, *Industry and Labour: Class Struggle at Work and Monopoly Capitalism* (London: Macmillan, 1977), pp. 108 - 109.

[2] 李路路、李汉林：《单位组织中的资源获得》，《中国社会科学》1999年第6期，第90~105页。

[3] 吴清军：《国企改制中工人的内部分化及其行动策略》，《社会》2010年第6期，第65~89页。

变量	取值	均值	标准差	样本量	F 值	p 值
技术层级	无技术	48.30	10.81	3286	3.68	0.012
	初级	48.71	11.44	1046		
	中级	47.07	10.90	642		
	高级	47.14	11.59	191		

7. 组织类型与组织规模

中国社会至今仍然呈现单位组织和非单位组织的双重组织格局。所谓单位组织，是基于中国社会主义政治制度和计划经济体制而形成的一种特殊组织，是国家进行社会控制、资源分配和社会整合的组织化形式；其典型形态是政府行政单位、事业单位和国有企业单位①。尽管在经济体制改革之后，"单位"作为一种资源分配制度明显式微，但是其依然是国家意志自上向下渗透、实行国家治理的重要组织体制②。因此，当前中国社会仍然呈现"单位"与"非单位"并存的局面。既有的研究表明，由于组织的所有制不同、组织目标不同，组织运作方式以及基于此为员工营造的组织工作环境也会存在明显的差异，例如，由于有更强的合法性要求，单位组织为员工所提供的福利保障制度的建设水平总体上会更高③。这一差异也体现在了工作时间上：单位组织更可能遵照国家法律法规建立规范的工时制度和完善的休假制度，进而减少员工的工作时间。从表 2-9 的统计结果来看，正如所推测的，单位组织员工的周工作时长均值明显小于非单位组织员工，F 值达到 178.32。

---

① 李路路、苗大雷、王修晓：《市场转型与"单位"变迁 再论"单位"研究》，《社会》2009 年第 4 期，第 1~25 页。

② 苗大雷、王修晓：《项目制替代单位制了吗？——当代中国国家治理体制的比较研究》，《社会学评论》2021 年第 4 期，第 5~25 页。

③ 李中、张彦：《政治约束与经济理性的平衡——党组织嵌入对非公企业福利保障制度建设的影响研究》，《社会学评论》2023 年第 1 期，第 107~123 页。

表 2-9　不同组织类型和组织规模员工的周工作时长差异与方差检验结果

变量	取值	均值	标准差	样本量	F 值	p 值
组织类型	非单位组织	49.61	11.24	3434	178.32	0.000
	单位组织	45.36	9.88	1731		
组织规模	微型	48.21	11.03	1525	0.43	0.731
	小型	48.06	10.75	2784		
	中型	48.60	11.28	492		
	大型	48.47	12.21	364		

就组织规模而言，如表 2-9 所示，工作于不同规模组织的员工的周工作时长均值并没有显著差异。理论上，组织规模对员工工作时间的影响应该遵循同单位组织一样的合法性逻辑：规模更大的组织由于对合法性要求更高，应该更多地遵照法律中的工时规范，进而使员工的工作时间维持在相对更低的水平。不过，数据显示的结果却并没有支持这一理论逻辑。对此，可能的解释是，因为当前我国的法定工时标准存在一定的弹性空间，即《劳动法》第四十一条规定的"因特殊原因需要延长工作时间的，在保障劳动者身体健康的条件下延长工作时间每日不得超过 3 小时，但是每月不得超过 36 小时"，所以只要加班时间控制在这一法律规定的限度内，组织的合法性就能够得到保障，组织规模影响员工工作时间的合法性逻辑也就不成立了。于是，大型组织也更多采用市场逻辑来决定员工的工作时间长短。

8. 行业

就行业来看，如表 2-10 所示，周均工作时长较长的三个行业是住宿和餐饮业（54.54 小时）、制造业（50.87 小时）以及交通运输、仓储和邮政业（50.31 小时）；除"国际组织及其他"外[①]，周均工作时长较短的三个行业是农林牧渔业（43.09 小时）、金融业（43.76 小时）和教育（44.06 小时）。不同行业的周均工作时

———————

① "国际组织及其他"的样本量太少，不具有参考价值。

长极差超过 11 小时。

表 2-10　不同行业员工的周工作时长差异与方差检验结果

变量	取值	均值	标准差	样本量	F 值	p 值
行业	农林牧渔业	43.09	8.99	68	19.54	0.000
	采矿业	47.29	11.41	41		
	制造业	50.87	11.48	706		
	电力、热力、燃气及水生产和供应业	46.35	11.07	142		
	建筑业	48.86	11.36	204		
	批发和零售业	49.89	9.57	534		
	交通运输、仓储和邮政业	50.31	12.84	281		
	住宿和餐饮业	54.54	12.03	285		
	信息传输、软件和信息技术服务业	47.80	9.66	216		
	金融业	43.76	8.16	210		
	房地产业	50.01	11.97	140		
	租赁和商务服务业	47.87	10.96	92		
	科学研究和技术服务业	44.73	7.48	60		
	水利、环境和公共设施管理业	45.73	10.65	52		
	居民服务、修理和其他服务业	48.80	11.47	629		
	教育	44.06	9.07	516		
	卫生和社会工作	47.80	10.63	388		
	文化、体育和娱乐业	47.96	10.57	77		
	公共管理、社会保障和社会组织	45.03	9.53	516		
	国际组织及其他	41.88	9.11	8		

　　不同行业员工群体在工作时间上表现出的差异与行业的生产周期、产品性质和所面对的市场环境紧密相关。第一，像住宿和

餐饮业，制造业，交通运输、仓储和邮政业等工作时间较长的一批行业的生产或服务，并没有明显的"农闲时期"。因为人们一年365 天都需要吃饭，所以餐厅通常全年无休；工业产品的生产也不需要依循时节变化，所以可以让生产线 24 小时运转。这种生产周期的特征决定了整个行业需要员工持续工作。第二，这些行业生产的产品或服务都是私人性的，这意味着在销量得以保证的情况下，企业产出越多，盈利就越多，因而企业会尽可能延长整个服务和生产的时间。第三，这些工作时间最长的行业通常处于激烈的市场竞争之中，这种竞争就意味着为了维持生存和发展，企业必不可少地需要进行成本控制，通过减少雇佣员工总数、延长单个员工工作时间来减少雇佣成本，就成了重要的成本控制手段。

与之相对地，工作时间较短的几个行业的劳动生产，要么受自然时间的约束（如农林牧渔业），要么受社会时间的约束（如金融业，教育以及公共管理、社会保障和社会组织），因此这些行业的工作时间安排大多遵循了"日出而作、日落而息"和周末双休的自然和社会生活的一般节律，这使得其工作时间处于相对较低的水平。

三　本章小结

对中国员工工作时间的分析需要同时考察制度和实际两个层面。在制度层面上，我国参照国际劳工组织的建议，已经建立起"日 8 小时，周 40 小时"的相对严格的工时制度，这从制度层面保障了我国劳动者在工作时间上的基本权益。

就中国员工工作时间现状而言，第一，对 RCWC 2022 调查数据的分析显示，中国员工周工作时长平均为 48.18 小时，标准差为10.99 小时。第二，从周工作时长的分布状况来看，中国员工周工作时长并非呈正态分布，而是呈现"断崖状"和"下阶梯状"并存的分布形态，即中国员工每周工作时长处于 35～45 小时的最多

（主要为 40 小时），短于该时长的员工人数很少，长于该时长的员工人数随工作时长增加而逐步减少。第三，从工作时间的变化趋势来看，2001～2021 年，中国城镇就业人员的周工作时长呈现出波动上升趋势，周工作时长对年份的线性回归结果显示，2001～2021 年，周工作时长的预测值平均每年增加约 4.26 分钟，增长幅度较小。

除了整体性描述，本章还进一步分析了不同员工群体在工作时间上表现出的差异。研究发现，第一，男性员工比女性员工的工作时间更长；第二，不同年龄、不同婚姻状况员工的工作时间并不存在显著差异；第三，受教育程度越高，员工的工作时间越短；第四，相较于农业户口，非农户口和居民户口员工的工作时间更短；第五，不同管理层级（基层和管理层）和不同技术层级（无技术、初级、中级和高级）员工的工作时间相差不大；第六，单位组织员工工作时间明显短于非单位组织员工，而工作于不同规模组织的员工的工作时间并没有显著差异；第七，住宿和餐饮业，制造业以及交通运输、仓储和邮政业员工的工作时间最长，农林牧渔业、金融业和教育行业员工的工作时间最短。

在对员工的工作时间进行描述性分析之后，本书接下来将对影响员工工作时间的组织管理控制因素以及工作时间对员工组织行为的影响等内容进行解释性分析。

第三章 前因：组织的管理策略与工作时间

组织管理控制策略一直是劳动过程研究的核心话题。学者们一直试图回答这样一个问题：组织到底采取何种手段使得员工接受组织安排。布雷弗曼的回答是通过"去技能化"强化工人对资本的依附[1]，弗莱德曼的回答是差异化的管理策略（责任自治或直接控制）[2]，布若威的回答是劳动过程游戏化、建立内部劳动力市场和内部国家的制度组合[3]。本土学者也通过田野观察对各类职业的劳动过程控制策略进行了诸多考察，提出了诸如数字控制[4]、关系控制[5]、情感控制[6]、意识形态控制[7]等具有时代性或本土性的管理控制模式。

本章将延续过往学者的分析思路，从组织管理的角度来寻找

[1] 〔美〕哈里·布雷弗曼：《劳动与垄断资本：二十世纪中劳动的退化》，方生等译，商务印书馆，1978，第109页。

[2] Andrew L. Friedman, *Industry and Labour: Class Struggle at Work and Monopoly Capitalism* (London: Macmillan, 1977), p. 108.

[3] 〔美〕迈克尔·布若威：《制造同意——垄断资本主义劳动过程的变迁》，李荣荣译，商务印书馆，2008，第180页。

[4] 陈龙：《"数字控制"下的劳动秩序 外卖骑手的劳动控制研究》，《社会学研究》2020年第6期，第113~135页。

[5] 沈原：《市场、阶级与社会——转型社会学的关键议题》，社会科学文献出版社，2007，第216页；帅满：《快递员的劳动过程：关系控制与劳动关系张力的化解》，《社会发展研究》2021年第1期，第31~51页。

[6] 林慧琳、肖索未：《工厂即客厅：外包制鞋厂的劳动过程研究》，《社会学评论》2020年第5期，第50~60页。

[7] 贾文娟、钟恺鸥：《另一种娱乐至死？——体验、幻象与综艺娱乐节目制作过程中的劳动控制》，《社会学研究》2018年第6期，第159~185页。

影响员工工作时间的因素。具体将从回答"组织为何控制"和"控制何以可能"的问题出发,分析组织的管理控制策略对员工工作时间的影响。

一 控制动机与组织权威的构建

在具体分析组织的管理控制策略之前,我们需要首先分析组织控制员工工作时间的动机,因为无论是对于个体还是对于组织,动机都是理解其行动意义的前提。然后,我们还需要分析组织控制手段有效的基本逻辑,因为只有知道了为何有效,我们才能对照着找到那些可能影响员工工作时间的具体管理策略。

(一) 组织控制的动机

组织为什么要控制员工的工作时间?在回答这个问题之前,我们需要对何谓"控制"有所界定。"控制"可拆解为"控"和"制"。控,即掌控,是指主体按其意愿左右他物的行动或状态。制,即压制,是指对客体进行约束,以使其行动或状态符合某种要求。因此,"控制"一词暗含了主体的"控"和对客体的"制"。"控"强调主体的能动性,而"制"强调客体所受到的约束。当我们使用强调"控"的"控制"时,常常是为了凸显主体的占有、管理或影响,如"老虎控制了这片草原"。当我们使用强调"制"的"控制"时,更多是为了表达使客体遵守某种秩序、规则或达到某种平衡,如"控制人口的增长"。

广义来说,雇主对员工工作时间的控制同时包含上述两层含义:一是强调"制"的控制,即使员工工作时间符合既定的规则;二是强调"控"的控制,即增加员工工作时间的额外投入。笔者分别称上述两种含义背后的动机为"秩序动机"和"发展动机"。

1. 秩序动机

秩序动机是组织控制员工工作时间的基本动机。组织与员工之间的雇佣关系从一定程度上说就是一种交易关系，即员工出售劳动力与雇主交换金钱。在传统的以金钱换取商品的交易中，买家支付货币换得商品之后，即完全地控制了商品，可以随时按其意愿使用该商品，以满足自身需求。但是，正如布雷弗曼所指出的，人的劳动力与其他生产要素存在根本区别：劳动和整个生命过程、身体机能一样，是人类个人不能转让的财产[①]。劳动力的交易中买家购买的不是实在的物品，而是依附于个体的不可分离的劳动力。因此，该交易存在一个特殊环节，即劳动力转换为劳动成果的过程。而这个转换过程中，由于劳动力的供给者不是易驯化的一般生物，而是具有很强能动性的人，因此，为了维持生产秩序，使劳动力的转换最终符合雇主利益，雇主必然需要建立一系列规则对员工的行动进行限制，以防止员工出现行为上的偏差（如迟到、偷懒等）。

简言之，组织对员工工作时间控制的基本动机是保证生产的有序，以将劳动力转换为劳动成果。这种控制强调的是"制"，即在公平交易的前提下，由交易契约赋予雇主相应权利后，雇主对劳动力出售方行为的合理管控。换句话说，接受组织对工作时间的合理管控是员工在劳动力交易过程中应尽的义务，从某种程度上讲，员工出售的也正是组织在一定时间范围内对其劳动力的控制权[②]。

2. 发展动机

与秩序动机不同，由发展动机所推动的"控制"将可能在一定程度上超越合理的范畴。在资源有限的前提下，为了保证生存和谋得发展，组织就需要最大限度地利用现有资源，包括员工的劳动力。这种为了谋求自身生存和发展而驱使员工增加工作时间投入的动机，即可被称为发展动机，基于该动机所实施的工作时间控制强调的是"控"。

---

① 〔美〕哈里·布雷弗曼：《劳动与垄断资本：二十世纪中劳动的退化》，方生等译，商务印书馆，1978，第48页。

② 〔美〕詹姆斯·S. 科尔曼：《社会理论的基础》（上、下），邓方译，社会科学文献出版社，1999，第56页。

由于市场中的企业面对残酷的竞争环境且怀抱利润最大化的野心，所以由发展动机推动的工作时间控制行为十分普遍。一方面，市场竞争就是逆水行舟，无法前进的企业就会被淘汰，因此，谋求发展本质上是谋求生存；另一方面，对于绝大多数参与市场竞争的企业而言，它们的唯一目的就是赚取利润，这是资本逐利的必然要求。因此，"如何实现利润最大化"几乎是所有进入市场的企业对自己提出的必答题；而从实践上来说，延长员工工作时间是很多企业实现利润最大化的重要策略。

现代劳动经济学对企业这一用工决策背后的理性基础已经做出了较为深入的分析[①]。当企业对劳动力的需求增加时，它有两种策略选择，一是增加雇佣人数，二是延长当前员工的工作时间。企业选择增加雇佣人数时，会相应增加两类成本，一是准固定成本，即不随雇佣人数增加而增加的成本，包括招聘、培训成本等，二是新员工的工资；选择延长当前员工的工作时间时，需要投入的成本包括加班工资、加班福利（包括饭补、车补）等。由于两种策略存在替代关系，因此企业通常是采取组合策略。两种策略选择无差异时的状态可以表示为[②]：

$$\frac{ME_M}{MP_M} = \frac{ME_H}{MP_H}$$

上式中，ME_M 表示增加一名员工的成本增量；ME_H 表示增加一单位工作时长的成本增量；MP_M 表示增加一名员工的产出增量；MP_H 表示增加一单位工作时长的产出增量。在达到无差异状态之前，企业需要对两种策略的边际成本和边际产出进行比较，从而做出选择。具体来说，在边际产出相同的情况下，即需要比较边

---

① 杨伟国、代懋主编《劳动经济学》（第三版），东北财经大学出版社，2019，第94~109页。

② 杨伟国、代懋主编《劳动经济学》（第三版），东北财经大学出版社，2019，第101页。

际成本，当雇佣新员工的边际成本大于延长当前员工工作时间的成本时，企业就会选择让员工超时工作。

总的来说，组织的控制动机的类型在很大程度上影响了员工工作时间的长短，当组织出于秩序动机控制员工的工作时间时，员工的工作时间往往处于合理的范围之内；而如果组织有较强的发展动机，那么员工的工作时间就很可能超出法律等制度规定的限度，使员工陷入超时工作的状态之中。

（二）组织权威的建构

在劳动过程中，组织如何使员工服从其控制呢？换句话说，使得员工服从的组织权威建构的基础是什么呢？这是我们要回答的第二个问题。

1. 组织权威的概念

一般来说，组织权威是指组织的合法意志被服从的能力。这一定义界定了权威这一概念的两个构成要件：服从和合法。

第一，服从是权威的形式结果，即受支配的一方最终会按照支配者的意愿行动。马克思在很大程度上是在这一层面上使用"权威"这一概念的，他在解释工人能够实现合作的原因时就指出，工人们的合作是由资本家的权威所驱使的，反映出一种使他们的活动服从其目的的他人的意志的力量①。恩格斯在《论权威》一文中对权威进行了更为明确的界定："这里所说的权威，是指把别人的意志强加给我们；另一方面，权威又是以服从为前提的。"②

第二，合法是权威的前提，它回答了受支配者何以服从的问题。这里的"合法"与我们日常使用的"符合法律规定"的意思无关，它实质上强调的是一种为受支配者所接受的"正当性"。这种支配意志的正当性促成了人们的服从。韦伯提出了三种具有正

---

① 《资本论》（第一卷），人民出版社，2004，第385页。
② 《马克思恩格斯选集》（第二卷），人民出版社，1972，第551页。

当性的支配依据：正式的章程和制度、业已习惯的传统以及领袖非凡的魅力①。达伦多夫也从"合法性"的角度界定权威，他指出："权力是个性化的，而权威总是同社会地位或角色相联系。无论是军官对士兵、经理对员工还是官僚对民众的控制力量都来源于权威，因为军官、经理和官僚的控制力量不是来源于其个人，而是来源于这个人所处的位置。正如韦伯所说，权力仅仅是一种现实的控制和服从关系，而权威则是一种合法的控制和服从关系。从这个意义上来说，权威可以被称为合法的权力。"②

不过，也有学者认为，如果仅仅用形式结果上的服从来定义权威，那么权威和权力等概念之间就可能丧失区分度，因为个体服从支配者的意志时可能处于完全不同的状态：受强制的或自愿的。因而，学者建议在权威的定义中加上"自愿"的限制，用以与权力等概念进行区分，并指出，权力更多是一种让人强制性服从的力量，而权威带来的主要是一种自愿性服从③。不过，笔者认为，将权威限制在"自愿"的条件之下会让这个概念的界定存在困难。因为所谓自愿与强制常常是一种主观感受，这种主观感受很难在形式上被识别。例如，当一个小孩被家长强制要求去学习时，他在情绪上是受强制的，但是出于理性的考虑（如不去学习就会挨骂），他仍然会遵照家长的要求行动，因此理性上是自愿的。这个时候，我们很难说小孩的服从是源于家长的具有强制性特征的权力还是具有自愿性特征的权威。在笔者看来，强制性与自愿性不是区分权力与权威的要素特征。在具有合法性的前提下，权力和权威不是互斥关系，而是从属关系，权力（即一种强制性服从的力量）是权威的重要组

---

① 〔德〕马克斯·韦伯著，〔德〕约翰内斯·温克尔曼整理《经济与社会》（上卷），林荣远译，商务印书馆，1997：第241页。

② Ralf Dahrendorf, *Class and Class Conflict in Industrial Society* (Stanford, California: Stanford University Press, 1959), p. 166.

③ 俞可平：《权力与权威：新的解释》，《中国人民大学学报》2016年第3期，第40~49页。

成部分，韦伯提出的法理型权威就是建立在合法的制度权力基础上的具有强制力的权威类型。因此，基于权威的服从既可以是自愿的，也可以是强制的①。但是，具有强制性的"暴力"显然不是权威建构的基础，因为暴力在绝大多数情况下不具备合法性。

2. 组织权威的来源及其类型学

最广为认同的对权威的类型学划分来自韦伯。他将权威划分为三种类型：法理型权威、传统型权威和魅力型权威。其中，法理型权威建立在合法的章程、制度之上，个体将服从那些由合法的章程或制度所确定的领导者；传统型权威建立在历来适用的、具有历史神圣性的、人们已经习惯的传统之上，人们将尊敬和服从由传统所授命并由传统所约束的统治者的统治；魅力型权威则建立在个人的非凡特质和英雄气概之上，人们会因为领袖本人的人格魅力而自愿服从他的领导②。

韦伯是基于合法性依据的差异对权威进行划分的，这种合法性依据是个体能够进行支配的原因。可见，韦伯关注的是支配者何以能够支配的问题，而不是被支配者何以接受支配的问题。他假定了这些合法性依据是必然为被支配者所接受的，因而没有回答合法性依据为何合法的问题。所以不难理解，对权威类型至少还存在一个从被支配者的角度出发，根据被支配者服从动机的差异进行划分的划分方式。

事实上，韦伯在阐释权威时就已经提出了这一划分视角，他指出，权威建立在被统治者自愿服从的基础之上，这种自愿性来源于服从行为给被统治者带来的外在的或内在的利益。韦伯强调，服从的动机可能极为不同："可能纯粹出自习俗，或者纯粹由于情绪，或者受到物质利害关系，或者受到思想动机（价值合乎理性）所约束。

---

① 汪世锦：《论权威——兼论权威与权力的关系》，《湖北大学学报》（哲学社会科学版）2001 年第 6 期，第 21～28 页。

② 〔德〕马克斯·韦伯著，〔德〕约翰内斯·温克尔曼整理《经济与社会》（上卷），林荣远译，商务印书馆，1997，第 241 页。

这类动机在很大程度上决定着统治的类型。"① 只不过，韦伯放弃了这一权威的划分标准，因为他认为，经验表明，没有任何一种自愿的统治是仅仅以物质的动机或仅仅以情绪的动机，又或者仅仅以价值合乎理性的动机作为其继续存在的原因的；并且，所有统治都企图唤起并维持对它"合法性"的长久的信仰，单纯依靠动机可能无法实现这一目的②。于是，他选择了以合法性依据为基础的权威划分方式。韦伯的观点在某种程度上是合理的，但是，这一反对"动机标准"的理由同样也可以用来反对他所使用的标准：经验表明，在一个组织内部，很少有一种自愿的统治仅仅靠合法的制度、业已习惯的传统或者领袖的魅力中的一种就能够得到长久维持。这种批判本身就包含着对"理想类型"作为一种类型学方法的批判。

笔者认为，这两种权威分类方式的差异不过是形式标准与实质标准的差异。韦伯最终采用的是形式标准，即以实施统治的外在的获得一致认同的形式依据为标准，这些形式依据包括法律制度、传统习俗或高尚品性。不同于形式标准，被支配者的服从动机是一种实质标准。被支配者出于不同动机承认一种或多种合法支配的形式依据，支配者再进一步根据这些形式依据来实施支配和维持权威关系，因此，被支配者的动机是合法性依据合法的原因。事实上，两种权威分类方式本质上是不互斥的，只不过笔者认为，在组织权威体系的构建过程中，对成员动机的关注应该优先于对形式依据的关注，成员的动机决定了组织应该建立何种制度、文化和社会交往环境来促进员工产生服从行为，因此，对组织权威的类型学划分应该以被支配者的动机为基础。

那么，我们如何基于员工动机来划分组织权威类型呢？结合韦伯的研究，笔者认为，至少可以区分出两种类型的组织权威：

---

① 〔德〕马克斯·韦伯著，〔德〕约翰内斯·温克尔曼整理《经济与社会》（上卷），林荣远译，商务印书馆，1997，第238页。

② 〔德〕马克斯·韦伯著，〔德〕约翰内斯·温克尔曼整理《经济与社会》（上卷），林荣远译，商务印书馆，1997，第239页。

基于员工工具理性动机的"工具理性权威"和基于员工价值理性动机的"价值理性权威"。

从社会交换的角度来看，个体的服从行为本质上就是用服从换取回报的理性的社会交换行为；同样地，员工对组织的服从更多是为了换取个人缺乏的资源①。因此，服从动机实质上就是回报动机；行动者希望换得何种回报，就会运用何种理性。韦伯区分了两种理性——工具理性和价值理性，前者关注实现目标的手段，是通过最小化工具成本实现目标的理性，后者出现在对一种特定的价值（如伦理、美学、宗教价值）的追求中，因为价值是无法计量的，所以行动者更关注目标本身的实现，而更少计算成本的投入，更多表现出为实现价值而奋不顾身②。一般来说，当行动者以金钱等物质利益为回报动机时，他更可能动用工具理性，而当其追求情感、价值等非物质回报时，则会动用价值理性。

韦伯的观点也为社会交换理论的代表人布劳所继承，他在解释社会交换时也强调了回报具有外在性和内在性之分。在布劳看来，社会交换与严格的经济交换存在较大不同，最大区别就在于：社会交换引起未加规定的义务③。经济交换总是伴随着一份明确了双方权利和义务的合约，但是在社会交换中，一个人帮了另一个人，尽管存在某种未来获得回报的期望，但是对其确切性质并没有在事前做出明确的规定。换句话说，"回报的性质是不能加以讨价还价的，而必须留给作回报的人自己决定"④。布劳进一步指出，社会交换未对双方的义务加以规定的一个重要原因是：社会交换

---

① 李汉林：《中国单位社会：议论、思考与研究》，上海人民出版社，2004，第36页。

② 〔德〕马克斯·韦伯著，〔德〕约翰内斯·温克尔曼整理《经济与社会》（上卷），林荣远译，商务印书馆，1997，第56~57页。

③ 〔美〕彼得·M.布劳：《社会生活中的交换与权力》，李国武译，商务印书馆，2012，第158页。

④ 〔美〕彼得·M.布劳：《社会生活中的交换与权力》，李国武译，商务印书馆，2012，第159页。

中所包含的利益没有如货币一样的媒介来确定价值量。因为行动者在社会交换中所能获得的回报不仅是外在性的报酬，还可能是信任感、支持、赞同和感激等内在性报酬。内在性报酬是无法准确计算价值量的，但是可以作为交换的标的物，只是这种交换是隐藏式的。在布劳看来，在现实生活中，人们不总是持有一种工具理性去获取外在性报酬的"经济人"，人们更主要是"社会人"，对于大多数人而言，内在性报酬（如情感、赞同等）同样重要，"社会交换对于参与者总是带有内在意义的成分，这一点使它有别于严格的经济交易"①。

　　基于此，我们可以将组织权威划分为两类：一是工具理性权威，这类权威建立在组织成员从组织获取特定物质利益（如金钱等经济资源）的动机的基础上，在基于工具理性权威的控制模式下，组织与成员之间更多保持一种功利关系，组织通过建立正式的奖惩制度对成员的行动进行刺激和约束；二是价值理性权威，这类权威建立在组织成员对特定价值（公平、自由、博爱等）或特定情感（安全感、认同感、信任感等）的追求之上，员工的服从可以使其获得精神上的回报，在基于价值理性权威的控制模式下，组织将更多凸显自身的文化、价值和意义，以获取成员的认同，进而使员工遵照组织的安排行动。回过头来看，在形式层面上，工具理性权威更可能通过正式的规则、制度、合同等文本形式得到确立和维护，价值理性权威则更多依靠组织文化或管理者的人格魅力来将特定的价值观传达给组织成员。蔡禾从组织管理者权威建构的角度出发，也指出管理者的资源支配能力和人格力量都对其能否获取权威具有重要影响：一方面，管理者所拥有的资源支配能力可以诱导员工出于工具理性行为动机服从其管理；另一方面，当管理者彰显了为员工所认同的人格特征、价值和道

---

① 〔美〕彼得·M.布劳：《社会生活中的交换与权力》，李国武译，商务印书馆，2012，第184页。

德时，员工也将出于价值理性行为动机服从管理者的控制[1]。

简言之，本书基于员工不同的回报动机，将组织权威划分为工具理性权威和价值理性权威。接下来的部分将进一步分析组织建立在不同权威类型基础上的具体的管理控制策略。

二　奖惩制度建设与资源交换

假定员工是"理性人"可能会招来误解和反对，传统社会学的一个重要研究思路就是站在经济学"理性人"假设的对立面，去探讨人们社会行动中的结构性因素。不过这种对"理性人"的修正却在一定程度上矫枉过正，走向了对人能动性的忽视。事实上，韦伯很早就将社会学定义为"一门试图解释性地理解社会行动，进而对社会行动的过程和影响做出因果解释的科学"[2]。只不过由于结构功能主义的范式上的霸权，对个体行动的研究长期游离于主流社会学研究之外。直到20世纪70年代，基于新功利主义的社会交换理论才再次将经济学中的"理性"引入个体行动的研究。霍曼斯是其中的代表人物，他大量借用了经济学的概念，包括报酬、成本、投资、利润等来构建个体行动的基本图式[3]。这种经济学的行动思想对社会学的行动研究产生了重要影响。随后，科尔曼的行动理论几乎直接引用了经济学关于理性人的假设，他将个体行动明确界定为有目的的行动，并用经济学中的"合理性"来说明"目的"，即不同的行动有不同的"效益"，行动者的行动原则就是最大限度地获取效益[4]。

---

[1]　蔡禾：《企业职工的权威意识及其对管理行为的影响——不同所有制之间的比较》，《中国社会科学》2001年第1期，第119~129页。

[2]　Max Weber, *The Theory of Social and Economic Organization* (New York: Oxford University Press, 1974), p. 88.

[3]　参见侯钧生主编《西方社会学理论教程》（第二版），南开大学出版社，2006，第224页。

[4]　〔美〕詹姆斯·S. 科尔曼：《社会理论的基础》（上、下），邓方译，社会科学文献出版社，1999，第20~24页。

在笔者看来，尽管不能认为行动者总是追求经济利益的最大化，但是我们也不能否认个体时常在进行功利计算。科尔曼对这种"目的论"的假定进行过详细解释，他指出，如果不假设人是有目的的行动，那么将会导致一种"宿命论"，即在那些缺乏个人行动基础的理论中，行动的原因不是个人的目标、目的或意图，而是个人之外的某些力量，或是个人未曾意识到的某种内在冲动。其结果是，这些理论除了描绘某种不可抗拒的命运，就再无别用了。然而，无论是从实然还是从应然的角度来看，人都具有能动性，这种能动性就体现在个体会有目的地去行动上[①]。就工作行为而言，在马克思看来，组织与员工的雇佣关系本质上就是一种经济交换关系，员工用劳动力同组织换取金钱[②]。因此，员工在劳动过程中也会像在其他经济行为中一样，趋利避害和追求自身利益的最大化。正是因为劳动者具有工具理性，不服从和违规行为（如"磨洋工"、应付工作、公物私用等）才会随处可见。换言之，尽管员工把控制自身行动的权利转让给了组织，但员工的自身利益并未在这种转让中消失。如果员工受自身利益的驱使，采取的行动不符合组织利益，而组织的监督又近乎失效，此时权威关系中的行动必然背离组织的利益[③]。因而，假定劳动组织中的员工是具有工具理性的行动者具有充分的合理性。

由于员工在很大程度上是具有工具理性的，因此在实践中，组织构建权威的一个有效方法就是建立奖惩制度。奖惩制度有效的基本逻辑是将员工的表现与回报紧密关联：表现越好，回报就越多；表现越差，回报就越少。由于组织掌握了员工所需的经济

---

① 〔美〕詹姆斯·S. 科尔曼：《社会理论的基础》（上、下），邓方译，社会科学文献出版社，1999，第21～22页。

② 〔德〕马克思：《雇佣劳动与资本》，中共中央马克思恩格斯列宁斯大林著作编译局译，人民出版社，2018，第16页。

③ 〔美〕詹姆斯·S. 科尔曼：《社会理论的基础》（上、下），邓方译，社会科学文献出版社，1999，第21～22页，第95页。

资源，所以其可以通过奖惩制度实现经济资源与员工行动控制权的持续和稳定交换，我们可以称这种管理控制策略为"资源交换策略"。就工作时间而言，如果员工接受超时工作的安排，那么他就将获得相对更高的经济回报，基于理性人的假设，员工就会为了获取更多的经济回报而主动延长工作时间。

通常来说，组织可能掌握以下几类员工所需的且具有经济价值的资源：一是金钱，这是最基本也是最重要的资源；二是职位的晋升，它将间接提升员工的收入；三是职业知识，与晋升类似，职业知识也能提高劳动者可能的物质回报。组织通过使这三类资源的分配与员工的工作时间投入建立联系，即可以就此构建使员工服从工作时间安排的合法权威。

（一）薪酬管理

工作时间与金钱的关系几乎是所有劳动过程研究的关注点。对于发展中国家的劳动者而言，获取金钱往往是他们进入劳动组织的最重要的动机。从调查数据来看，RCWC 2022 调查询问了受访者一个假设性问题：如果您钱多得这辈子都花不完，您是否会从事现在这份工作？结果显示，在 5165 名受调查的员工中，约43.81%的人明确选择"不会"，22.56%的人选择"不确定"，仅33.63%的人选择"会继续工作"。这一调查结果在一定程度上显示出了员工群体获取物质性回报的强动机，如果有了足够的钱，相当比例的人至少会从态度上选择停止工作。

这种较强物质性动机产生的主要原因是物质供需的不平衡。从需求端来看，中国劳动者面对着安家、子女养育等现实经济压力、传统储蓄观念的影响以及现代消费文化的冲击，产生了对赚取更多收入的强烈意愿；从供给端来看，尽管中国的经济总量已经位居世界第二，但是由于人口总量巨大，中国人均GDP 和社会福利水平仍然较低，是典型的发展中国家。在劳动力市场中，无论是最低工资标准还是平均工资水平都较低，劳动者能从社会和工作中获取的物质资源十分有限①。在此背景下，组织如果试图对其所掌握的员工十分需要的金钱资源进行策略性管理（所谓的薪酬管理），就能够在很大程度上影响员工时间分配决策。

一般来说，薪酬管理涉及两项重要内容，一是工资率，即发多少工资；二是薪酬模式，即工资额的结算方式。这两项内容分别指向两种具体的薪酬管理策略：效率工资策略和变动收入策略。

1. 效率工资策略

工资率是指单位时间内的劳动价格，在古典经济模型中，劳动者的工资率是由劳动力市场的供需关系所决定的，劳动组织总是按市场均衡的工资水平支付员工工资。然而，该理论模型并不能解释，当劳动力市场的总供给或总需求出现较大波动时，工资并不随之出现较大幅度改变而是存在工资黏性的现象。新古典经济学用工会干预等外部因素来解释，但是这一答案并不令人满意。效率工资理论为此提供了一种新的解释。

效率工资理论关注了一个新变量：员工的努力程度或工作效率。与劳动过程理论一样，效率工资理论注意到，劳动力作为一种商品与一般商品的最大差异在于，劳动力所依附的劳动者具有能动性：劳动者可以控制自身在劳动过程中的努力程度。效率工资理论认为，员工的努力程度主要由工资率决定，组织支付员工高于市场出清水平的工资，可以激励员工努力工作，进而提高工作效率。美国经济学家索罗（Solow）最早提出了这一理论，他用该理论解释了工资黏性的问题：因为工资与劳动者努力程度密切相关，所以即使市场上劳动力均衡价格低于实际支付的工资，企业也不会随便降低员工工资②。

---

① 王宁：《压力化生存——"时间荒"解析》，《山东社会科学》2013年第9期，第39~46页。

② Robert M. Solow, "Another Possible Source of Wage Stickiness," *Journal of Macro-economics* 1 (1979): 79 – 82.

基于索罗的理论，学者对效率工资策略的作用机制进行了更进一步的探讨，即回答了高工资为什么可以带来高努力程度的问题。主要的解释模型包括怠工模型（Shirking Model）、礼物交换模型（Gift-Exchange Model）、劳动转换模型（Labor Turnover Model）、逆向选择模型（Adverse Selection Model）等①。

其中，怠工模型由夏皮罗（Shapiro）和斯蒂格利茨（Stiglitz）提出，该模型是揭示效率工资作用机制的理论模型中最受认同的。该理论认为，在绝大多数情况下，因为组织不可能对员工在劳动过程中的努力程度进行完美的监督，所以劳动过程中存在信息不对称，并且员工是在信息上占有优势的一方，这使得怠工成为可能，进而使组织的利益受到损失。在这种情况下，组织通过支付给员工高于市场出清水平的工资并以解雇作为威胁，便可以激励员工努力工作而不是偷懒。员工工资水平越高，他由于怠工而被解雇所支付的成本就越高，相应地，做出怠工行动的概率就越小，努力程度就越高。该模型可以在一定程度上解释高薪员工群体中的超时工作现象：当组织提供了高于市场出清水平的工资时，员工如果想要赚取这份高收入便只能服从组织的工作时间安排。例如，在互联网行业中，很多企业支付了高于市场出清水平的工资，也同时要求员工接受"996"的工作时间安排；也有学者用效率工资机制来解释高校教师的超时工作现象②。总的来说，高工资配合严格的绩效管理和基于绩效的惩罚制度，可能导致员工将过多的时间投入工作之中。

怠工模型是基于员工工具理性来解释工资率与员工努力程度的关系的，礼物交换模型则提供了基于员工价值理性的解释视角。礼物交换模型由阿克洛夫（Akerlof）提出，该模型认为，高于市

---

① 张德远：《关于现代西方效率工资理论的评述》，《财经研究》2002 年第 5 期，第 73~80 页。

② 刘贝妮、杨河清：《我国高校部分教师过度劳动的经济学分析》，《中国人力资源开发》2014 年第 3 期，第 36~41 页。

场出清水平的工资之所以能够引发员工更多的工作投入，是因为劳动力交换中存在着"互惠规范"，这种规范的形成不是源于经济理性，而是源于一种社会道德。组织将超过市场出清水平的那部分工资作为一种礼物给予员工，员工会基于这种互惠规范，而回赠组织礼物，即更多的劳动力投入①。可以看出，这是一种极具社会学意味的理论解释，它关注到了劳动力交换与纯粹经济交换的不同之处，即劳动过程中充满了情感、价值等非经济性因素以及道德规范等非正式制度，因而使得效率工资理论的解释更贴近现实情况。

总的来看，无论是根据怠工模型所揭示的"胡萝卜加大棒"的逻辑，还是根据礼物交换模型所揭示的"道德互惠"的逻辑，工资率对员工努力程度产生影响在理论上都具有一定程度的合理性。那么，在中国社会背景下，哪种逻辑的解释力更强呢？

我们利用 RCWC 2022 的数据对效率工资与员工工作时间相关变量之间的关系进行了检验。其中，"效率工资"的测量不是基于组织层面的制度事实，而是基于员工的主观认知，如果员工在主观层面上明确感知到当前的收入状况相对于其他人而言处于优势地位，那么我们就认为组织实施了效率工资策略，更严格地说，应该是组织实施了为员工所感知的效率工资策略。该变量的操作化涉及 3 个指标，包括受访者的经济收入同身边的亲朋好友、单位内的同事和相同职业的人等 3 个主要参照群体相比的高低情况。采用李克特五点量表进行测量，将从"很低"到"很高"的 5 个选项依次赋值为 1~5。本书将"效率工资"处理为二分变量，处理时，对 3 个指标加总后取均值，然后将得分高于 3（"差不多"水平）的处理为"是"，编码为 1，将低于或等于 3 的处理为"否"，编码为 0。这种处理的逻辑是，只有员工能够明确地感知其收入高

---

① George A. Akerlof, "Labor Contracts as Partial Gift Exchange," *Quarterly Journal of Economics* 97 (1982): 543 – 569.

于上述 3 个参照群体中的至少 1 个（至少选择了 1 次"较高"或"很高"）时，我们才有理由认为组织层面效率工资策略存在，并且对员工的薪酬认知产生了影响。

工作时间相关变量包括 5 个变量：周工作时长、超时工作、隐性加班、自愿加班和工作投入。"周工作时长"和"超时工作"反映的均是员工的显性工作时间，其中，"周工作时长"通过直接询问受访者每天正常上班和加班的时长以及每周工作天数综合计算获得，属于连续变量。"超时工作"则是在周工作时长的基础上，根据《劳动法》规定的周工作时长 44 小时的标准工时，将周工作时长超过 44 小时的划归为"超时"，编码为 1，将小于或等于 44 小时的划归为"不超时"，编码为 0。"隐性加班"反映的是员工不被记录的隐性工作时间，通过"下班之后我还要接听工作电话、收发电子邮件、回复消息"一题进行测量，处理为二分变量，受访者"比较符合"或"完全符合"上述表述的即视为处于隐性加班的状态之中，隐性加班的比例为 29.78%。"自愿加班"反映的是员工主动加班的意愿，通过对有加班行为的受访者追问"通常情况下，您加班主要是单位安排还是个人选择"进行测量，属于二分变量，自愿加班的比例为 20.88%。"工作投入"是员工认同工作并热情和积极投入工作的状态，测量涉及 3 个反映型指标"我尽可能把工作做得又快又好"、"对于工作，我干劲十足"和"工作时，我十分专注"，具体采用李克特五点量表进行测量，指标的内部一致性系数为 0.84，对 3 个指标加总后取均值，值域为 1～5，数值越大，工作投入程度越高，工作投入的均值为 4.13[①]。

从回归结果来看，第一，如表 3－1 中模型 3－1、模型 3－2 和模型 3－3 所示，在控制了其他变量的情况下，员工是否享受效率工资对其周工作时长、超时工作和隐性加班都没有显著的影响

---

① 后文对上述 5 个工作时间相关变量均采取同样的操作化方法，不再赘述。

（p>0.1）。也就是说，即使员工感知到自己的收入比他人更高，也并不会明显增加投入工作的时间（包括显性的和隐性的）。第二，如模型3-4和模型3-5所示，效率工资与自愿加班、工作投入都具有显著的正相关关系。具体来说，相较于没有享受效率工资的员工，享受效率工资的员工自愿加班相对于单位要求加班的发生比①提高了65.37%（$e^{0.503}-1$），工作投入则增加了0.139个单位。换言之，采用效率工资策略会提高员工主动投入工作的程度。

表3-1 工作时间相关变量对效率工资的回归结果

	模型3-1	模型3-2	模型3-3	模型3-4	模型3-5
	周工作时长	超时工作	隐性加班	自愿加班	工作投入
效率工资	-0.142 (0.461)	-0.126 (0.092)	0.005 (0.097)	0.503*** (0.118)	0.139*** (0.026)
控制变量	控制	控制	控制	控制	控制
样本量	4732	4731	4597	3425	4639
R^2/伪R^2	0.100	0.063	0.034	0.054	0.094

注：*** $p<0.001$；括号内为稳健标准误；模型3-1、模型3-5为OLS模型，模型3-2、模型3-3、模型3-4为Logit模型。

上述实证结果表明，效率工资对员工工作时间并不会产生实质性影响，但是会显著影响员工加班的性质或动机，这也意味着，在中国社会背景下，礼物交换模型所揭示的"互惠道德"的逻辑比怠工模型所揭示的"胡萝卜加大棒"的逻辑能更好地解释采用效率工资策略对员工努力程度的影响。因为"胡萝卜加大棒"的逻辑主要是一种惩罚性逻辑，它建立在组织和员工双方都具有强烈的工具理性的基础之上。在这种模式下，员工工作时间增加的

① 发生比是指事件发生和不发生的概率的比值，即$P/(1-P)$。具体在这里，是指自愿加班的发生概率（P）与单位要求加班的发生概率（$1-P$）的比值。本书使用的"发生比"皆采用"事件发生和不发生的概率的比值"的定义，后文不再赘述。

前提是组织具有占据员工工作时间的强烈意图，使得员工不得不为之。而从经验数据来看，中国组织的这种意图似乎并不明显，组织更多的是基于一种建立在道德基础上的"互惠"逻辑，采取的是非强制的自愿原则，鼓励员工为组织付出。这种鼓励不是冰冷的利益计算，而是需要员工感知到组织对自己的善意，然后心甘情愿地将这种善意返还给组织。换言之，组织实施效率工资策略，会强化组织与员工之间的情感联结，提升员工对组织的认同感和归属感，这将进一步驱动员工为了组织的发展而恪尽职守。在这种情感化的作用逻辑下，员工的工作时间并不必然增加，但是他们在劳动过程中会更加专注、更加尽心；在需要的时候，也会自觉自愿地将时间投入工作之中。

表3-2检验了"效率工资→组织认同→自愿加班"和"效率工资→组织认同→工作投入"两条路径，在这里，我们用"组织认同"作为中介变量来反映效率工资作用于员工自愿加班和工作投入的情感化逻辑。组织认同是指个体源于组织成员身份的一种自我构念，它是个体认知并内化组织价值观的结果，也是个体在归属感、自豪感和忠诚度等方面流露出的情感归依[①]。其操作化采用3个反映型指标"能在这个单位工作，我感到很荣幸"、"单位给了我家的感觉"和"单位在社会上的形象很能够代表我"，分别反映组织认同的三个维度——组织吸引力、归属感和个体与组织的一致性[②]，3个指标的内部一致性系数为0.8。

从结果来看，就"效率工资→组织认同→自愿加班"的路径

---

① 魏钧、陈中原、张勉：《组织认同的基础理论、测量及相关变量》，《心理科学进展》2007年第6期，第948～955页。

② 孙健敏和姜铠丰总结出中国背景下组织认同的结构包括9个维度：归属感、身份感知、成员相似性、个体与组织的一致性、组织吸引力、组织参与、感恩与效忠、人际关系、契约关系。在本书中，由于问卷篇幅有限，我们选择了其中较为重要的3个。参见孙健敏、姜铠丰《中国背景下组织认同的结构——一项探索性研究》，《社会学研究》2009年第1期，第184～216页。

而言，如模型 3 - 6 所示，效率工资会显著提升员工的组织认同（$\beta = 0.219$，$p < 0.001$），而如模型 3 - 7 所示，组织认同又会进一步正向影响员工自愿加班行为（$\beta = 0.428$，$p < 0.001$），意味着组织认同在效率工资影响员工自愿加班的过程中发挥了显著的中介效应，基于 KHB 法[①]计算的中介效应占总效应的比例为 16.5%。就"效率工资→组织认同→工作投入"的路径而言，如模型 3 - 8 所示，组织认同对于工作投入也有显著的正向作用（$\beta = 0.373$，$p < 0.001$），表明组织认同在效率工资影响员工工作投入的过程中也发挥了显著的中介效应，中介效应占总效应的比例为 58.99%。

表 3 - 2　组织认同的中介效应检验

	模型 3 - 6	模型 3 - 7	模型 3 - 8
	组织认同	自愿加班	工作投入
效率工资	0.219 *** (0.033)	0.420 *** (0.121)	0.057 * (0.023)
组织认同		0.428 *** (0.064)	0.373 *** (0.012)
控制变量	控制	控制	控制
样本量	4650	3425	4639
R^2/伪 R^2	0.124	0.068	0.280

注：$^*p < 0.05$，$^{***}p < 0.001$；括号内为稳健标准误；模型 3 - 6、模型 3 - 8 为 OLS 模型，模型 3 - 7 为 Logit 模型。

进一步来看，效率工资对员工自愿加班和工作投入的影响程度，是否在不同类型组织[②]之中以及不同管理层级（基层和管理

---

① 洪岩璧：《Logistic 模型的系数比较问题及解决策略：一个综述》，《社会》2015 年第 4 期，第 220 ~ 241 页。

② "组织类型"分为单位组织和非单位组织，其中单位组织包括政府行政单位、事业单位和国有企业单位，下同。

层）、不同技术层级（无技术、初级、中级和高级）员工群体之间存在差异呢？

如表 3 - 3 所示，所有模型中的交互项系数不显著（p > 0.1），意味着无论是在单位组织还是非单位组织中，无论是对于基层员工还是管理层员工，无技术型员工还是技术型员工，效率工资对自愿加班和工作投入的影响程度都是相似的，这在一定程度上表明效率工资影响员工行为的作用逻辑具有普遍性。

表 3 - 3　组织类型、管理层级、技术层级的调节效应检验

	模型 3 - 9	模型 3 - 10	模型 3 - 11	模型 3 - 12	模型 3 - 13	模型 3 - 14
	自愿加班	自愿加班	自愿加班	工作投入	工作投入	工作投入
效率工资 × 组织类型	- 0.141 (0.254)			- 0.077 (0.053)		
效率工资 × 管理层级		- 0.376 (0.236)			0.061 (0.053)	
效率工资 × 技术层级			0.099 (0.120)			0.018 (0.027)
控制变量	控制	控制	控制	控制	控制	控制
样本量	3425	3425	3425	4639	4639	4639
R^2/伪 R^2	0.054	0.055	0.054	0.094	0.094	0.094

注：括号内为稳健标准误；模型 3 - 9、模型 3 - 10、模型 3 - 11 为 Logit 模型，模型 3 - 12、模型 3 - 13、模型 3 - 14 为 OLS 模型；出于简洁性考虑，这里只报告了交互项系数。

2. 变动收入策略

在薪酬管理中，薪酬模式主要是指薪酬的构成和组合形式，它指向的是以什么为基础计算员工劳动力价值的问题。实

践中，薪酬的计算基础主要包括岗位、技能水平、绩效和资历等①。从管理控制的角度出发，我们可以将薪酬模式简单划分为两类：固定收入制和变动收入制。固定收入制主要以岗位、技能水平、资历等内容为计薪基础，对于个体而言，这类计薪基础在短期内不易改变，因而在不升职、不提职称、工龄没有明显增加的情况下，劳动者收入是相对固定的；变动收入制则主要以劳动者一段时间内的工作量和工作表现为基础计算薪酬，具体表现为计件制、提成制、计时制和绩效工资等。在该薪酬模式下，员工的劳动投入（如工作时间）或劳动产出（如生产数量、销售业绩、服务次数等）越多，薪酬回报也就越多；反之亦相反。

很明显，变动收入制具有更强的管理控制效果。在固定收入制下，员工在大体上完成既定的任务之后，并不会投入更多的时间和精力，因为额外的努力并不会带来收入上的明显变化；相反，承担更多的工作还会增加犯错的概率。在这种情况下，员工更多是抱着"多做多错，少做少错，不做不错"的心态而逃避工作。而在变动收入制下，员工的劳动投入与劳动产出密切相关，一旦减少劳动投入量，收入就会明显降低。因此，为了获得一份体面的收入，员工就会主动将时间投入工作之中。

变动收入策略的这种激励效果是在现代管理科学诞生之初就被关注到的。泰罗在1895年发表的《计件工资制》中专门提出和阐述了他称之为差别工资制度的薪酬原则，即在工时研究的基础上，确定一个基本定额，然后根据工人完成定额情况的不同采取不同的工资率②。例如，没有完成定额任务员工的工资是标准工资的80%，达到或超过定额任务的则可以根据实际完成量获得标准

---

① 田效勋：《薪酬模式设计》，《企业管理》2003年第10期，第9~15页。
② 〔美〕F. W. 泰罗：《科学管理原理》，胡隆昶、冼子恩、曹丽顺译，中国社会科学出版社，1984，第1~29页。

工资 100% ~ 140% 的收入。在该制度下，由于劳动收入与劳动过程中的努力程度密切相关，员工为了拿到超额工资，就会不自觉地投入一场布若威所说的"赶工游戏"之中。正是基于这种由员工工作理性动机产生的自激励效应，变动收入策略在组织的薪酬管理中被广泛应用。

需要说明的是，固定收入制与变动收入制只是概念层面上的理想类型。从现实来看，绝大多数组织在岗位薪酬模式的设计上都采取的是固定收入制和变动收入制相结合的模式。因为一方面，从法律的角度来说，出于对劳动者基本生存需求的保障，《劳动法》第四十八条规定"国家实行最低工资保障制度"，因此，组织发放薪酬中必须包含一部分固定工资，即所谓的"基本工资"或"底薪"，以满足劳动者的基本生存需求。从 RCWC 2022 的调查数据来看，约 97% 的员工都有基本（保底、岗位）工资。另一方面，从组织管理的角度来说，只有变动收入制才严格符合"将投入与产出相关联"的工具理性权威建构的基本逻辑，所以绝大多数企业都或多或少地向这一薪酬模式靠拢。但是，这种靠拢有形式上和实质上的靠拢之分，区分的依据在于收入是否真正具有变动性。例如，虽然我国行政事业人员的工资收入中包含了所谓的绩效工资，但是事实上该部分工资基本维持在一个稳定的状态，与员工的工作表现没有太大的关系，其薪酬模式本质上还是固定收入制；而一些企业的销售岗位虽然有所谓的固定底薪，但是该部分收入占总收入的比重很低，员工最终的收入主要由其业绩决定，这种情况下才能将其认定为实质上的变动收入制。

既然变动收入制才是组织强有力的控制工具，为什么还会有固定收入的模式呢？这主要是因为变动收入策略的实施需要满足一个关键条件：岗位的劳动产出或劳动投入可量化，即员工的劳动成果或劳动小时数可以被客观度量。因为只有有了客观性的收入结算依据，组织才能够建立明确的收入结算公式，员工才会产生对其行动具有激励性的薪酬预期，也才会有意识地将时间花费在可以明确提升收入的工作事项之上。如果劳动成果量和过程模糊不清，组织便只能采取相对固定的收入结算办法。

如表 3-4 所示，笔者总结了变动收入制当前常见的三种具体形式：计件制、提成制和计时制。根据工作内容的不同，计件制又可以分为生产计件制和服务计件制，提成制又可以分为销售提成制和项目提成制。三种形式的根本区别在于收入结算依据的不同，计件制的结算依据是产成品的数量或服务的次数，提成制的结算依据是交易金额，而计时制则是直接以投入工作的小时数作为结算依据。

表 3-4 常见变动收入制形式

形式		成果度量单位	示例
计件制	生产计件制	个	缝纫工根据安装拉链的数量结算工资
	服务计件制	次	外卖员根据送餐次数结算工资
提成制	销售提成制	单、笔	售货员根据销售产品金额按一定比例提取奖金
	项目提成制	个	设计师根据设计项目金额按一定比例提取奖金
计时制		小时	装配工根据在流水线上工作的小时数来结算工资

资料来源：作者自制。

尽管很多岗位无法采用计件制、提成制和计时制等变动收入制的具体形式，但是为了激励员工产出，组织也会尽量让收入具有变动性，即在支付一部分固定工资的情况下，对员工的劳动产出进行评估，即所谓的绩效考核，然后根据绩效考核的结果支付差异化的工资，这部分工资也被称为绩效工资。在绩效考核中，替代计件制、提成制和计时制中工资结算标准的是关键绩效指标，即 KPI（Key Performance Index），它是指通过对组织内部某一流程的输入端和输出端的关键参数进行设置、取样、计算和分析而获

得的，用以衡量流程绩效的一种目标式量化管理指标[①]。表 3 – 5
展示了常见的关键绩效指标，主要包括数量、质量、成本和时限
四类，具体有产量、销售额等。一般来说，一个有效的 KPI 设定
应该遵循 SMART 原则，即具体的（Specific），指 KPI 要切中目
标且足够细化；可测量的（Measurable），指 KPI 是数量化而能够
被客观测量的；可实现的（Attainable），指在正常付出努力的情
况下，KPI 是能够完成的；现实的（Realistic），指 KPI 是可证明
和可观察的；有时限的（Time-Bounded），指 KPI 的完成是有时
间限制的。

表 3 – 5　常见的关键绩效指标

指标类型	举例	证据来源
数量	产量	业绩记录、财务数据等
	销售额	
	利润	
质量	破损率	生产记录、客户服务记录、维修记录等
	投诉量	
	返修率	
成本	单位产品的成本	财务数据等
	投资回报率	
时限	及时性	生产记录、库存记录、客户评估等
	到市场的时间	
	供货周期	

资料来源：兰兰、李彩云编著《绩效管理理论与实务》，第 259 页，有修改。

可以看出，关键绩效指标与变动收入制下用以结算收入的件
数、销售额、小时数的性质基本是一样的，我们也完全可以把后
者视为关键绩效指标。其目的都是评估员工的劳动产出，然后给

---

① 兰兰、李彩云编著《绩效管理理论与实务》，清华大学出版社，2017，第 246 页。

予其相应水平的物质回报。在这种变动收入制的薪酬模式下，组织将员工可能从组织获得的物质回报与劳动力投入紧密联系起来，员工为了赚取更多的收入，就会自愿将更多的时间投入工作之中。

如图 3-1 所示，就样本层面的分析而言，可以明显看到，岗位工资制员工的周工作时长最短，约为 46.9 小时；相较而言，计件制员工的周工作时长最长，约为 55.7 小时。

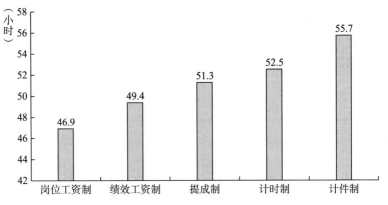

图 3-1 分薪酬模式员工周工作时长情况

接下来，我们将在总体层面上进一步检验不同薪酬模式与员工工作时间相关变量的关系。从结果来看（见表 3-6），第一，在控制其他变量的情况下，相较于属于固定收入制的岗位工资制，四类属于变动收入制的薪酬模式（计时制、计件制、绩效工资制、提成制）都能够显著增加员工的周工作时长和员工超时工作的可能性。这一结果与我们的理论预期完全一致。

表 3-6 工作时间相关变量对薪酬模式的回归结果

	模型 3-15	模型 3-16	模型 3-17	模型 3-18	模型 3-19
	周工作时长	超时工作	隐性加班	自愿加班	工作投入
薪酬模式（以岗位工资制为参照）					

	模型 3 - 15	模型 3 - 16	模型 3 - 17	模型 3 - 18	模型 3 - 19
	周工作时长	超时工作	隐性加班	自愿加班	工作投入
计时制	3.631 *** (0.754)	0.536 *** (0.136)	-0.240 (0.153)	0.221 (0.176)	-0.057 (0.038)
计件制	6.547 *** (0.888)	1.326 *** (0.207)	-0.200 (0.187)	0.151 (0.217)	0.025 (0.042)
绩效工资制	1.981 *** (0.588)	0.322 ** (0.112)	0.252 * (0.116)	0.886 *** (0.133)	0.031 (0.033)
提成制	2.714 *** (0.541)	0.657 *** (0.121)	0.347 ** (0.113)	0.461 *** (0.137)	0.047 (0.031)
控制变量	控制	控制	控制	控制	控制
样本量	5108	5108	4949	3775	5089
R^2/伪 R^2	0.121	0.078	0.035	0.060	0.088

注：$^*p<0.05$，$^{**}p<0.01$，$^{***}p<0.001$；括号内为稳健标准误；模型 3-15、模型 3-19 为 OLS 模型，模型 3-16、模型 3-17、模型 3-18 为 Logit 模型。

第二，这四类变动收入制薪酬模式中，计件制对员工工作时间的影响最大，平均来说，与执行岗位工资制的员工相比，执行计件制的员工周工作时长要长约 6.5 小时，超时工作的发生比是其 3.77（$e^{1.326}$）倍。相较而言，其他三类薪酬模式对工作时间的影响更小，并且影响程度十分接近，Wald 检验显示周工作时长对计时制、绩效工资制、提成制的回归系数两两之间并不存在显著差异（$p>0.05$）。可以看出，由于计件制最为直接地将时间投入与收入回报相关联，会对员工有更强的激励效应；同时，计件制可以使企业规避劳动生产的不确定性，将劳动生产的风险转移给员工，而直接获得最终的产成品。因此，相较于计时制，组织不会限制员工的加班行为，这两方面因素共同作用的结果就是，员工的工作时间被大幅度地延长。

第三，只有绩效工资制和提成制会显著提升员工隐性加班和自愿加班的可能性，这显示出不同薪酬模式背后组织管理策略的差异。弗莱德曼认为存在两种管理策略（模式）——责任自治（responsible autonomy）和直接控制（direct control）。责任自治策略试图通过赋予员工一定的工作自主性、地位、权力和责任来赢得他们的忠诚、提升他们的组织认同，直接控制策略则试图通过强制、监督和尽量减少工人个人责任来限制劳动力的变化范围。弗莱德曼认为："第一种策略试图获取可变资本（即人类劳动力）特有的利益，第二种策略试图限制它的副作用，并将工人视为机器。"① 在管理学的研究中，直接控制模式是福特制下的典型管理模式。所谓福特制，是一种建立在泰罗管理思想之上的标准化生产模式，这种模式以市场为导向，以分工和专业化为基础，以较低的产品价格为竞争手段。在福特制下，一线工人和辅助生产人员都只需要按部就班、循规蹈矩地像机器一般遵照既定的程序行动，而不需要有任何的创造性，因此，对于生产工人多采用计时制、计件制的薪酬模式，对于辅助生产的行政人员则采用岗位工资制。责任自治模式是随着知识和信息产业的发展而衍生的新的管理模式。一方面，对于知识型工作（如科研、设计、法律工作、金融服务等）而言，劳动过程不被囿于生产线和生产机器旁，并且随着信息与通信技术的发展，物理空间的限制也被削弱，知识劳动者可以根据需要自主选择合适的地点开展工作。这种空间约束的放松使得组织无法直接监督员工的劳动过程，"自治"模式也成为可能。另一方面，知识型劳动成果的一些重要特征，包括生产周期较长、无法标准化、需要发挥劳动者的能动性和创造力才能得到等，也使得组织无法像监督生产线上的工人一样进行过程控制，而只能将一部分的自主性交予员工，同时以结果为导

---

① Andrew L. Friedman, *Industry and Labour: Class Struggle at Work and Monopoly Capitalism* (London: Macmillan, 1977), p. 108.

向，通过设定一系列的绩效指标来间接控制员工的劳动过程。

在两种管理模式下，员工出现隐性加班和自愿加班行为的可能性也会存在差异。首先，就隐性加班问题而言，在直接控制模式下，员工工作与非工作的边界是相对清晰的。工作时，在特定的物理空间中接受直接的监督；下班后，由于远离工作空间和工作设备，便不再需要应对工作中的事务，也就很少存在隐性加班问题。从表3-6中模型3-17的回归系数来看，相较于执行岗位工资制的员工（一般是辅助生产和行政管理人员），执行计时制和计件制的员工（一般是一线生产或服务者）的隐性加班的发生比更低。而在责任自治模式下，由于生产空间的可拓展性，一旦组织忽视工作和非工作的边界，那么作为强势方的工作就会不断"入侵"员工的生活，要求他们下班之后依然要回应领导、同事、客户等的工作信息，增加他们隐性加班的可能性。

其次，对于自愿加班行为，在直接控制模式下，员工的加班往往是由组织根据生产和销售情况统一安排的：销售订单或是上级任务一来，就全线开工，加班加点地干。在这种模式下，员工的加班行为主要属于非自愿的。不过，相较而言，由于计时制和计件制可以产生额外收入，因此理论上，相较于通常没有加班费的执行岗位工资制的员工而言，前面两种制度下员工自愿加班的可能性会更高一点。从模型3-18来看，计时制和计件制的回归系数为正，不过并不具有统计学上的显著性（$p > 0.1$）。而在责任自治模式下，组织对员工的管理是以结果为导向的，员工往往承担特定量的工作任务和绩效考核的压力。因此，尽管组织并未直接要求员工加班，但是为了完成绩效考核任务或者实现更高的绩效目标，他们也会自发地延长工作时间。

第四，所有薪酬模式下，员工的工作投入程度都大体相当。这一结果与上文的效率工资策略形成了鲜明的对比。基于情感化逻辑的效率工资策略，可以通过增强员工对组织的认同感，使其在工作中更为投入、更加尽心尽责；而变动收入策略作为一种纯粹的以金钱为驱动力的工具理性化策略，很难增强员工内在的组织认同①和工作责任心，提升其投入程度。

第五，我们有必要讨论一下变动收入策略的性质问题：变动收入策略满足"多劳多得"的原则，那么，它会带来更多的公平吗？在笔者看来，由于计件（计时）单价以及绩效考核任务设置的控制权力都掌握在组织手上，一旦组织将计件（计时）单价控制在一个较低的水平或是将绩效考核任务量设置到一个较高的水平，就会使得员工为了赚取一份体面的收入或是为了完成考核绩效任务，而不得不延长工作时间，使其被动陷入超时工作的状态之中。因而，在实践过程中，变动收入策略很难真正实现公平。正如马克思在《资本论》中所写的："从'在劳动价格已定时，日工资或周工资决定于所提供的劳动量'这一规律中首先可以得出这样的结论：劳动价格越低，工人为了保证得到哪怕是可怜的平均工资而付出的劳动量必然越大，或者说，工作日必然越长。劳动价格的低廉在这里起了刺激劳动时间延长的作用。"②

针对上述问题，我们进一步用 RCWC 2022 的数据对薪酬模式与员工收入公平感和收入满意度之间的关系进行了分析。其中，"收入公平感"为二分变量，通过问题"就您的能力和工作付出而言，您觉得您现在的收入是否合理"进行测量，将原选项中"非常合理"和"比较合理"处理为"是"，占比 66.49%，将"较不合理"、"很不合理"和"不好说"处理为"否"，占比 33.51%。"收入满意度"也为二分变量，通过问题"您对目前这份工作的月收入是否满意"进行测量，将原选项中"较满意"和"很满意"处理为"是"，占比 42.73%，将"一般"、"较不满意"和"很不

---

① 组织认同对薪酬模式的回归分析显示，变动收入制的几种形式不会显著提升员工的组织认同，其中，计时制还会显著降低员工组织认同。

② 《马克思恩格斯文集》（第五卷），人民出版社，2009，第 629 页。

满意"处理为"否"，占比57.27%。从表3-7的回归结果来看，相较于固定收入的薪酬模式（岗位工资制），变动收入制的四种具体薪酬模式（计时制、计件制、绩效工资制和提成制）都不会在5%及以下的显著性水平上显著增加员工对收入感到公平或满意的概率。这一结果与上文的判断一致。

表3-7　收入公平感、收入满意度对薪酬模式的回归结果

	模型3-20	模型3-21
	收入公平感	收入满意度
薪酬模式（以岗位工资制为参照）		
计时制	0.121 (0.133)	-0.087 (0.125)
计件制	-0.070 (0.160)	-0.083 (0.159)
绩效工资制	-0.079 (0.113)	0.034 (0.109)
提成制	0.188[+] (0.112)	0.109 (0.107)
控制变量	控制	控制
样本量	5108	5108
伪R^2	0.016	0.034

注：[+] $p<0.1$；括号内为稳健标准误；模型均为Logit模型。

总的来说，以计件制和绩效工资制为代表的变动收入制，是组织控制员工劳动过程十分关键的制度设计，也是影响员工工作时间、引发员工超时工作最重要的组织层面因素之一。一方面，这种制度以结果为导向，将劳动生产不确定性带来的风险完全或大部分转移给员工，从而降低了对劳动过程本身的监督成本；另一方面，在低底薪、低时薪和高物质需求的多重作

用下，员工为了维持生存或者为了赚取更高的收入，就会被迫或自愿延长工作时间①，形成所谓的"加班依赖"②。一系列关于不同职业劳动过程的实地研究也都发现，在快递③、外卖④、金融⑤等行业中，以计件制、绩效工资制为代表的变动收入制的薪酬模式都是引发员工超时工作的重要原因。一个更具讽刺性的例子是，富士康的工人为了赚取更多的收入，有的时候甚至需要通过"走后门"来争取加班的机会⑥。这在某种程度上印证了马克思极具批判性的论断：计件工资是克扣工资和进行欺诈的最丰富的源泉⑦。

（二）职位晋升管理

除了金钱，组织还掌握了另一项重要的资源：晋升。组织可以通过职位晋升管理，即将工作努力程度作为职位晋升的关键性考量要素，实现对员工劳动过程的控制。当努力工作有机会换得职位的晋升，员工就可能将更多的时间投入工作之中。

职位晋升管理的基本逻辑看上去与薪酬管理十分类似，都是用资源交换资源，不过，两者在运行机制上存在一个明显差异：组织的金钱资源从某种程度上说是无限的，但是组织内的晋升机

---

① 李钟瑾、陈瀛、齐昊、许准：《生存工资、超时劳动与中国经济的可持续发展》，《政治经济学评论》2012年第3期，第35～57页。

② 孙中伟、黄婧玮：《加班依赖体制：再探青年农民工过度加班问题》，《中国青年研究》2021年第8期，第5～13页。

③ 帅满：《快递员的劳动过程：关系控制与劳动关系张力的化解》，《社会发展研究》2021年第1期，第31～51页；帅满、关佳佳：《分类控制与劳资共识分化：快递员劳动过程研究》，《清华社会学评论》2020年第1期，第63～84页。

④ 李胜蓝、江立华：《新型劳动时间控制与虚假自由——外卖骑手的劳动过程研究》，《社会学研究》2020年第6期，第91～112页。

⑤ 庄家炽、韩心茹：《精细化管理与金融从业人员加班问题研究》，《中国青年研究》2021年第8期，第22～28页。

⑥ 参见《富士康最底层的挣扎：每天流水线上站10小时 想加班得请领导吃饭》，https://mp.weixin.qq.com/s/ZWMpFqw75BEbA8q1tvCkcg。

⑦ 《马克思恩格斯文集》（第五卷），人民出版社，2009，第636页。

会却是稀缺和排他的。因此，员工用时间换金钱执行的是"兑换制"，即理论上，员工可以用无限的劳动力投入兑换无限的金钱，投入与回报是对等的；但是，时间换晋升机会中执行的是"竞赛制"，个人需要与其他参赛者争夺有限的或唯一的晋级名额。这一差异导致的结果是，为了争夺晋升机会，员工之间可能形成比拼自己工作努力程度的"加班竞赛"。

我们可以用信号理论对"加班竞赛"的形成逻辑进行解释。信号理论起源于学者们对信息不对称问题的关注。阿克洛夫在《柠檬市场：质量不确定性与市场机制》一文中，阐释了二手车交易中，由买卖双方的信息不对称导致的"劣车驱逐良车"的逆向选择问题①。斯彭斯（Spence）开创了信号理论，他在《市场信号传递：雇佣过程中的信息传递及相关筛选过程》一书中，对劳动力交易市场中雇主与雇员之间的信息不对称问题进行了深入阐释。斯彭斯认为，在雇佣关系确立之前雇主无法直接观察到该雇员的生产力，这就导致了雇主的不确定性，为了减少不确定性导致的失败的雇佣，雇主会根据以往的经验，通过观察求职个体的特征来帮助他做出有益的判断②。他进一步指出："因为有一些诸如教育这样潜在的相关特征可以部分地或全部地受人控制，所以我们有理由假设，为了以良好的姿态出现在可能的雇主面前，一个求职者会调整自己的某些特征。"斯彭斯称这个调整活动为"信号传递"③。

对于内部的职位晋升而言，从雇主的角度来看，内部选拔与外部招聘具有目的上的一致性，都是为了在特定的工作岗位上安放合适的员工（或求职者）。因此，同外部招聘一样，在内部员工

---

① George Akerlof, "The Market for 'Lemons': Quality Uncertainty and the Market Mechanism," *Qualitative Journal of Economics* 84 (1970): 488 – 500.

② 〔美〕迈克尔·斯彭斯：《市场信号传递：雇佣过程中的信息传递及相关筛选过程》，李建荣译，中国人民大学出版社，2019，第5~7页。

③ 〔美〕迈克尔·斯彭斯：《市场信号传递：雇佣过程中的信息传递及相关筛选过程》，李建荣译，中国人民大学出版社，2019，第7~9页。

进入新岗位之前，雇主是无法直接知晓他是否合适的，他只能观察到员工身上的能反映其是否符合新岗位需求的信号。通常而言，除了特定的知识技能之外，老板还很关心员工的努力程度。因此，员工有意识的加班行为实质上就是一个信号传递的过程。不过，斯彭斯进一步指出，并非所有的信号都是有效的。他区分了潜在信号和真实信号。其中，真实信号是能够影响雇主对雇员生产力的评估的潜在信号，也即有效的信号。一种信号成为真实信号的一个关键性条件是，信号传递活动的成本必须与信号接收者重视的那个观察不到的特征（例如生产能力）负相关①。举例来说，学历之所以能成为求职过程中的有效信号，或者说，学历之所以能反映一个人的能力，就是因为能力强的人获得高学历的成本低，而能力弱的人想要获得这一特征则需要付出高昂的成本。从理性选择的角度来看，因为真正能力差的人不会通过多次"复读"或"再战"来提升学历，以换取与投入不对等的收益，所以能力差的人会被阻挡在高学历之外。

因此，根据斯彭斯的理论，加班要成为一个有效的真实信号还必须满足"员工的加班成本与其真实的工作努力特征负相关"的条件。换句话说，对于那些真正愿意将时间和精力投入工作的人，加班并不是一件痛苦的事（加班成本低）；而对于那些无法或不愿意将时间和精力投入工作的人而言，加班的高成本会将其拒于该行为之外。这样来看，并不是所有的加班都满足这一条件，那些偶然性和短时间加班的成本并不高，只有长期性和长时间的加班才可能将一部分人排除在外，成为真正影响老板评价的有效信号。于是，为了将大部分竞争对手排除在外，晋升候选人们必须坚持长期加班并且不断延长加班时间，以使竞争对手向老板发出的信号失效。当然，不仅仅是"加班竞赛"，员工为了"中标"，

---

① 〔美〕迈克尔·斯彭斯：《市场信号传递：雇佣过程中的信息传递及相关筛选过程》，李建荣译，中国人民大学出版社，2019，第11~12页。

还可能将更多时间控制权交给组织，例如保持 24 小时待机、随叫随到等。在信号理论的视域下，这些主动或被动的服从现象本质上反映的都是员工为了解决信息不对称问题而做出的理性的信号传递行为。

从组织的角度来看，组织一场"加班竞赛"的确是一桩十分划算的买卖。组织既能找出那些努力工作的人，为新岗位挑选合适的人，也真实收获了员工们超额的时间投入。不过，"加班竞赛"并不总是能实施。对于具有工具理性的员工而言，决定其是否愿意将时间投入工作以换取晋升机会的重要考虑因素是晋升回报的期望值；而晋升回报的期望值又由晋升概率和晋升回报所决定。

首先，晋升概率指向的是员工可感知的在"加班竞赛"中获胜的可能性。人在大多数时候有追求确定性获利的倾向，即所谓"一鸟在手胜过百鸟在林"，因而人们总是将只有小概率成功的行动排除在行动选择之外，只有当其感知到获胜概率较高，他们才会愿意有所投入。从逻辑和经验上来看，晋升概率主要受以下几个因素的影响。一是竞争者的数量和质量，如果参与竞争的人较多或是有十分拔尖之人，那么个体获胜的概率则会明显降低，个体参与竞争的意愿也会相应降低。在劳动密集型组织中，由于员工人数较多，晋升概率较低，晋升便很难成为一种有效的资源控制手段。二是晋升空间，对于职位等级结构固化的组织而言，其实质上是不掌握晋升这项资源的，因而自然无法用晋升来刺激员工的工作投入，这是行政单位中的普遍状态。三是晋升与努力程度的相关性，如果组织中晋升不与员工的努力相关，而是与关系、资历等紧密挂钩，那么自然没人愿意通过努力加班去争取晋升机会。

其次，除了员工能够感知到的晋升的可能性之外，晋升回报也是决定员工是否愿意参加晋升锦标赛的关键因素。因为晋升作为一种资源的吸引力来源于晋升所带来的金钱、声望、权力的增加，如果升了职，但是没多少好处，甚至需要面对更多的工作事务、承担更大的工作责任和工作压力，那么对于员工而言，晋升作为一种资源是没有交换价值的。拉齐尔（Lazear）和罗森（Rosen）提出的"晋升锦标赛理论"将与晋升相关的经济奖励的增长幅度作为解释员工努力程度的重要变量，并指出晋升带来的经济奖励越大，其激励作用也就越大[1]。一些实证研究也为该理论提供了经验数据上的支持[2]。

中国的实际情况如何呢？从表3－8的回归结果来看，员工所感知的晋升机会大小主要影响员工的自愿加班行为和工作投入状况，而非实际的周工作时长。从模型3－22、模型3－23、模型3－24可以看到，感知到更大的晋升机会并不会显著增加员工的周工作时长、超时工作和隐性加班的发生概率；相反，当感知到晋升机会很大时，比起"无机会"的情况，员工周工作时长和超时工作、隐性加班发生的可能性还会显著降低。不过，从模型3－25和模型3－26的结果来看，当感知到的晋升机会达到"一般"及以上水平，员工自愿加班的可能性和他们在日常工作中的工作投入就会显著增加。例如，与无机会员工相比，晋升机会很大的员工自愿加班相对于单位要求加班的发生比是前者的2.7（$e^{0.992}$）倍，工作投入较前者增加约 0.41 个单位。

表3－8　工作时间相关变量对晋升机会感知的回归结果

	模型 3－22	模型 3－23	模型 3－24	模型 3－25	模型 3－26
	周工作时长	超时工作	隐性加班	自愿加班	工作投入
晋升机会感知（以无机会为参照）					

---

① Edward P. Lazear & Sherwin Rosen, "Rank-Order Tournaments as Optimum Labor Contracts," *Journal of Political Economy* 89（1981）：841－864.

② 例如 J. DeVaro, "Internal Promotion Competitions in Firms," *RAND Journal of Economics* 37（2006）：521－542。

	模型 3 – 22	模型 3 – 23	模型 3 – 24	模型 3 – 25	模型 3 – 26
	周工作时长	超时工作	隐性加班	自愿加班	工作投入
很小	0.284 (0.609)	0.066 (0.111)	– 0.229 + (0.119)	0.036 (0.171)	– 0.055 + (0.033)
较小	– 0.621 (0.555)	– 0.030 (0.103)	– 0.126 (0.110)	0.007 (0.160)	– 0.033 (0.030)
一般	– 1.046 + (0.541)	– 0.162 (0.099)	– 0.187 + (0.106)	0.419 ** (0.149)	0.053 + (0.029)
较大	– 0.611 (0.605)	0.049 (0.117)	– 0.442 *** (0.125)	0.373 * (0.171)	0.134 *** (0.034)
很大	– 2.180 ** (0.816)	– 0.455 ** (0.173)	– 0.435 * (0.192)	0.992 *** (0.235)	0.405 *** (0.049)
控制变量	控制	控制	控制	控制	控制
样本量	5044	5043	4897	3724	5024
R^2/伪 R^2	0.103	0.066	0.036	0.057	0.108

注：$^+ p < 0.1$，$^* p < 0.05$，$^{**} p < 0.01$，$^{***} p < 0.001$；括号内为稳健标准误；模型 3 – 22、模型 3 – 26 为 OLS 模型，模型 3 – 23、模型 3 – 24、模型 3 – 25 为 Logit 模型。

　　上述结果并不意味着晋升管理策略对员工的工作时间没有控制效应，只是在当前的情境下，大多数组织并没有利用该策略有意去组织"加班竞赛"和延长员工的工作时间，而主要是利用该策略去影响员工内在的对工作的积极性、投入程度和责任感。在现代劳动生产，尤其是责任自治模式下的劳动生产中，比起单纯的时间投入，这种精神上的投入对组织的效益会更大。

　　表 3 – 9 进一步展示了异质性分析的结果，我们主要基于管理层级和技术层级两个分层变量来考察晋升机会感知[①]对不同层级员工自愿加班和工作投入的差异化影响。第一，从模型 3 – 27 和模型

---

　　① 这里将"晋升机会感知"处理为连续变量。相较于虚拟变量的处理方式，连续变量可以展示平均变化情况。

3－28 来看，管理层级和技术层级两个调节变量对晋升机会感知和自愿加班的关系具有显著的负向调节作用（$p < 0.1$），即管理层级和技术层级的提升会抑制晋升机会感知对自愿加班的积极影响。换句话说，对于本身已经处于管理层或技术水平较高的员工而言，晋升机会对其自愿加班的激励效应相对更小。第二，从模型 3－29 和模型 3－30 来看，管理层级和技术层级两个调节变量对晋升机会感知和工作投入的关系都不具有显著的调节作用（$p < 0.1$），即无论是处于何种层级的员工，晋升机会对他们工作投入的影响都大体相当。

表 3－9　管理层级、技术层级的调节效应检验

	模型 3－27	模型 3－28	模型 3－29	模型 3－30
	自愿加班	自愿加班	工作投入	工作投入
晋升机会感知	0.196 *** （0.040）	0.291 *** （0.068）	0.055 *** （0.008）	0.064 *** （0.013）
晋升机会感知 × 管理层级	－ 0.126 + （0.074）		0.001 （0.015）	
晋升机会感知 × 技术层级		－ 0.076 * （0.033）		－ 0.006 （0.007）
控制变量	控制	控制	控制	控制
样本量	3724	3724	5024	5024
R^2/伪 R^2	0.055	0.055	0.099	0.099

注：+ $p < 0.1$，* $p < 0.05$，*** $p < 0.001$；括号内为稳健标准误；模型 3－27、模型 3－28 为 Logit 模型，模型 3－29、模型 3－30 为 OLS 模型；出于简洁性考虑，这里只报告了自变量和交互项系数。

总的来说，理论上，当员工预期有较大的晋升概率和晋升回报时，晋升机会就可能成为一种换取员工额外工作时间的资源；组织通过建立以努力为要求和以高期望回报为反馈的晋升机制，

就可能推动员工加入一场"加班竞赛"之中。不过，实际中，尽管存在员工为了晋升而长时间加班的现象，但这种情况并不普遍。组织运用该项策略的主要目的是提高员工内在的对工作的积极性、投入程度和责任感，而不单单是延长工作时间。

（三）职业知识管理

尽管并非所有劳动者进入组织都是为了"偷师学艺"，但是一些组织已经开始将职业知识当成招聘时的"卖点"，典型的有会计师事务所、律师事务所等知识密集型组织。我们需要回答的第一个问题是：职业知识何以具有吸引力？

从实用主义的视角来看，知识具有潜在的经济价值，且其可能通过职位获取、职位晋升和自主创业等方式兑现。首先，从工业革命爆发至今，随着机械化生产的发展，单纯体力对劳动生产的重要性已经被大大削弱，因为人类的体力很难同机器比较，所以劳动力市场上更需要的不是体力供给者，而是能够操作甚至研发机器的技术人员。随着人工智能时代的到来，机器对人的替代将进一步蔓延，一些基础的技能岗位上的工人还将被机器所取代①。因此，无论是当前还是可见的未来，人们在劳动力市场中竞争时比拼的都不再是体力的强弱，而是对知识的独占程度。从供需理论来看，一个人拥有的知识越为市场所需要，掌握该知识的劳动者越少，他在劳动力市场中就将拥有越多的谈判资本，也将会获得越多的供给者剩余。因此，就现实来看，我们不难理解为什么那么多实习生愿意不计酬劳地进入没有留用机会的证券公司实习，并且任劳任怨；为什么会计师事务所和律师事务所能以普通薪酬招聘到常年加班的高学历员工；为什么互联网公司的运营岗位可以以低于市场待遇的价格让员工"996"。因为通过去这些

---

① 许怡、叶欣：《技术升级劳动降级？——基于三家"机器换人"工厂的社会学考察》，《社会学研究》2020 年第 3 期，第 23 ~ 46 页。

知识或技能垄断型组织"偷师学艺",员工就有机会在未来谋得一份待遇更佳的工作。

其次,与在外部劳动力市场中谋求职位的逻辑一样,职业知识同样在很大程度上决定了员工在内部劳动力市场中的谈判资本,多花时间精进职业技能对于职位晋升也会起到关键性作用。从现实来看,相比于与生俱来的无法改变的家庭背景优势,人们更倾向于同意让那些依靠自身努力的人晋升高位。因为比拼能力体现了机会公平的原则,而比拼"后台"本身剥夺了大部分参与晋升考核的员工的参赛资格,后者显然更难被接受。所以,尽管一些组织的"关系色彩"仍然很重,但是更多的组织在职位晋升中会将员工的工作能力作为最重要的考核指标,这既是组织提升自我发展能力的基本措施,也是维护组织公平的必然要求。

最后,知识也是创业的前提条件,那些希望来日自立门户的员工,会更加重视组织所能够给予的知识回报。郑广怀等人对广州一些小型制衣厂的研究很好地展示了这种以知识作为关键回报的工作时间控制模式。他们研究发现,制衣行业存在"工人—师傅—老板"的职业发展路径,而工人要想实现成为师傅并最终成为老板的梦想,就必须熟悉生产流程、市场行情、招工渠道、厂房租金等事宜,于是,对这些知识、信息和技能的强烈需求使得员工甘愿在低收入条件下将对自我时间的控制权转让给老板。当被要求超时工作时,他们都倾向于同意[①]。

不过,尽管理论上职业知识可以作为回报交换员工额外的时间投入,但是这一交换过程存在一个限制性条件:组织所拥有的知识具有较高的市场价值。该条件有两个要件,第一,岗位知识是市场性的,而非专门性的。所谓专门知识是仅属于特定组织的

---

① 郑广怀、孙慧、万向东:《从"赶工游戏"到"老板游戏"——非正式就业中的劳动控制》,《社会学研究》2015 年第 3 期,第 170~195 页。

知识（如行政单位中"填表"的知识），这类知识很难在公开的劳动力市场中发挥作用。从职业生涯策略的角度来说，员工只有掌握那些具有市场流动性的知识而非专门知识才有可能采取职业型生涯策略，即凭借自己的经历、知识和才能从一个组织跳到另一个组织来寻求更高职位①。如果知识是专门化的，那么员工就只能寻求内部晋升的途径，但是由于通过内部晋升实现收入增长，往往远不及跳槽来得快速，因此，专门性的职业知识的吸引力往往较小。第二，知识的市场价值是较高的。这关乎员工的收入预期。只有当员工有一个较高的未来收入预期，他们才有可能接受当下的低薪工作和无偿加班的要求。这就解释了为什么我们在证券、互联网等公司看到的是实习生拿着低补贴在熬夜加班，而在缺乏有价值知识回报的岗位上看到的是实习生应付了事②。

正是由于很多组织并不掌握具有较高市场价值的职业知识资源，组织用职业知识换取员工的额外工作时间投入的现象并不普遍。这与当前社会生产中的"去技能化"趋势有关。与过去工匠时代的生产制造模式相比，现代化生产已经高度分工化，各个岗位工作出现布雷弗曼所谓的"概念与执行的分离"，员工只需要接受很短时间的培训就能掌握岗位所需的知识和技能，进而快速参与生产，为企业创造效益。根据 RCWC 2022 的调查，当被问及"为了熟练掌握这份工作的主要技能和操作流程，您认为一个没有经验的人需要经过多长时间的培训"时，样本中选择"一周以内"的占 17.5%，"一个月以内"的占 38.4%，"半年以内"的占 24.7%，三项占比合计已经达到 80.6%。因此，即使组织的知识具有较高的市场价值，由于掌握这些知识时间通常很短，知识的

①　佟新：《职业生涯研究》，《社会学研究》2001 年第 1 期，第 15~25 页。
②　潘峰：《"应付了事"：作为弱者抵抗的实习怠工——基于校企合作制度下的实习生问题之反思》，《中国人力资源开发》2014 年第 7 期，第 99~105 页。

控制效应存在的时间往往也很短：等徒弟的"翅膀硬了"，其自然就不听师傅的使唤了。

三　组织文化建设与价值塑造

不同于以泰罗、法约尔等人为代表的科学管理学派将物质性回报视为驱动工人工作效率的主要因素，人际关系学派认为，社会性因素同样对工人的工作效率具有重要影响，这一思想转变开启了管理学研究的另一条进路，也制造了社会学和管理学的一个学科交叉点。

（一）组织文化建设的动力

梅奥（Mayo）是人际关系学派的创始人，他于 20 世纪 20 年代在美国西方电气公司的霍桑工厂参与了一系列关于工人生产效率影响因素的实验性研究，即后来所称的"霍桑实验"。在随后出版的《工业文明中的人性问题》和《工业文明中的社会问题》等书中，梅奥对霍桑实验的研究成果进行了总结。他指出，不能把工人看成简单的"经济人"，而应把他们看作"社会人"，因为金钱等物质资源并不是调动员工积极性的唯一动力，新的激励重点应该放在心理和社会方面。梅奥指出，工人不仅追求金钱收入，而且还追求人与人之间的友情、安全感、归属感等社会和心理方面的回报。企业只有将这些非物质性因素考虑进去才能够最大限度地提升生产的效率[①]。

梅奥的人际关系学说开创了早期的行为科学，随着来自社会学、人类学、心理学、管理学等多个学科的研究者的加入，行为科学领域诞生了一系列颇具影响力的理论，包括马斯洛的需要层次理论、赫茨伯格的双因素理论、麦格雷戈的 X-Y 理论等。例如，

---

① 余向平主编《企业管理原理》（第二版），经济管理出版社，2009，第 57 页。

马斯洛的需要层次理论指出，人有五种基本的需要：生理需要、安全需要、归属与爱的需要、尊重需要、自我实现的需要①。其中，生理需要和安全需要为较低级的需要，归属与爱的需要、尊重需要、自我实现的需要为较高级的需要；这种区分的依据在于前者的满足是个体外在的满足，后者的满足是个体内在的满足。类似地，赫茨伯格提出了影响员工工作满意度的两类因素：保健因素和激励因素。保健因素是指那些与工作本身有关的因素，包括工作条件、薪酬、福利政策等，这些因素涉及的是人基本的生理和安全需要；激励因素则是与满足员工较高层次需要相关的因素，如发展机会、认同感、成就感等②。麦格雷戈的 X-Y 理论则提出了关于劳动者人性的两种截然不同的假设，其中"X 理论"假设员工生来不喜欢工作，工作只是为了满足较低层次的需求；"Y理论"假设工作对于员工而言就如同娱乐和休息，员工通过工作满足了较高层次的需求③。总的来说，这些理论共同的观点是，员工的需要是多层次的，而不仅仅是生理上的。

人际关系理论和行为科学理论也对各类组织的实际运作产生了深远的影响。将组织塑造成一个有情感、有品格、有文化的劳动共同体而不是逐利的冰冷的机器，成为组织管理者的共识和普遍的实践，"组织文化"成为组织建设的一个不可或缺的部分。20世纪 80 年代，企业文化研究也在美国管理学界逐渐兴起，并形成了一个专门的"企业文化学派"。该学派认为，企业文化是决定企业成败的关键。那么，什么是组织文化或企业文化呢？这首先需要解释何谓文化。英国著名的人类学家爱德华·泰勒在 1871 年出

---

① 〔美〕亚伯拉罕·马斯洛：《动机与人格》（第三版），许金声等译，中国人民大学出版社，2007，第 18～41 页。

② 〔美〕弗雷德里克·赫茨伯格、伯纳德·莫斯纳、巴巴拉·斯奈德曼：《赫茨伯格的双因素理论》，张湛译，中国人民大学出版社，2009，第 98～103 页。

③ 〔美〕道格拉斯·麦格雷戈：《企业的人性面》，韩卉译，中国人民大学出版社，2008，第 31～54 页。

版的《原始文化：神话、哲学、宗教、语言、艺术和习俗发展之研究》一书中对"文化"的界定比较广泛地为学者所认同，他指出："文化或文明，就其广泛的民族学意义来说，是包括全部的知识、信仰、艺术、道德、法律、风俗等以及作为社会成员的人所掌握和接受的任何其他才能和习惯的复合体。"① 其他学者对文化的界定也大同小异，例如，费孝通指出，文化是依赖象征体系和个人记忆而得到维护的社会共同经验②。总结关于文化的定义，我们可以认为，文化就是一个共同体的成员在长期生活过程中形成的整体风貌，它集结在物质之中又游离于物质之外，包含了这个共同体的思想观念、价值体系、道德规范、风俗习惯等精神和行为特质。相应地，组织文化就是指一个组织在长期运作中形成的思想观念、价值体系、道德规范、风俗习惯等精神和行为上的整体风貌。这一定义揭示了文化的两个重要特性，一是整体性，二是过程性。整体性是指，文化的主体是整体而不是个体，因而其对个体具有约束性；过程性是指，文化的形成是一个持续的过程，因而个体对文化的维持或创造具有重要影响。这也意味着，文化是"结构"与"个体"双向互动的结果，个体的活动影响文化样态的形成，文化又潜移默化地影响个体的思想和行为。

在一个大的社会中这种双向互动的关系或许更为明确，但是，在一个组织内部，由于文化的结构主要不是自发形成的，而是由管理者有意识地创造的，因而结构对个体的影响更为突出。现代组织已经深谙组织文化影响员工工作表现的原理，"价值理性"的概念正是弄清两者关系的关键词。员工进入组织工作是一个理性的社会交换行为，员工通过时间和精力的投入换取物质或非物质的回报。如果说个体对物质回报的追求主要是一种基于生存本能

---

① 〔英〕爱德华·泰勒：《原始文化：神话、哲学、宗教、语言、艺术和习俗发展之研究》，连树声译，广西师范大学出版社，2005，第1页。

② 费孝通：《乡土中国》，北京大学出版社，2012，第31页。

的行动，那么对价值的追求则更多由社会性因素推动。尽管人类可能有某种先赋的行为取向，如趋利避害，但是我们的价值观主要是在社会生活中形成的，即从家庭、学校、社会等生活场景中有意识地或潜移默化地习得了关于是非对错的价值观念。

对于作为"社会人"的员工而言，其在工作组织中的生活也是一个社会化的过程。当员工进入一个组织，为避免成为异类，他会通过主动或被动的方式不断习得这个组织的思想观念、价值体系、道德规范和风俗习惯。这是一个价值趋同的过程，在这个过程中，组织的价值逐渐转化成员工的价值，员工对组织价值的认同也就使得组织获得了基于员工价值理性的权威，基于组织利益的行动控制也成了员工基于自身价值理性的行动选择。组织文化建设发挥效用的逻辑就在于此，它不是满足而是塑造了员工对精神或价值的需求，即通过形塑员工的价值理性来对员工劳动过程施加难以抵挡的影响。正如珀洛（Perlow）所说，制度是一种显性的控制手段，而文化控制（cultural control）则十分隐蔽，它将这种对规则的遵守内化于员工的行动选择中[1]。葛兰西将这种意识形态控制的方式称为"文化霸权"[2]，本书将这种通过形塑员工的价值观念来影响员工劳动过程表现的管理控制策略称作"价值塑造策略"。

（二）两种价值

对于价值塑造的类型，威廉·大内（William Ouchi）在对日本企业和美国企业的组织文化进行对比（见表 3 - 10）后做了一个粗略的划分。他通过调查发现，日本企业有极强的集体价值观和集体责任感，他们几乎很少采用对个人施行物质刺激的方法，而美

---

[1] Leslie A. Perlow, "Boundary Control: The Social Ordering of Work and Family Time in a High-Tech Corporation," *Administrative Science Quarterly* 43 (1998): 328 – 357.

[2] 李震：《葛兰西的文化霸权理论》，《学海》2004 年第 3 期，第 55～62 页。

国企业则更多认为基于个人成绩和个人能力进行奖励永远是最好的奖励办法①。基于此，我们可以根据组织价值类型的差异，大致区分出两种组织文化建设的模式，一是基于个人主义价值取向的模式，二是基于集体主义价值取向的模式。前者主要宣扬的是个人主义取向的价值，包括独立、自由、自我实现等；后者则更主要强调集体主义取向的价值，包括奉献、责任、团结等。

表 3 - 10　日本和美国企业的组织文化对比

日本企业	美国企业
终身雇佣制	短期雇佣制
缓慢的评价和升级	迅速的评价和升级
非专业化的经历道路	专业化的经历道路
含蓄的控制	明确的控制
集体的决策过程	个人的决策过程
集体负责	个人负责
整体关系	局部关系

资料来源：〔美〕威廉·大内：《Z理论——美国企业界怎样迎接日本的挑战》，第48～49页。

从历史演进的角度来看，中国工作组织中的价值取向大体上经历了从集体主义到集体主义与个人主义共存的变化历程。在新中国成立之初，由于受到长期内外战争的冲击，中国社会满目疮痍、百废待兴。中国共产党制定了从新民主主义到社会主义过渡时期的总路线，将完成生产资料的社会主义改造和实现国家工业化作为国家行动目标。要实现这一目标，就需要政治上统一思想、凝聚共识，集聚发展的力量，为此，国家不仅在组织形式上，通过"单位制"的形式将城市居民纳入各个单位组织之中，通过"公社"的形式将农村居民纳入各个公社组织之中，实现了社会人

---

① 〔美〕威廉·大内：《Z理论——美国企业界怎样迎接日本的挑战》，孙耀君、王祖融译校，中国社会科学出版社，1984，第40～41页。

员的组织化，而且更为关键的是，通过构建集体主义价值体系，弘扬集体主义价值观念，让人们在思想价值层面上团结了起来，形成了对社会主义的基本政治认同，进而筑牢了社会主义社会的思想根基[①]，同时推动人们树立为集体贡献力量的意识，提升了国家的社会动员能力。

　　具体到劳动领域之中，中国共产党在战时积累了大量群众动员经验，这些经验也被用于组织和管理生产活动。一是弘扬社会主义理想，加强意识形态引导，强调个体命运与国家命运的高度统一；二是弘扬革命精神，鼓励工人自力更生、艰苦奋斗，为实现社会主义理想而甘于奉献；三是树立和宣传劳动模范，弘扬"劳动进步""劳动光荣"的理念，强化工人对劳动精神价值的认同；四是通过组织劳动竞赛等方式调动工人的生产积极性。在那个物资缺乏的年代里，这种价值引导使得工人将国家命运、组织命运与个人命运紧密联系在一起，树立起一种奉献国家、奉献工厂的集体主义劳动价值观念。由此，组织构建起了基于员工价值理性的组织权威，在这种权威之下，员工会自觉自愿服从组织的工作时间安排，甚至主动延长工作时间。东北某工厂的工人们这样描述当年的工作状态：

　　　　那些年冬天特别冷，三九天都零下40多（摄氏）度，滴水成冰，可是大家工作干劲始终很高，工作没有八小时的概念，饿了就上食堂吃饭，清水炖白菜，高粱米饭，困了找个背风的地方眯一会……没日没夜地干。

　　　　那时物质层面的东西十分匮乏，加班干活根本没有报酬，人们也没有八小时工作的概念，别说奖金，加班能吃到烀土豆就是最好的了……可是人们总是抱着一种信念，想着"一

[①]　崔家新、池忠军：《新中国成立以来集体主义价值观的演进历史与新时代发展》，《思想理论教育》2019年第11期，第59~64页。

五"计划、"二五"计划，想着奋发图强，热爱企业，一心朴实地建设企业。①

集体主义在经济上能带来极高的物质生产力，在思想上凝聚人心、增进团结，是组织维持劳动秩序和提高生产效率的重要手段②。正因为如此，集体主义在很长一段时间内都是社会价值体系的核心内容。不过，随着经济社会的发展，人们对个人利益的需求逐渐显现，尤其是改革开放后社会主义市场经济体制的建立，更深刻地唤醒了人们心中的利益诉求。当个体从"单位人"变成了具有自主性、风险承担倾向、竞争性偏好和机会公平偏好的"自我企业家"③，其行动也开始更多受到个人主义价值观念的影响，而不是传统的集体主义。

在这种背景下，越来越多的私营企业更加强调员工个人价值的实现而非对组织的奉献。例如，很多创业企业会通过"讲故事""画大饼"的方式对员工进行价值引导，一些互联网企业也不断将"996"与个人成长画上等号④。在这种价值引导下，员工为了在激烈的竞争环境中取胜，会主动选择增加工作时间的投入，进而陷入一种"主动型时间荒"的状态之中⑤。

（三）价值塑造与工作时间

那么，就当前现实来看，组织的价值塑造策略是否会影响员

---

① 转引自徐春丽《单位制变迁背景下劳动激励的转型——以国有企业内部关系为中心》，博士学位论文，吉林大学，2018，第56~59页。

② 田毅鹏、余敏：《单位制形成早期国企的劳动纪律问题》，《江海学刊》2015年第4期，第95~103页。

③ 王宁：《后单位制时代，"单位人"转变成了什么人》，《学术研究》2018年第11期，第46~54页。

④ 梁萌：《弹性工时何以失效？——互联网企业工作压力机制的理论与实践研究》，《社会学评论》2019年第3期，第35~49页。

⑤ 王宁：《要钱还是要闲？——时间荒的文化根源》，第13届中国休闲与社会进步学术年会会议论文，2015年11月，广州，第74~84页。

工的工作时间呢？集体主义价值塑造与个人主义价值塑造对员工工作时间和组织行为的影响，孰强孰弱呢？为了回答这些问题，我们将利用调查数据检验工作意义感与工作时间相关变量的关系。工作意义是人们在社会主流价值体系和自身价值观的相互作用下，对工作的一种认知；它反映着人与工作的关系，体现了工作之于人的价值[①]。工作意义感是价值塑造的结果，基于个人主义与集体主义的价值类型，工作意义感可以划分为工作意义感（个人）[②] 和工作意义感（集体）[③]，分别对应"工作价值取向"中的职业取向和使命取向[④]。

首先，就工作意义感与员工周工作时长、超时工作的关系来看，根据表 3-11 的回归结果，工作意义感（包括个人面向和集体面向）的增强并不会增加员工的周工作时长和超时工作的发生概率，相反，工作意义感增强，员工周工作时长和超时工作的发生概率会显著下降。

这一结果看上去与理论预测相反，但实际上并不难解释。工作意义感本质上是一种价值性的内驱力，这种内驱力有助于推动员工将更多的时间投入工作，但是前提是还有来自组织层面的对于员工工作时间的要求作为外部驱动力；如果没有这种外部驱动力，工作意义感只会对员工的工作时间产生潜在的影响，即一旦工作需要，他们会乐于将时间投入工作。工作意义感与工作时间之间的负相关关系反映的正是这样一种现实情况：那些能够给员

---

① 田喜洲、左晓燕、彭小平：《工作意味着什么——工作意义概念、影响与研究框架》，《心理研究》2017 年第 2 期，第 56~66 页。

② 工作意义感（个人）通过问题"这份工作有助于促进我个人的成长"进行测量，采用的是李克特五点量表，值域为 1~5，分值越高，工作意义感越强，均值为 3.91。

③ 工作意义感（集体）通过问题"我这份工作可以给社会带来积极影响"进行测量，采用的是李克特五点量表，值域为 1~5，分值越高，工作意义感越强，均值为 3.89。

④ 宋萌、黄忠锦、胡鹤颜、綦萌：《工作意义感的研究述评与未来展望》，《中国人力资源开发》2018 年第 9 期，第 85~96 页。

工提供较高工作意义感的工作，对员工工作时长提出的要求往往相对偏低。进一步来看，在个人和集体两种面向的工作意义感中，如模型 3 - 33 和模型 3 - 36 所示，工作意义感（个人）的回归系数的绝对值相对更大①，表明其对工作时间的影响更大。

表 3 - 11   周工作时长、超时工作对工作意义感的回归结果

	模型 3 - 31	模型 3 - 32	模型 3 - 33	模型 3 - 34	模型 3 - 35	模型 3 - 36
	周工作时长	周工作时长	周工作时长	超时工作	超时工作	超时工作
工作意义感（个人）①	- 1.418 *** (0.197)		- 1.325 *** (0.239)	- 0.239 *** (0.038)		- 0.187 *** (0.046)
工作意义感（集体）②		- 0.897 *** (0.192)	- 0.159 (0.233)		- 0.192 *** (0.037)	- 0.087 * (0.044)
控制变量	控制	控制	控制	控制	控制	控制
样本量	5090	5090	5090	5090	5090	5090
R^2/伪 R^2	0.114	0.108	0.114	0.071	0.069	0.072

注：$^* p < 0.05$，$^{***} p < 0.001$；括号内为稳健标准误；模型 3 - 31、模型 3 - 32、模型 3 - 33 为 OLS 模型，模型 3 - 34、模型 3 - 35、模型 3 - 36 为 Logit 模型；经检验，模型 3 - 33 和模型 3 - 36 中两个自变量不存在多重共线性问题。

其次，就工作意义感对员工自愿加班和工作投入的影响来说，如表 3 - 12 的回归结果所示，工作意义感（包括个人面向和集体面向）对员工自愿加班行为的发生概率和工作投入程度都具有显著的正向影响。具体来说，工作意义感（个人）每增加 1 个单位，员工自愿加班相对于单位要求加班的发生比平均增加 34.58%（$e^{0.297} - 1$），工作投入平均增加 0.341 个单位；工作意义感（集体）每增加 1 个单位，员工自愿加班相对于单位要求加班的发生比平均增加 25.6%（$e^{0.228} - 1$），工作投入平均增加 0.291 个单位。

———————————

①   两个自变量的量纲一致，可以直接比较回归系数。

这一结果支撑了上文提出的工作意义感作为一种价值内驱力对员工工作时间存在潜在影响的观点，也即在没有外部驱动力的情况下，尽管工作意义感并不会直接促使员工将更多的时间投入工作，但是这种价值内驱力会让员工在日常工作中更加投入、更加尽职尽责，这无形中增加了员工的有效工作时间。在需要的时候，基于这种价值内驱力，员工也会自发地加班去完成组织安排的任务。进一步来看，模型 3 - 39 和模型 3 - 42 的回归结果显示，相较于工作意义感（集体），工作意义感（个人）对员工自愿加班和工作投入的影响更大。这一结果在一定程度上反映了当前个人主义价值观念占据主导的现实情况，人们会更加在意工作对自我成长和自我发展的意义。

表 3 - 12　自愿加班、工作投入对工作意义感的回归结果

	模型 3 - 37	模型 3 - 38	模型 3 - 39	模型 3 - 40	模型 3 - 41	模型 3 - 42
	自愿加班	自愿加班	自愿加班	工作投入	工作投入	工作投入
工作意义感（个人）	0.297*** (0.054)		0.240*** (0.062)	0.341*** (0.011)		0.254*** (0.013)
工作意义感（集体）		0.228*** (0.053)	0.101+ (0.061)		0.291*** (0.011)	0.150*** (0.013)
控制变量	控制	控制	控制	控制	控制	控制
样本量	3753	3753	3753	5075	5075	5075
R^2/伪 R^2	0.057	0.054	0.058	0.273	0.229	0.298

注：$^+ p < 0.1$，$^{***} p < 0.001$；括号内为稳健标准误差；模型 3 - 40、模型 3 - 41 和模型 3 - 42 为 OLS 模型，模型 3 - 37、模型 3 - 38 和模型 3 - 39 为 Logit 模型；经检验，模型 3 - 39 和模型 3 - 42 中两个自变量不存在多重共线性问题。

在这里，需要强调的是，当前个人主义的盛行并不意味着集体主义已不复存在。集体主义价值观念始终是中国社会价值观的重要组成部分。翟学伟认为，中国人把集体当作同个体各个方面都休戚相关的生活单位，而不同于西方人把集体当作个体可以自

由出入，以获得其个人成就或收入的工作或娱乐单位，这使得中国人会更在意集体①。集体是生活单位，这不仅仅指的是其可以满足衣、食、住、行等各种需求，更重要的是，集体为人们提供了完整的生活意义框架和行动指南；脱离了集体，个人就会陷入意义缺失的迷茫状态之中。因此，在当前，尽管国家、组织没有像过去单位制时期一样全方位地掌握人们所需的各类物质资源，但是个人依然无法摆脱作为生活单位和意义单位的集体。集体主义的价值观念依然通过各种形式内化于个人，成为指导他们行动的价值准则。我们从上述经验结果中也能够看到，尽管作用相对较弱，但是工作的社会意义依然会影响员工的组织行为。

总的来说，在组织的价值塑造策略之下，员工不会仅凭工具理性来决定是否延长工作时间，而是会考虑到努力工作对于个人与集体的意义和价值。对这种意义和价值的追求，增加了他们自愿延长工作时间的可能性，也提升了他们在工作中的投入程度。不过，就工作时间的绝对量而言，这种策略并不是员工超时工作的主要原因。

四　本章小结

本章基于劳动过程理论的分析框架，从组织管理控制的角度出发，探讨了影响员工工作时间的组织管理因素。对于组织而言，由于员工的劳动力与最终的劳动成果之间还存在一个转换的过程，无论是出于秩序动机还是出于发展动机，组织都希望对员工的劳动过程实施有效控制。因此，组织必须建立为员工所承认的具有合法性的组织权威。在笔者看来，组织权威为员工所承认的关键不是赋予组织权威合法性的形式依据（如法律制度、传统习俗或

---

① 翟学伟：《中国人社会行动的结构——个人主义和集体主义的终结》，《南京大学学报》（哲学·人文科学·社会科学版）1998 年第 1 期，第 123～130 页。

高尚品性等），而是组织成员理性的交换动机，包括工具理性动机和价值理性动机。就工作时间而言，组织之所以可以使员工同意其延长工作时间的安排，也正是因为支撑其控制手段有效性的组织权威都是建立在员工理性的交换动机之上的，这些理性的交换动机可能是员工对于经济资源的追求，也可能是在组织社会化过程中形成的对于某些价值观念的认同。基于此，本书区分了组织的两类关键策略行动：基于工具理性权威的奖惩制度建设和基于价值理性权威的组织文化建设。

首先，奖惩制度的有效性是建立在员工工具理性的基础之上的。当组织以奖励或惩罚为形式，以其所掌握的对员工具有经济效用的资源为交换物，要求员工接受超时工作的安排时，员工出于对成本和收益的理性计算，便很可能同意。本书将这种以经济资源换取员工行动控制权的管理控制策略，称作"资源交换策略"。通常来说，组织可能掌握三类员工所需且具有经济价值的资源——金钱、职位晋升机会和职业知识，并可能相应产生三类具体的管理行动——薪酬管理、职位晋升管理和职业知识管理。其中，薪酬管理是最重要的管理行动。薪酬管理包含两种具体策略：效率工资策略和变动收入策略。研究显示，享受效率工资并不会增加员工的显性工作时长和隐性加班的可能性，但是会使员工的工作投入程度和自愿加班的可能性提高；而变动收入策略则对员工的工作时长有较大的影响，与固定收入制相比，属于变动收入制的四种薪酬模式（计时制、计件制、绩效工资制、提成制）都能够显著增加员工的周工作时长和员工出现超时工作的可能性，其中，计件制的影响最大。

其次，不同于奖惩制度建设，组织文化对劳动过程控制的有效性是建立在员工价值理性的基础之上的。对于作为"社会人"的员工而言，其在劳动组织中的生活也是一个社会化的过程。当员工进入一个组织，他会受到组织文化的影响，并通过主动或被动的方式不断习得这个组织的思想观念、价值体系、道德规范和风俗习惯。组织通过有意识的组织文化建设，引导员工形成诸如劳动光荣、爱岗敬业、无私奉献等集体主义的劳动价值观念，或是独立、自由、自我实现等个人主义劳动价值观念，就可能使员工主动延长工作时间以实现特定价值目标。本书将这种通过形塑员工的价值观念来影响员工劳动过程表现的管理控制策略，称作"价值塑造策略"。研究结果显示，员工对意义和价值的追求，增加了他们自愿延长工作时间的可能性，也提高了他们在日常工作中的投入程度，其中，相较于集体价值取向的工作意义感，对工作个人意义的感知对员工的自愿加班和工作投入的影响更大。不过，就工作时间的绝对量而言，这种策略并不是导致员工工作时间增加的主要原因。

总的来说，本章从理论和实证层面分析与检验了组织的管理控制策略如何影响员工的工作时间。研究认为，组织通过迎合员工的物质需求和塑造员工的劳动价值观念，可以在很大程度上影响员工的时间决策。

第四章　后果：工作时间与员工的组织行为

　　前一章关注了影响员工工作时间的组织管理因素，本章将聚焦工作时间过长可能引发的员工的应对行动。尽管劳动过程理论的基本分析框架涉及组织和员工两个主体，但是在该理论发展和应用过程中，学者们对员工何时行动、如何行动等问题的探讨是明显缺乏的。这大概是因为，一方面，在"去技能化"的背景下，员工的力量的确太弱①，以至于看上去毫无行动能力可言；另一方面，随着控制技术的革新，员工逐渐乐于接受组织的"游戏"规则②。

　　然而，面对来自组织的压力，员工真的毫无反应吗？如果基于马克思所强调的阶级意识与革命行动来回答这个问题，我们的确可能得到肯定的答案。因为至少在社会主义体制下，带有革命性质的劳工运动是不存在的。尽管员工们也会抱怨老板吝啬和苛刻，但是他们大多数时候还是会接受组织定下的规则，即便出现了明显的劳动权益纠纷，员工们也更多的是通过组织或政府建立的协商机制来解决。这样看来，在强大的组织力量面前，员工的应对行动似乎的确没有太多讨论的空间。不过，弗莱德曼在对 19 世纪以来的工人运动历史进行回顾之后认为，尽管工人的行动没有如马克思所预测的那样以一种革命的形式出现，但是被马克思所忽略的日常性行动却从未停止，并且形式越发多样。弗莱德曼认为，认识员工行动应

---

① 〔美〕哈里·布雷弗曼：《劳动与垄断资本：二十世纪中劳动的退化》，方生等译，商务印书馆，1978，第 109 页。

② 〔美〕迈克尔·布若威：《制造同意——垄断资本主义劳动过程的变迁》，李荣荣译，商务印书馆，2008，第 89 页。

该回到劳动过程之中，去关注那些日常化的应对方式①。尽管弗莱德曼的判断十分准确，不过他所强调的劳动过程中的员工行动，更多指向的是以工会行动为代表的集体性行动，而忽视了对员工个体化行动的关注，这就意味着将一个个具有能动性和创造力的劳动者个体排除在了分析对象之外，这种忽视会让我们失去对劳动者主体性的理解，也无法还原劳动过程中组织和员工真实的互动过程。

基于此，本章将目光投向员工在劳动过程中所做出的个体化的日常性应对行动，将具体分析工作时间的增加会对员工的组织行为产生何种影响的问题。

一 隐蔽的行动

在对劳动者日常性行动的研究中，《弱者的武器》是十分重要的著作。在斯科特之前，以基于马克思主义的研究为代表的阶级行动研究更多关注大规模的起义运动，这被认为是具有根本变革性质的行动方式。然而，斯科特认为，农民阶级革命运动是稀少罕见的，因为不仅促使大规模农民起义发生的环境相对稀少，而且当起义真的发生时，其也总是很轻易地被镇压；并且，无论革命是否成功，其几乎总是造就更具强迫性的霸权，农民的境遇并没有多大改善②。对此，斯科特指出："农民反抗的研究重点被误置了。而理解那些我们称之为农民反抗的日常形式——平常的却持续不断的农民与从他们那里索取超量的劳动、食物、税收、租金和利益的那些人之间的争斗——要重要得多。"③ 与其他形式相

---

① Andrew L. Friedman, *Industry and Labour: Class Struggle at Work and Monopoly Capitalism* (London: Macmillan, 1977), pp. 45 – 51.

② 〔美〕詹姆斯·C. 斯科特:《弱者的武器》，郑广怀、张敏、何江穗译，译林出版社，2007，第 34 页。

③ 〔美〕詹姆斯·C. 斯科特:《弱者的武器》，郑广怀、张敏、何江穗译，译林出版社，2007，第 34 页。

比，日常性行动最明显的特征是它不承认有公开的和象征性的目标，相较于制度化的政治斗争所具有的正式性、公开性和关注系统的权力变化的特征，日常性行动更多是非正式的，通常是隐蔽的，并且以关注直接、实际的物质获取为主。在经验上，劳动者的日常性行动可能表现为行动拖沓、假装糊涂、虚假顺从、小偷小摸、装傻卖呆、诽谤、破坏等，这些行动通常表现为一种个体的自助形式，可以避免直接地、象征性地与统治阶级制定的规范相抗衡；同时，由于这些行动包括表面上的象征性遵从，因而相较于公开性行动可能招致的迅速镇压，日常性行动更可能使他们真正获益①。正是在这个意义上，日常性行动可以成为"弱者的武器"。

在对马来西亚塞达卡村的田野观察中，斯科特发现，几乎所有的应对行动都是日常的。在抵制联合收割机、打谷工作、工资谈判等事件中，农民往往采取拖延开工时间、暗中破坏、减少打谷次数、偷窃等相对隐蔽、谨慎的方式来避免公开对抗。他写道："这里没有暴动，没有示威，没有纵火，没有有组织的抢劫，没有公开的暴力。我所发现的反抗同任何更大的外部政治运动、意识形态或者革命骨干都没有关系，尽管这一地区每个村子事实上同样的斗争都一直发生。"② 斯科特给这类几乎成为永恒的、持续不断的、在极为困难的条件下发生的乡村从属阶级的日常行动贴上了"原始"的标签，他认为，只要社会结构还是不公正的，它们就不可能完全消失，"它们是坚固的基础，其他形式的反抗可以生长其上，并且，它们可能在其他形式的反抗失败后或者转而产生行动不公正模式后，依然坚持不懈"③。

---

① 〔美〕詹姆斯·C. 斯科特：《弱者的武器》，郑广怀、张敏、何江穗译，译林出版社，2007，第39～40页。

② 〔美〕詹姆斯·C. 斯科特：《弱者的武器》，郑广怀、张敏、何江穗译，译林出版社，2007，第331页。

③ 〔美〕詹姆斯·C. 斯科特：《弱者的武器》，郑广怀、张敏、何江穗译，译林出版社，2007，第331～332页。

尽管斯科特以农业生产中的雇佣劳动为观察对象，但是他的研究对于工业和服务业中的员工的行动研究同样具有很强的启发意义。在现代社会，随着劳动制度的不断完善，恩格斯所观察到的那种革命性质的工人运动已经很少见①，取而代之的一方面是以工会为工人代表开展的集体谈判和协商，这些谈判与协商都是在规范的制度框架内进行的；另一方面即是劳动者在劳动过程中所做出的个体化的应对行动，这类行动在表面顺从背后隐藏着维护劳动者自我利益的行动动机。斯科特在后续的研究中将这种出现在"后台"的言语、姿势、行为称为"潜隐剧本"，他指出，从属群体在于公开剧本中接受支配的同时，也通过潜隐剧本中形成的某种亚文化对公开剧本做出回应，通过对抗社会支配在他们自身之中的变种形式来抵抗统治精英的支配②。

学者们通过对各类职业劳动过程的经验观察，也或多或少发现了各类职业中日常性应对行动的基本表现形式。例如，教师的日常性行动可能表现为私底下"吐槽"，通过"做材料""造数据""编文本"来应付上级检查等③；外卖员通过上报异常、转让订单来规避惩罚④；保姆利用雇主对其的依赖争取更好的待遇和休息时间⑤；快递员通过虚假签收、一口价、串件、倒卖件来应对企业的多重控制⑥；生产工人通过在赶工时不配合加班来表达不满和委屈⑦；

① 《马克思恩格斯选集》（第一卷），人民出版社，2012，第 104 ~ 132 页。
② 〔美〕詹姆斯·C. 斯科特：《支配与抵抗艺术：潜隐剧本》，王佳鹏译，南京大学出版社，2021，第 43 ~ 44 页。
③ 高晓文、于伟：《弱者的武器：教师的日常抗争策略研究》，《教师教育研究》2018 年第 3 期，第 73 ~ 78 页。
④ 冯向楠、詹婧：《人工智能时代互联网平台劳动过程研究——以平台外卖骑手为例》，《社会发展研究》2019 年第 3 期，第 61 ~ 83 页。
⑤ 苏熠慧：《控制与抵抗：雇主与家政工在家务劳动过程中的博弈》，《社会》2011 年第 6 期，第 178 ~ 205 页。
⑥ 帅满：《快递员的劳动过程：关系控制与劳动关系张力的化解》，《社会发展研究》2021 年第 1 期，第 31 ~ 51 页。
⑦ 林慧琳、肖索未：《工厂即客厅：外包制鞋厂的劳动过程研究》，《社会学评论》2020 年第 5 期，第 50 ~ 60 页。

养老院的护工通过"开玩笑""阳奉阴违"等方式来应对其身上的结构性制约①。

概言之，在压力之下，劳动者会尽量避免正面冲突，而更多以一种相对隐蔽和保守的方式来缓解组织施加的压力与维护自己的权益。基于这种行动逻辑，工作时间增加作为一种典型的压力源，很可能会引发员工一系列消极的组织行为，包括怠工、沉默和离职等。

（一）怠工

所谓怠工，指的就是劳动过程中无益于劳动成果产出的行动，用更通俗的话说就是偷懒，是一种普遍存在的、利用监管漏洞而实施的个体化应对行为，中国网友给它赋予了一个形象化的名称：摸鱼②。

我们知道，组织制度的一个重要功能是维持组织的运作秩序，以保证组织目标的实现。员工的劳动力在转换成具有市场价值的劳动产品的过程中存在着不确定性，因此，组织就必然需要通过制度约束来限制员工在劳动过程中的行为。不过，制度仅仅是提出了要求，而要让员工按照制度规范行事，则需要监管。例如，通过巡视等方式来监督员工上班期间是否在认真干活。然而，企业不可能全天候地盯着每个员工，这将耗费巨大成本。因此，在劳动过程中，监管的缺失是必然存在的。这也就意味着员工可以借此弱化来自组织的约束。斯科特在对农村雇佣工人的打谷工作的观察中也发现了此类行动方式。在打谷过程中，打谷工人只需

---

① 陈义媛：《养老机构护工的劳动控制与隐性抗争——基于北京市养老机构的考察》，《青年研究》2013 年第 5 期，第 73 ~ 81 页。

② "摸鱼"出自成语"浑水摸鱼"，原意是指在混浊的水中，鱼晕头转向，乘机摸鱼，可以得到意外的好处，比喻趁混乱的时机捞取利益。在当前的互联网上，网友们用"摸鱼"指代员工在工作中的偷懒行为。关于"摸鱼"的讨论，可以参见 https://www.zhihu.com/topic/20744128/hot。

要敲打两三下就可以打下 80% ~ 90% 的谷子，而为了打下剩余的谷子则需要多打 6 ~ 7 下。因此，在监管缺失的情况下，打谷工人会倾向于只敲打两三下然后迅速换下一捆，这样用于计件结算的管子很快就会装满，他们每天就会赚得更多①。随着科技的发展，企业利用流水线已经可以较好地控制整个生产流程，工人的自主性操作空间已经大大缩小，但在知识型、管理型或辅助生产型岗位上，逃避监管的空间还是普遍存在的，这就使得怠工成为可能。

从现有研究来看，尽管也有学者关注劳动过程中员工应对组织控制的多种方式，但是几乎没有人将"摸鱼"这类隐蔽性很强的行动视为一种应对手段来研究。对于怠工问题的研究更多出现在管理学中，将怠工视为一种反生产行为予以分析②，这在某种程度上忽视了其背后的社会学含义。对"摸鱼"现象的关注可以很好地为我们打开认识员工日常性应对行动的一个窗口。在组织控制之下，员工通过富有创造性的"表演"来掩盖其非工作行为，一定程度上缓解了组织施加的工作压力。

按照马克思的定义，劳动过程"首先是人和自然之间的过程，是人以自身的活动来中介、调整和控制人和自然之间的物质变换的过程"③。换句话说，劳动过程是消耗生产物（包括生产资料和劳动力），同时创造新的生产物的过程。劳动过程从原本意义上来说，只关乎人与自然的关系，而到了雇佣劳动生产中，劳动力从属于资本，进而引起了劳动过程内容的变化。马克思指出，作为资本家消费劳动力的过程的劳动过程中有两个特殊现象，第一，

---

① 〔美〕詹姆斯·C. 斯科特：《弱者的武器》，郑广怀、张敏、何江穗译，译林出版社，2007，第 311 ~ 312 页。

② K. Askew, J. E. Buckner, M. U. Taing, A. Ilie, J. A. Bauer & M. D. Coovert, "Explaining Cyberloafing: The Role of the Theory of Planned Behavior," *Computers in Human Behavior* 36 (2014): 510 -519；何伟怡、陈璐璐：《相对剥夺感对网络怠工的影响——基于情绪耗竭和时间压力的中介调节机制》，《南开管理评论》2022 年第 1 期，第 214 ~ 226 页。

③ 《马克思恩格斯文集》（第五卷），人民出版社，2009，第 207 ~ 208 页。

工人在资本家的监督下劳动，他的劳动属于资本家；第二，产品是资本家的所有物，而不是直接生产者工人的所有物①。由于这两个特性的存在，雇佣关系下的劳动过程中，劳动者的行为开始存在不确定性。这种不确定性最重要的一种表现就是，员工既可以真实地劳动并创造产出，也可以假装劳动而无所产出。后者即是本书所讨论的怠工行为。

1. 怠工的形式

从逻辑上来讲，员工怠工的类型有两种。一是当成果提交的时限固定时，减少劳动过程中的实际工作时长；二是当劳动过程中的实际工作时长固定时，延长成果提交的时限。举例来说，假如一个员工被要求完成一项工作任务，在正常情况下，完成这项工作任务所需要的时间是 4 小时。那么，第一种怠工类型的行动选择是用 2 小时完成，然后偷懒 2 小时。这样做的结果是工作成果的质量会下降，我们常称这样的行为是"应付工作"。第二种怠工类型的行动选择是用 6 小时完成工作。这样做的结果是工作成果产出的时间被延长，这种行为即是"工作拖沓"，也就是我们常说的"磨洋工"，即有意降低工作效率。

（1）应付工作

应付工作作为一种怠工形式，指的是通过在规定的工作时间内减少实际投入工作的时间，来将剩余时间占为己有。或者说，员工本可以花时间保证质量地完成工作任务，却挪用了时间给非工作事务。一般来讲，所有形式的怠工之所以可能，都是因为在劳动过程中，组织和员工之间存在很强的信息不对称，并且劳动者是信息上的优势方。在大多数时候，管理人员并不知道员工是否在努力工作，因为他们很难一直盯着手下的人干活。从某种程度上讲，组织对员工劳动过程进行管理的基本目标就是减少两者之间的信息不对称。应付工作这种怠工形式之所以可能，正是因为组织和员工在成果产

---

① 《马克思恩格斯文集》（第五卷），人民出版社，2009，第 216 页。

出的质量上存在信息不对称。

除个别情况外，在任何劳动成果的生产中，对于成果质量的检验都需要借助某些关键指标，例如，在工业生产中，产成品的大小、质量可能是关键指标。不过，从大的范围内来看，通过关键指标来检验劳动者成果质量的方式并不总是奏效的。一是因为一些关键指标缺乏客观性。在很多行业或岗位中，客观的关键指标是缺失的。例如，我们很难用一些客观的指标来验收一份工作报告或是一个产品设计，这些劳动成果质量的评价具有很强的主观性。二是因为一些关键指标很难被检测到或是因检测成本太高而被忽视。例如，领导审查一份工作报告时，很少会对里面引用数据的真实性一一进行核对。由于这些"漏洞"的存在，很多时候，员工只需要根据管理者关注的指标，提交一个看上去"像模像样"的成果即可。

总的来说，在组织无法对员工劳动成果质量进行客观判断的情况下，员工便可能采取应付工作的怠工形式。

（2）工作拖沓

相较于应付工作，怠工的另一个形式——工作拖沓（"磨洋工"）则更加隐蔽，也更加常见。工作拖沓的实质是降低工作效率，其根本逻辑是用当前的工作任务占用未来的工作时间，以减少总的任务量。通俗来说，原本一个人一天可以产出三份成果，拖沓之后就只产出了两份，剩下一份的时间就被本人占用了。

"现代管理科学之父"泰罗（Taylor）对"磨洋工"问题进行了专门讨论，他认为，"磨洋工"根据产生原因可以分为两种，一是由人趋向于轻松随便的天性引起的，他将之称为"本性磨洋工"；二是由人与人的关系造成的错综复杂的思想和重重顾虑引起的，他称之为"故意磨洋工"①。泰罗认为，"故意磨洋工"几乎普遍存在于所有管理制度中（无论是采用即日工资制、计件工资

---

① 〔美〕F. W. 泰罗：《科学管理原理》，胡隆昶、冼子恩、曹丽顺译，中国社会科学出版社，1984，第39页。

制、包工制，还是其他任何计酬制①），而且是工人经过仔细考虑之后，认为其符合他们最大利益而做出的行动选择。由于"磨洋工"太过普遍，以至于在大企业里很难找到能够胜任工作的工人，因为没有一个胜任的工人不投入相当的时间去研究怎样慢腾腾地工作而仍能使雇主相信他是在努力干活②。在泰罗看来，工作拖沓得以可能在很大程度上是因为组织和员工在劳动成果的标准时间耗费上存在信息不对称。很多时候，员工们总是蓄意不让雇主了解究竟多快能完成一项工作，因为员工们都知道，如果工作完成得太快，那么老板就可能给自己安排新的工作任务；在计件制薪酬模式下，组织还可能降低员工完成单件产品所能获得的报酬。

为了规避这种信息不对称，企业也采取了很多手段。例如，很多企业会设置计时员的岗位，专门计算各个岗位的单位生产时间，以更好地对员工的产出量进行规定。而随着自动化生产技术的不断发展，劳动生产的节奏在很大程度上由机器掌控了，工人需要配合机器的运转，而无法自我控制生产效率③，"磨洋工"现象在这些组织中变得更少。进入大数据时代之后，一些不依靠机器进行生产的工作也被严格控制了工作效率，最典型的就是外卖配送员的工作。外卖平台通过大数据对外卖员的单位配送时间进行分析和计算，极大地降低了两者在单位服务时间上的信息不对称。不过，尽管借助现代科技，组织对单位产品生产时间的控制

---

① 泰罗认为，即便像计件制这种将工作量与收入直接挂钩的计酬办法也不能避免"磨洋工"，"之所以会产生这种情况的原因，简单来说，就是几乎所有的雇主都先为各等级的工人确定一个最高数额的工资，而不论这些人是计日工还是计件工"。换句话说，在很多时候，工资上限是被雇主控制的，在计件制下，当雇主发现工人产量提升之后，就会降低单位计件工资，因而，工人的总收入并不会提高。参见〔美〕F. W. 泰罗《科学管理原理》，胡隆昶、冼子恩、曹丽顺译，中国社会科学出版社，1984，第40页。

② 〔美〕F. W. 泰罗：《科学管理原理》，胡隆昶、冼子恩、曹丽顺译，中国社会科学出版社，1984，第40~41页。

③ 许怡、叶欣：《技术升级劳动降级？——基于三家"机器换人"工厂的社会学考察》，《社会学研究》2020年第3期，第23~46页。

越发严格，但是在知识型岗位中，由于没有标准的时间定额信息，组织的控制效果仍然是有限的。换句话说，在这类岗位中，员工依然保持着信息优势。从现实来看，这类岗位上的员工总是表情严肃地坐在电脑前，时而故作思考，时而有节奏地敲击键盘，看上去十分认真的样子——"表演"成为怠工的必备技能。

2. 怠工的经验表现

在中国最大的互联网问答平台知乎上，网友们就"你上班是怎么样摸鱼的"这一问题进行了热烈的讨论，截至笔者对其信息进行收集时产生了超过 1400 条回答①，笔者通过软件爬取了 1447 条回答数据并对其中提及的与"摸鱼"相关的行动所对应的关键词进行了词频统计②。表 4-1 是关键词的词频表，图 4-1 则通过词云的形式更为形象地展示了关键词的相对词频高低③。

表 4-1　"摸鱼"相关行动对应关键词词频

关键词	词频	关键词	词频	关键词	词频
知乎	383	抖音	60	股票	27
手机	358	视频	55	王者	27
厕所	236	抽烟	47	下午茶	24
电脑	231	咖啡	39	茶水间	23
游戏	169	喝水	39	泡茶	22
早餐	111	网页	38	卫生间	21
微博	98	看书	37	音乐	21
小说	95	电影	34	动漫	10
新闻	76	零食	32	朋友圈	7
带薪拉屎	73	淘宝	29	——	——

① 参见知乎问题页"你上班是怎么样摸鱼的？"，https://www.zhihu.com/question/340253665，最后访问日期：2023 年 7 月 14 日。

② 需要说明的是，某项关键词的出现并不代表该词一定指向"摸鱼"，例如"游戏"一词并不一定指向员工在上班时玩游戏，也有可能指向的是"游戏公司"。尽管词频分析不能直接反映各项具体摸鱼行动的发生概率，但是可以间接地反映一个大致情况。

③ 在词云中，字号越大，表明词频越高。

图4-1　"摸鱼"相关行动对应关键词词云

　　基于表4-1和图4-1的信息，我们可以大致回答员工"摸鱼"时在做什么的问题。总结来说，可以归纳为两类。一是基于手机或电脑的休闲娱乐行动，涉及的主要关键词包括知乎、手机、电脑、游戏、微博、小说、新闻等。通常情况下，这类娱乐行动属于组织所明确禁止的，员工需要采取相对隐蔽的手段开展，以防止被领导发现。一些回答还提及了具体的操作技巧，包括用电脑"摸鱼"时，如何快速关闭当前窗口、返回桌面、锁定电脑、创建虚拟桌面等；也有网友提及防窥电脑贴膜、无线耳机等辅助设备的使用。

　　二是基于生理需求的生理活动，包括上厕所、泡茶、抽烟、吃东西等。其中，上厕所是最被广泛提及的"摸鱼"方式。当然，上厕所通常只是名义上的，打游戏、看小说、刷视频，甚至睡觉都可能在密闭的隔间里无所顾忌地进行，厕所变成了逃避工作的绝佳场所，正如一位网友所感慨的："被甲方体无完肤地精神虐待，老板的指责，无休止的工作，在这种巨大的压力下，公司厕所，就是最温暖的避风港。"不同于娱乐活动在制度和道德上可能承担的风险，上厕所等基于生理需求的"摸鱼"活动是为劳动伦理所支持的，因而成为员工们合理占用工作时间的重要手段。这类活动由于过于普遍，还使得一些企业对其采取反制措施，如不给厕所装空调、在厕所里安装信号屏蔽器，有的企业甚至安装控制软件系统，监控员工上厕所的时间①。

3. 工作时间与怠工行为

以"摸鱼"为经验形式的应对行动在一定程度上展现了员工在劳动过程中的能动性，尽管组织会试图掌控员工的劳动过程，但是员工也会做出相应的调适，以降低来自组织的管理强度。那么，工作时间的长短是否会影响这种行为的发生呢？在这里，我们依照上文区分了两种形式的怠工：应付工作和工作拖沓。

（1）工作时间与应付工作

在进行回归分析之前，为了确保因变量对自变量的 OLS 回归满足线性假定，我们首先绘制了散点图和非线性拟合线，来观察应付工作②随周工作时长变化而变化的基本趋势。从图 4-2 可以看到，随着周工作时长的增加，员工应付工作的程度也在不断提高，基本保持了线性增长趋势。

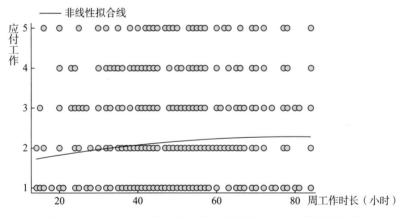

图 4-2 应付工作与周工作时长关系的散点图和非线性拟合线

---

① 王靖：《带薪拉屎与减少厕所位——当代工作场所的劳资博弈》，https://www.thepaper.cn/newsDetail_forward_10004840，最后访问日期：2023 年 11 月 20 日。

② "应付工作"的操作化指标为"下列各种说法，多大程度上符合您目前的工作岗位情况？应付上级分配的任务"。选项包括很不符合、较不符合、一般、比较符合和完全符合，依次编码为 1～5，五个选项的比例依次为 37.6%、28.33%、20.6%、9.49% 和 3.99%。

在此基础上，我们用应付工作对周工作时长①进行回归。从表 4-2 中模型 4-1 的结果来看，在控制了其他变量的情况下，平均来说，周工作时长每增加 10 小时，员工应付工作的程度增加 0.039 个单位。由于"应付工作"本身属于定序变量并且未满足有序 Logit 模型的平行性假定，因此出于稳健性的考虑，笔者将"应付工作"处理为二分变量②，采用 Logit 回归进行再次检验。从模型 4-2 的结果来看，周工作时长仍然对应付工作有显著的正向影响，员工周工作时长每增加 10 小时，平均来说，其应付工作行为的发生比会增加 8.44%（$e^{0.081}-1$）。

此外，我们进一步分析了隐性加班对应付工作的影响，从模型 4-3 和模型 4-4 可以看到，隐性加班也会显著影响员工应付工作的行为，具体来说，隐性加班会使员工应付工作的发生比提高约 32.45%（$e^{0.281}-1$）。

表 4-2　应付工作对周工作时长、隐性加班的回归结果

	模型 4-1	模型 4-2	模型 4-3	模型 4-4
	应付工作	应付工作	应付工作	应付工作
周工作时长	0.039* (0.016)	0.081** (0.028)		
隐性加班			0.155*** (0.037)	0.281*** (0.067)
控制变量	控制	控制	控制	控制
样本量	5165	5165	5003	5003
$R^2/$伪 R^2	0.034	0.022	0.040	0.025

注：* $p<0.05$，** $p<0.01$，*** $p<0.001$；括号内为稳健标准误；模型 4-1、模型 4-3 为 OLS 模型，模型 4-2、模型 4-4 为 Logit 模型。

①　为了获得更精确的回归系数，在这里把周工作时长除以 10，处理后 1 个单位的工作时长表示 10 个小时，本书对作为自变量的"周工作时长"均采用此处理方法。

②　由于"应付工作"变量的取值相对偏低，大部分人选择了"较不符合"和"很不符合"的情况，因此，在模型 4-2 和模型 4-4 中将其处理为二分变量时，将"一般"、"比较符合"和"完全符合"都划归为"是"的类别，处理后应付工作的比例为 34.08%。

上述结果表明，当显性工作时间增加或是处于隐性加班状态时，员工的确更可能通过应付工作的方式来缓解工作压力。这意味着，组织如果过度占有员工的时间，就可能导致员工工作成果质量出现明显下降，因此管理者需要仔细平衡工作时间"数量"与工作成果"质量"的关系。

（2）工作时间与工作拖沓

图4-3展示了工作拖沓①与周工作时长关系的散点图和非线性拟合情况。从图4-3中可以看到，随着周工作时长的增加，员工工作拖沓的程度并未保持线性增长趋势，而是呈现出先上升后下降的"倒U形"趋势，不过，由于工作拖沓的总体取值偏低，这种"倒U形"趋势中上升和下降的幅度并不大。

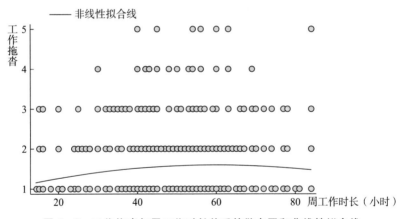

图4-3　工作拖沓与周工作时长关系的散点图和非线性拟合线

图像只是提供给我们变量间关系的基本形态，仅仅依靠图像判定并不可靠。要更精确地检验"倒U形"关系是否确实存在，我们还需要加入自变量的二次项进行回归分析。如表4-3中模型

---

① "工作拖沓"的操作化指标为"下列各种说法，多大程度上符合您目前的工作岗位情况？工作拖拖拉拉"。选项包括很不符合、较不符合、一般、比较符合和完全符合，依次编码为1~5，五个选项的比例依次为55.90%、34.54%、8.77%、0.64%和0.15%。

4-6 所示，该模型中包含自变量（周工作时长）的一次项（周工作时长本身）和二次项，从回归系数来看，一次项和二次项系数符号相反且具有统计学上的显著性，且相较于模型 4-5，模型 4-6 的 R^2 也有一定提升。因此，我们可以初步判定工作拖沓和周工作时长之间存在"倒 U 形"关系。

表 4-3　工作拖沓对周工作时长的回归结果

	模型 4-5	模型 4-6
	工作拖沓	工作拖沓
周工作时长	0.020 * (0.009)	0.210 *** (0.058)
周工作时长二次项		-0.018 ** (0.005)
控制变量	控制	控制
样本量	5165	5165
$R^2 / 伪 R^2$	0.068	0.071

注：$^* p < 0.05$，$^{**} p < 0.01$，$^{***} p < 0.001$；括号内为稳健标准误；模型均为 OLS 模型。

出于稳健性的考虑，笔者采取分组回归的方法对"倒 U 形"关系进行进一步检验。首先，基于模型 4-6 的回归结果计算出断点，即"倒 U 形"曲线达到顶点时周工作时长的值，为 5.848（对应 58.48 小时）。然后，再基于此断点，用因变量（工作拖沓）对周工作时长小于该值和大于该值的样本分别进行回归。从表 4-4 的结果来看，当周工作时长小于 58.48 小时时，周工作时长的增加会显著提升员工工作拖沓的程度（见模型 4-7），而当周工作时长大于等于 58.48 小时时，周工作时长对员工工作拖沓的影响方向变为了负向（见模型 4-8）。基于此，我们可以认为工作拖沓和周工作时长之间存在"倒 U 形"关系。

表 4 – 4　工作拖沓对周工作时长的分组回归结果

	模型 4 – 7	模型 4 – 8
	工作拖沓 （周工作时长 < 58. 48 小时）	工作拖沓 （周工作时长 ≥58. 48 小时）
周工作时长	0. 070 *** （0. 016）	– 0. 052 + （0. 032）
控制变量	控制	控制
样本量	4177	988
R^2/伪 R^2	0. 081	0. 081

注：$^+ p < 0.1$，$^{***} p < 0.001$；括号内为稳健标准误；模型均为 OLS 模型。

"倒 U 形"关系的成立意味着，工作时间对工作拖沓的影响具有阶段性。在达到分界点前，随着工作时间的增加，员工会通过降低工作效率来防止领导安排更多的工作任务，而当工作时间压力大到一定程度之后，如果继续拖沓就可能完不成工作任务，因而必须降低拖沓的程度。不过，尽管在高压之下，员工的工作效率会有所提高，但是如上文所发现的，他们应付工作的程度也会同步提升。

（二）沉默

在安徒生的著名童话《皇帝的新装》中，面对一丝不挂的皇帝，大臣和市民为了避免被认为是愚蠢的人，而选择了隐瞒自己真实的想法。在工作场所之中，这种员工明明知道组织存在某方面的问题，甚至知道解决这些问题的方法，但出于某种原因而选择默不作声或是隐瞒自己真实想法的行为，就是沉默行为[1]。对沉默行为的研究从 2000 年开始增多[2]。学者们认为，员工活跃于组

---

[1]　Linn Van Dyne, Soon Ang & Isabel C. Botero, "Conceptualizing Employee Silence and Employee Voice as Multidimensional Constructs," *Journal of Management Studies* 40（2003）：1359 – 1392.

[2]　韩翼、宗树伟：《建言行为与沉默行为关系的知识图谱研究》，《商业经济与管理》2021 年第 5 期，第 30 ~ 43 页。

织生产和运作的每个环节，他们往往比管理者更能察觉到组织发展中存在的问题和找到解决这些问题的办法，因此，员工的反馈、意见和看法，对组织管理者制定和优化各项组织决策和政策，进而推动组织发展具有至关重要的价值；而一旦员工选择沉默，就会产生相反的结果。

1. 沉默的动机与类型

关于沉默的类型，在组织行为学领域有诸多探讨。由于员工沉默是一种个体主动性行为，是在个体内部动机、外部环境双重影响下，经过个体自身心理变化机制所表征出来的行为，这种沉默背后的心理机制往往不易被人察觉，具有内隐性，因此，就员工沉默的构念维度划分而言，学者们多是依据个体内部动机和目的来进行划分[1]。

平德（Pinder）和哈洛斯（Harlos）较早提出了无作为沉默（quiescent silence）和默许性沉默（acquiescent silence）的类型划分。其中，无作为沉默是指员工出于保护自己的动机，为避免发表意见导致人际隔阂而选择保留观点的行为，默许性沉默则是指员工预期自己没有能力改变现状而消极地保留观点或被动地顺从他人意见的行为[2]。戴恩（Dyne）等人在既有研究的基础上将员工沉默行为划分为三个维度：默许性沉默、防御性沉默（defensive silence）和亲社会性沉默（prosocial silence）。其中，防御性沉默与无作为沉默的内涵一致，亲社会性沉默则是基于合作、利他的动机，为了同事或是组织整体的利益选择保留自己所拥有的信息、观点或想法的行为[3]。郑晓涛等人在我国展开了本土化研究，将员

---

① 陈丽金、唐宁玉：《员工沉默的前因与后果：回顾与展望》，《中国人力资源开发》2019 年第 12 期，第 84～104 页。

② Craig C. Pinder & Karen P. Harlos，"Employee Silence：Quiescence and Acquiescence as Responses to Perceived Injustice，" in *Research in Personnel and Human Resources Management*（Emerald Group Publishing Limited，2001），pp. 331－369.

③ Linn Van Dyne，Soon Ang & Isabel C. Botero，"Conceptualizing Employee Silence and Employee Voice as Multidimensional Constructs，" *Journal of Management Studies* 40（2003）：1359－1392.

工沉默行为划分为默许性沉默、防御性沉默和漠视性沉默三类，其中，漠视性沉默是指员工因对组织的承诺水平较低而漠视组织的利益，不愿向组织反馈工作问题、说出自己观点建议的行为①。克诺尔（Knoll）和迪克（Dick）认为员工沉默不仅包含默许性沉默、无作为沉默和亲社会性沉默，还有为了实现自己的优势目标而战略性地保留和工作相关想法的机会主义沉默（opportunistic silence）②。

尽管这些类型的划分具有一定的区分力，但是其背后的划分逻辑却并未得到统一。毛畅果和郭磊通过深度访谈的方式探究员工做出沉默行为的原因，他们请被访者回顾和详述他们在以往工作中，刻意隐瞒重要工作信息的经历，以及他们当时不愿意或不能够说出这些信息的原因和具体思考过程。研究发现，中国员工选择表达还是隐瞒工作信息的决策过程通常包含以下四个阶段的认知判断——"有没有意愿说""有没有机会说""说了有效果吗""说了惹麻烦吗"，如果员工不愿意说，或者觉得没机会说，说了没用、惹麻烦，则会选择保持沉默③。在这项研究基础之上，我们可以得到划分员工沉默类型的四个基本影响因素：意愿、机会、效果和后果，进一步地，我们从这四类因素出发结合具体行为动机，对学者提出的沉默类型进行重新归类。

如表4-5所示，结合四因素框架和既有的沉默行为分类，我们可以将沉默行为划分为五种类型：漠视性沉默、机会性沉默、默许性沉默、亲社会性沉默、防御性沉默。其中，机会性沉默是少有学者提及的类型，是指组织没有建立有效、畅通的意见表达

---

① 郑晓涛、柯江林、石金涛、郑兴山：《中国背景下员工沉默的测量以及信任对其的影响》，《心理学报》2008年第2期，第219~227页。

② Michael Knoll & Rolf van Dick, "Do I Hear the Whistle? A First Attempt to Measure Four Forms of Employee Silence and Their Correlates," *Journal of Business Ethics* 113 (2013): 349–362.

③ 毛畅果、郭磊：《中国员工沉默动因：基于内隐理论的研究》，《北京师范大学学报》（社会科学版）2017年第4期，第134~144页。

渠道而使得员工因为没有机会表达而保持沉默。

表 4 – 5　基于四因素框架的沉默行为的类型划分

沉默行为类型	影响因素	具体行为动机	既往学者划分的类型			
			Pinder 和 Harlos（2001 年）	Dyne 等人（2003 年）	郑晓涛等人（2008 年）	Knoll 和 Dick（2013 年）
漠视性沉默	意愿	漠视组织			漠视性沉默	
机会性沉默	机会	缺少途径				
默许性沉默	效果	无法改变	默许性沉默	默许性沉默	默许性沉默	默许性沉默
亲社会性沉默	后果	不利他人		亲社会性沉默		亲社会性沉默
防御性沉默		不利自己	无作为沉默	防御性沉默	防御性沉默	无作为沉默、机会主义沉默

2. 工作时间与沉默行为

基于意愿、机会、效果和后果等形成的四因素框架，我们识别了沉默行为的五种类型。如果进一步对四类因素进行分析，我们可以发现，意愿反映的是员工对组织的情感、态度，属于情感性因素，相关变量属于个体层次，如组织认同、组织承诺等；而机会、效果和后果是员工对组织客观建言环境的认知和判断，相关变量包括领导风格、组织文化和社会环境等，这些变量属于组织层次。组织层次变量可以作为影响员工沉默行为的自变量，却很难作为中介变量来反映其他组织层次因素影响员工沉默行为的作用机制。

在分析工作时间影响员工沉默行为的逻辑时，我们发现工作时间主要反映的是组织的工时制度和安排，属于组织层次的变量，但不属于机会、效果和后果中的一种，也不能通过影响员工建言的途径、效果和后果去进一步影响员工的沉默行为。因此，只能从情感性因素出发去寻找工作时间影响员工沉默行为的基本作用逻辑。根据基于意愿的动机逻辑，工作时间的增加会使员工进入压力状态，这种压力状态一方面表现为生理和心理上的不适感，另一方面表现为工作、家庭与生活中的角色冲突；如果这种压力无法得到有效缓解，势必会降低员工对于工作的满意度、对于组织的认同感和归属感，并增强其与组织的疏离感。此时，员工即便拥有有利于组织的信息、建议，也会因为觉得和自己没什么关系而不想说、懒得说，表现出漠视性沉默行为。

表 4-6 展示了沉默行为①对工作时间相关变量的回归结果，从结果来看，如模型 4-9、模型 4-10 和模型 4-11 所示，周工作时长、超时工作和隐性加班都会在 0.001 的水平上显著增加员工的沉默行为。具体来说，在控制了其他变量的情况下，周工作时长每增加 10 小时，沉默行为增加 0.06 个单位，超时工作和隐性加班的发生会导致员工的沉默行为分别增加约 0.118 和 0.105 个单位。从模型 4-12 来看，由于自愿加班是员工对组织具有认同感的行为表现，因此其会显著减少员工的沉默行为。

表 4-6　沉默行为对工作时间相关变量的回归结果

	模型 4-9	模型 4-10	模型 4-11	模型 4-12
	沉默行为	沉默行为	沉默行为	沉默行为
周工作时长	0.060 *** (0.013)			
超时工作		0.118 *** (0.028)		
隐性加班			0.105 *** (0.030)	
自愿加班				-0.232 *** (0.038)

---

① "沉默行为"为连续变量，测量基于两个反映型指标"尽管我有对单位的好建议，也不说出来""尽管我发现了单位中的一些问题，但我通常保持沉默"，采用李克特五点量表测量，指标的内部一致性系数为 0.83，对两个指标加总后取均值，值域为 1~5，数值越大，沉默行为越多，其均值为 2.45。后文对该变量采取同样的操作化方法，不再赘述。

	模型 4 – 9	模型 4 – 10	模型 4 – 11	模型 4 – 12
	沉默行为	沉默行为	沉默行为	沉默行为
控制变量	控 制	控 制	控 制	控 制
样本量	4872	4872	4763	3581
R^2/伪 R^2	0.051	0.050	0.051	0.073

注：*** $p < 0.001$；括号内为稳健标准误；模型均为 OLS 模型。

上文指出，工作时间增加会引发员工漠视性沉默行为，为了检验这一论断中关于沉默行为类型的判断，笔者进一步纳入"组织认同"作为中介变量，检验"周工作时长→组织认同→沉默行为"和"隐性加班→组织认同→沉默行为"的路径是否成立。如表 4 – 7 所示，在这两条路径中，组织认同只在周工作时长影响员工沉默行为的过程中发挥显著的中介效应，中介效应占总效应的比例约为 42.59%；其在后一条路径中的中介效应不具有统计学上的显著性（$p > 0.1$），主要是因为隐性加班对员工组织认同的影响较小。

表 4 – 7　组织认同的中介效应检验结果

路径	总效应	直接效应	中介效应	中介效应占比（%）
周工作时长→组织认同→沉默行为	0.054***	0.031*	0.023***	42.59
隐性加班→组织认同→沉默行为	0.089**	0.081**	0.009	—

注：* $p < 0.05$，** $p < 0.01$，*** $p < 0.001$；基于自助法（Bootstrap）计算标准误，自抽样次数为 3000 次。这里的总效应与表 4 – 6 中模型 4 – 9 和模型 4 – 11 不一致，是因为中介变量"组织认同"存在缺失值，导致进入回归模型的样本量变少。

此外，既有的关于工作时间和沉默行为关系的研究还指出，时间压力除了能够通过导致员工情绪耗竭，进而增加员工沉默行为的路径产生影响之外，还存在另一条相反的作用路径：时间压力作为一种挑战性压力源，能满足员工对于胜任、自主和关系的基本心理需求，从而激发员工的内部动机，并进一步减少员工的沉默行为，表现出"双刃剑"效应①。笔者认为，后一条路径成立的前提是员工按时完成工作后能获得相应的回报，包括物质性和非物质性回报，否则工作时间的增加只能被视为一种消极性的工作要求，而无法成为积极性的工作挑战。这部分内容将在本章的第三部分得到讨论。

（三）离职

当无法通过其他方式应对来自组织的压力时，离职便成了最后的手段。从个体的角度来看，将离职作为一种应对方式来探讨，可能会脱离"劳动过程"的视域。但是，如果站在组织的角度，即便是个体的离职也会增加组织的成本，包括招聘成本、广告成本、新员工培训成本和一般性的管理成本等②，特别是当员工所具有的人力资本专用性程度较高，组织无法在短时间内雇佣到满足特定岗位技能需求的人时，员工的离职就可能对组织的运作和绩效产生比较严重的消极影响。如果离职行为从个体上升到群体，那么离职给组织造成的影响可能是破坏性的③。此时，离职甚至成为员工与组织谈判的重要筹码。因此，离职也一直是社会学、管理学、经济学和心理学关注的重要议题④。其中，传统的社会学更多是站在结构主义的视角上从

---

① 易明、罗瑾琏、王圣慧、钟竞：《时间压力会导致员工沉默吗——基于 SEM 与 fsQCA 的研究》，《南开管理评论》2018 年第 1 期，第 203～215 页。

② Terry Taylor, "The True Cost of Turnover and How to Prevent It," *Journal of Property Management* 58 (1993): 20–23.

③ 叶仁荪、倪昌红、夏军：《员工群体离职研究述评》，《经济理论与经济管理》2012 年第 11 期，第 49～57 页。

④ 袁庆宏、钱珊珊、王春艳：《员工离职研究综述与展望》，《中国人力资源开发》2017 年第 4 期，第 6～14 页。

社会流动、职业流动的角度来理解劳动者的离职现象，本书则是从劳动过程的视角出发，基于组织与员工关系的角度来考察离职问题。相对来说，这一视角与管理学的研究更为贴近。

1. 离职的原因

离职可以分为主动离职和被动离职两种类型。其中，主动离职是指员工出于对自我利益的考量主动做出离职的决策，此时离职也被称为辞职；被动离职则是员工所在组织出于对组织利益的考量要求员工离职，这种被动离职也被表述为裁员、辞退、解雇、开除等。传统的社会学研究主要从社会变迁、社会稳定等议题出发，关注的是被动离职，尤其是大规模的被动离职的社会原因与社会后果；而管理学（尤其是组织行为学）主要关注的是主动离职现象，因为主动离职的本质是对组织仍然具有资源价值的成员个体试图主动与组织脱离关系，这种行为会影响组织的运作和发展。正如本书在对组织与员工进行概念界定时所指出的，本书是从自然系统视角来理解组织与员工的关系的，作为理性个体的员工具有自主选择意识和追求自身利益的动机。如果员工认为能够在组织中获取利益，那么他就会选择留在组织中；如果员工发现组织无法满足其需求或是无法实现其目标，他就会产生离开组织的想法，做出主动离职的行为。因此，主动离职是本书所探讨的离职类型。

那么，主动离职行为是如何产生的呢？莫布里（Mobley）等人很早就总结出了一个包括综合性因素的离职过程模型，该模型提出了影响员工离职意愿与离职行为的三个主要因素：满意度、当前工作的吸引力和期望效用（attraction and expected utility of present job）、可替代工作的吸引力与期望效用（attraction and expected utility of alternatives），其中"满意度"和"当前工作的吸引力和期望效用"分别反映了当前工作的现状和未来两个面向，前者受到当前组织制度、工作回报、工作内容等的影响，后者受到员工主观预期的影响①。根据霍姆（Hom）等人的总结，莫布里等人的离职过程模型可以概括为：不满意→离职想法→评估寻找新工作的主观期望效用与离职成本→产生搜寻新工作的意向→评估可替代工作→比较可替代工作与当前工作→离职意愿→离职行为②。

离职研究中的另一个基础性模型来自普赖斯（Price）的研究，他提出的离职模型包含更多的影响因素，除了组织因素（如工作内容、收入等）、劳动力市场因素（如工作机会）、未来的职业发展因素之外，还包括家庭因素（如亲属责任），并且，在由普赖斯与穆勒（Mueller）共同完善后，这一离职模型也将工作满意度和离职意愿作为中介因素③。后来普赖斯在2001年对离职模型做了进一步完善，概括了影响员工离职行为的三类因素：环境、个人和组织结构（见图4-4）④。值得注意的是，该模型着重强调了组织结构因素对离职的影响，包括自主性、分配公平、工作压力、薪水、晋升机会、工作常规性、社会支持等，由于这些组织结构因素可以为组织管理者所掌控，因此，相较于莫布里模型中涉及的期望效用、价值等心理学变量，该模型具有更强的实用性。

莫布里等人和普赖斯的模型奠定了离职研究的基础，之后的研究大体上都是在他们的模型基础上展开的，包括一系列实证研究和理论模型上的拓展。在模型方面，李（Lee）和米歇尔（Mitchell）建立的员工离职展开模型（unfolding model）具有一定的突破性，

① William H. Mobley, Rodger W. Griffeth, Herbert H. Hand & Bruce M. Meglino, "Review and Conceptual Analysis of the Employee Turnover Process," *Psychological Bulletin* 86（1979）：493-522.

② Peter W. Hom, Thomas W. Lee, Jason D. Shaw & John P. Hausknecht, "One Hundred Years of Employee Turnover Theory and Research," *Journal of Applied Psychology* 102（2017）：530-545.

③ James L. Price & Charles W. Mueller, "A Causal Model of Turnover for Nurses," *Academy of Management Journal* 24（1981）：543-565.

④ James L. Price, "Reflections on the Determinants of Voluntary Turnover," *International Journal of Manpower* 22（2001）：600-624.

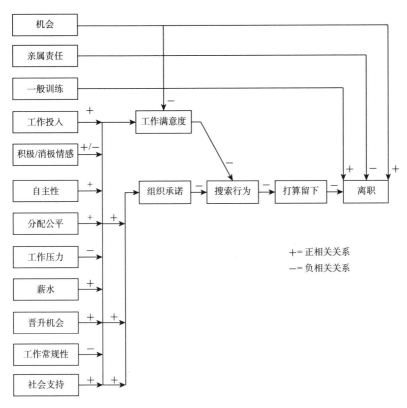

图 4 - 4 普赖斯的离职模型

说明：在左侧的 12 个因素中，机会、亲属责任为环境因素，一般训练、工作投入、积极/消极情感为个人因素，其余为组织结构因素。

资料来源：James L. Price，"Reflections on the Determinants of Voluntary Turnover," *International Journal of Manpower* 22（2001）：602。

他们认为，真实离职并不能完全由过去提出的"不满意→离职"的路径解释，而是需要在离职模型中引入"冲击"（shocks），即导致离职想法和行为的突生事件，如突然怀孕、职场消极事件、新的工作邀请等[1]。这些突生事件的发生可能让原本对工作仍然感

---

[1] Thomas W. Lee & Terence R. Mitchell，"An Alternative Approach：The Unfolding Model of Voluntary Employee Turnover," *Academy of Management Review* 19（1994）：51 - 89.

到满意的员工做出离职行为。不过，尽管这种"突生事件逻辑"具有一定的解释力，但是相较于传统的"不满意逻辑"而言，其解释范围仍然有限。

2. 工作时间与离职意愿

工作时间是否会影响员工的离职意愿呢？按照普赖斯的离职模型，工作时间是典型的工作压力因素，工作时间的增加会降低员工的工作满意度，进而增加其离职意愿，并最终影响其离职行为。表4-8展示了"周工作时长→工作满意度→离职意愿"和"隐性加班→工作满意度→离职意愿"两条路径的检验结果[①]。从结果来看，首先，如模型4-13和模型4-16所示，周工作时长的增加、隐性加班的发生都会显著增加员工的离职意愿，具体来说，周工作时长每增加10个小时，员工拥有较强离职意愿的发生比平均增加27.89%（$e^{0.246}-1$），出现隐性加班会使员工拥有较强离职意愿的发生比增加70.92%（$e^{0.536}-1$）。

在此基础上，基于逐步检验法的步骤[②]进一步对工作满意度的中介效应进行检验。从模型4-14和模型4-17可以看到，周工作时长和隐性加班都会对工作满意度产生显著的负向影响。从模型4-15和模型4-18可以看到，工作满意度又会进一步负向作用于员工的离职意愿，表明工作满意度在周工作时长和隐性加班影响员工离职意愿的过程中都发挥了显著的中介效应。其中，在"周工作时长→工作满意度→离职意愿"路径中，基于KHB

---

① "离职意愿"为定序变量，通过问题"您有没有换一个工作的想法"进行测量，选项包括"从没有""偶尔有""经常有"，分别赋值1~3，三个选项的占比分别是36.75%、57.1%和6.16%。"工作满意度"为定序变量，通过问题"您对这份工作是否感到满意"进行测量，选项包括"很不满意"、"较不满意"、"一般"、"较满意"和"很满意"，依次赋值1~5，五个选项的占比分别为0.31%、1.99%、31.35%、43.39%和22.96%。

② 温忠麟、叶宝娟：《中介效应分析：方法和模型发展》，《心理科学进展》2014年第5期，第731~745页。

法计算的工作满意度的中介效应占比约为 57%，在"隐性加班→工作满意度→离职意愿"路径中，工作满意度的中介效应占比约为 27%。

表 4 – 8　周工作时长和隐性加班影响离职意愿的路径检验结果

	模型 4 – 13	模型 4 – 14	模型 4 – 15	模型 4 – 16	模型 4 – 17	模型 4 – 18
	离职意愿	工作满意度	离职意愿	离职意愿	工作满意度	离职意愿
周工作时长	0.246 *** (0.030)	– 0.270 *** (0.028)	0.128 *** (0.032)			
隐性加班				0.536 *** (0.066)	– 0.304 *** (0.059)	0.476 *** (0.072)
工作满意度			– 1.750 *** (0.054)			– 1.768 *** (0.055)
控制变量	控制	控制	控制	控制	控制	控制
样本量	5165	5165	5165	5003	5003	5003
伪 R^2	0.071	0.052	0.245	0.071	0.046	0.249

注：*** $p < 0.001$；括号内为稳健标准误；模型均为有序 Logit 模型，都通过了平行性检验。

二　生理逻辑和角色冲突逻辑

上文的研究指出，工作时间的增加和隐性加班的发生都会显著提升员工的怠工程度、沉默程度和离职意愿。在这一基本分析基础之上，笔者进一步梳理出了工作时间影响员工组织行为的两个基本逻辑：生理逻辑和角色冲突逻辑。

（一）生理逻辑与工作倦怠

所谓"生理逻辑"是指，当员工长时间工作时，其会因为耗费能量过多和缺乏恢复时间而在生理层面产生疲惫、倦怠等消极的生理感受，并进一步引发员工一系列消极的组织行为，如怠工、沉默和离职。具体来说，"感受"是理解个体劳动十分关键的概念，它将对个体的认识从"物"转变为"人"。对于机器而言，将能量用于何种行动是无差异的，例如使用一辆汽车，无论是用它上路、听广播还是吹空调，都只需要考虑汽油的消耗，而不必担心汽车的感受。但是，对于人而言，把能量耗费到不同行动中时，其感受可能截然不同，例如玩游戏会使人快乐，而工作则常常让人感到疲惫。

人是追求愉悦感受的，甚至享乐主义认为，人的终极目标就是最大化快乐。所以，人会更倾向于将能量耗费在那些能带来快乐等积极感受的行动上，而不是耗费在会让人感到紧张、焦虑的活动之中。由于现代工作存在"去技能化"的趋势，工作常常表现为一种枯燥、单调、没有乐趣的重复性劳动，这促使人们更多地以一种"损耗论"的态度来审视工作，即人们将在工作中的能量损失视为一种消极的生理过程。因此，员工工作时间越长，其产生疲惫、焦虑、倦怠等感受的可能性就越大。"努力—恢复模型"还指出，这种工作所带来的生理上的不适感原本可以通过一定程度的恢复活动来减轻或消除，然而，一旦劳动者进入超时工作的状态之中，由于工作挤占了休息的时间，恢复过程受阻，员工的生理状况无法回到基准水平，员工短期性的生理不适便可能转变为长期性的工作倦怠，即一种由工作引发的在情感、精神与体能上的入不敷出感和耗竭感[1]。近来的研究还发现，在现代通信技术高度发达的背景下，很多员工的工作与生活的时间边界被打破，工作以一种隐蔽的方式占据了员工处理家庭事务、开展休

---

[1] T. F. Meijman & G. Mulder, "Psychological Aspects of Workload," In P. Drenth, H. Thierry & C. Wolff（eds.）, *Handbook of Work and Organizational Psychology：Work Psychology*（Hove, England：Psychology Press, 1998）, pp. 5 – 33.

闲活动和进行生理恢复的时间[①]，这同样会提升员工的工作倦
怠感[②]。

　　进一步来说，当员工陷入工作倦怠的消极状态中时，他们会
本能地采取行动来缓解这种生理和心理上的消极感受，包括在工
作中应付和推诿等[③]。斯佩克特（Spector）与福克斯（Fox）就此
提出了一个"压力—情绪"模型来解释这类反生产行为的生成机
制，该模型指出反生产行为是员工对工作压力所导致的消极情绪
的反应[④]。此外，一些研究也发现，工作倦怠会导致员工对工作产
生更消极的评价和对组织的认同度降低，进而引发员工的沉默行
为[⑤]和增强员工的离职意愿[⑥]。

　　从实证结果来看，如表 4 – 9 所示，在周工作时长、隐性加
班作用于三类消极组织行为（怠工行为[⑦]、沉默行为、离职意愿）

---

① 李中、杨书超：《居家办公为何很累：基于边界理论的解释》，《前沿》2020 年
第 6 期，第 100 ~ 106 页。

② 张铮、陈雪薇、邓妍方：《从浸入到侵入，从待命到疲倦：媒体从业者非工作时
间社交媒体使用与工作倦怠的关系研究》，《国际新闻界》2021 年第 3 期，第
160 ~ 176页；Svenja Schlachter, Almuth Mcdowall, Mark Cropley & Ilke Inceoglu,
"Voluntary Work-Related Technology Use During Non-Work Time: A Narrative Syn-
thesis of Empirical Research and Research Agenda," *International Journal of Manage-
ment Reviews* 20 (2017): 825 – 846。

③ J. Yang & J. M. Diefendorff, "The Relations of Daily Counterproductive Workplace
Behavior with Emotions, Situational Antecedents, and Personality Moderators: A Di-
ary Study in Hong Kong," *Personnel Psychology* 62 (2010): 259 – 295；卫武、黄
昌洋、张琴：《消极情绪对组织公民行为和反生产行为的影响：自我控制视
角》，《管理评论》2019 年第 12 期，第 146 ~ 158 页。

④ P. E. Spector & S. Fox, "The Stressor-Emotion Model of Counterproductive Work Be-
havior," in S. Fox & P. E. Spector (eds.), *Counterproductive Work Behavior·Inves-
tigations of Actors and Targets* (Washington, D. C.: APA Books, 2005), pp. 151 –
174.

⑤ 易明、罗瑾琏、王圣慧、钟竞：《时间压力会导致员工沉默吗——基于 SEM 与
fsQCA 的研究》，《南开管理评论》2018 年第 1 期，第 203 ~ 215 页。

⑥ 颜爱民、赵德岭、余升：《高绩效工作系统、工作倦怠对员工离职倾向的影响
研究》，《工业技术经济》2017 年第 7 期，第 90 ~ 99 页。

⑦ "怠工行为"为定距变量，合并了应付工作和工作拖沓两种怠工类型，值域为
1 ~ 5，均值为 1. 84。

而构造的 6 条因果路径中，工作倦怠[①]都发挥了显著的中介效应（$p < 0.001$），并且从中介效应占比来看，工作倦怠的中介效应很强。

表 4 - 9　工作倦怠的中介效应检验结果

自变量	因变量	总效应	直接效应	中介效应	中介效应占比（%）
周工作时长	怠工行为	0.035**	0.000	0.035***	99.4
	沉默行为	0.059***	0.012	0.049***	82.9
	离职意愿	0.068***	0.024***	0.044***	35.2
隐性加班	怠工行为	0.097***	0.030	0.067***	69.4
	沉默行为	0.088**	-0.005	0.093***	>100
	离职意愿	0.143***	0.096***	0.047***	33

注：** $p < 0.01$，*** $p < 0.001$。

（二）　角色冲突逻辑与工作—家庭冲突

"角色"（role）原本是戏剧中的概念，指戏剧中的特定人物。20 世纪 30 年代，以库利、米德为代表的美国芝加哥学派在发展符号互动论的过程中将这一概念引入社会学之中。符号互动论的基本思想是，人际互动中，个人对他人行为的反应并不是根据行为本身的刺激而产生的，而是根据他人行动背后的符号含义做出的。要识别和理解符号，就需要人们有角色扮演的能力，因为社会中的每一种角色都有一定的规范、要求以及由此形成的他人对该角色的期待。人们正是在理解他人对特定角色的要求和期待的基础之上行动的。米德进一步认为，儿童在游戏过程中的角色扮演，

[①] "工作倦怠"为定距变量，测量涉及 5 个反映型指标，如"工作十分劳累，提不起精神""对工作越来越提不起兴趣""觉得所做的工作没什么意义和价值"等，采用李克特五点量表测量，指标的内部一致性系数为 0.89。对 5 个指标加总后取均值，值域为 1 ~ 5，数值越大，工作倦怠程度越高，工作倦怠的均值为 2.15。

是他们"自我"意识形成的重要方式①。

　　角色不仅在符号互动论中占据重要位置，还是结构功能理论中的关键概念。帕森斯认为社会系统具有一定的稳定性，这种稳定性一方面来自其与其他系统（包括人格系统、文化系统）的相互渗透，另一方面则来自社会系统内部的制度化的角色分工。换言之，社会系统的秩序建立在制度化的价值与规范基础之上，角色承载的正是制度化的价值与规范下的行为模式②。可以看到，在帕森斯的理论建构中，角色概念是非常关键的，角色不仅体现了规范和价值，同时还满足了社会系统的功能要求。正如他和希尔斯（Shils）在《迈向一般的行动理论》一书中所写的："从社会系统的运作方面来看，角色是首要机制，系统的基本功能前提是由角色来满足的。"③

　　不过，尽管帕森斯将角色的概念置于关键位置，但他明显更在意角色的功能性和稳定性，而他的学生默顿则关注到了个体的多重角色以及角色内部和角色之间潜在的冲突问题。默顿认为，角色是与地位高度关联的概念，他将角色定义为由所处位置决定的符合模式化期望的行为。他指出，社会结构的基本特征之一是，每一个特殊的社会地位，不仅有单一相关的角色，而且还有一系列相关的角色丛，即人们为占有某一特殊社会地位而具有的全部角色关系④。换言之，在不同的社会场景中，由于所处的地位不同，人们会扮演不同的社会角色，从而使得多种角色可能集中于一人身

----

① 〔美〕乔治·H. 米德：《心灵、自我与社会》，赵月瑟译，上海译文出版社，2018，第 170～173 页。
② 〔德〕汉斯·约阿斯、沃尔夫冈·克诺伯：《社会理论二十讲》，郑作彧译，上海人民出版社，2021，第 63～66 页。
③ Talcott Parsons & Edward A. Shils（eds.）, *Toward a General Theory of Action*（Cambridge, MA: Harvard Univerisity Press, 1951）, p. 115, 转引自〔德〕汉斯·约阿斯、沃尔夫冈·克诺伯《社会理论二十讲》，郑作彧译，上海人民出版社，2021，第 65 页。
④ 〔美〕罗伯特·K. 默顿：《社会理论和社会结构》，唐少杰、齐心等译，译林出版社，2015，第 566～567 页。

上。默顿认为，如果角色丛中的各个角色不具有同样的价值和角色期望，那么便会出现角色丛不稳定问题。现实情况是，由于占据某一地位的人都同时处于社会结构的不同位置，而每个位置都有一些角色相关者，例如作为员工的角色相关者有同事、领导，作为丈夫的角色相关者有妻子、子女，这些角色相关者常常会对角色提出一些彼此冲突的角色期望，进而导致角色丛常常处于不稳定和冲突的状态之中①。因此，所谓角色冲突，指的就是一个人承担的多种角色由于角色期望存在矛盾、对立或抵触而形成的一种角色失调状态。其中，工作角色和家庭角色的冲突是最常发生的情况，例如，如果一个人既是母亲又是员工，当她要去参加女儿的家长会的时候，领导突然要求她到办公室加班，此时母亲的角色期望和员工的角色期望就存在明显的对立，使她陷入角色冲突的状态之中。这种工作角色与家庭角色的冲突正是"工作—家庭冲突"的本质。

格林豪斯（Greenhaus）和彼特尔（Beutell）将"工作—家庭冲突"定义为员工工作角色与家庭角色在时间、精力等方面不兼容而导致的消极状态②。也就是说，工作和家庭两种角色都有自己的角色期待，很多时候，这些角色期待存在不可协调性，当满足一种角色期待的时候就会使另外一种角色期待很难得到满足。他们由此建立了"工作—家庭角色压力不相容模型"以解释工作—家庭冲突的影响因素，并对工作—家庭冲突做出了类型上的区分，包括时间型冲突（time-based conflict）、挤压型冲突（strain-based conflict）和行为型冲突（behavior-based conflict）。弗罗内（Frone）等人在格林豪斯和彼特尔的基础上提出了工作和家庭相互作用存在方向性，并区分出了两类冲突：工作对家庭型冲突

---

① 〔美〕罗伯特·K. 默顿：《社会理论和社会结构》，唐少杰、齐心等译，译林出版社，2015，第568~569页。

② Jeffrey H. Greenhaus & Nicholas J. Beutell, "Sources of Conflict Between Work and Family Roles," *Academy of Management Review* 10（1985）：76–88.

（work-to-family conflict）和家庭对工作型冲突（family-to-work conflict）[1]。不过，在实际研究中，人们更加关心的是工作对家庭型冲突，因为家庭角色往往有其他相关角色作为支撑，例如妻子和丈夫可以协作处理家庭事务，这降低了对家庭角色的期望和要求，而工作角色的责任常常只能自己承担，导致员工在出现角色冲突时总是牺牲家庭来满足工作角色的要求。

就工作对家庭型冲突的影响因素而言，一系列研究指向了工作压力相关变量[2]，在众多工作压力因素中，工作时间又是十分关键的一个，会导致格林豪斯和彼特尔所说的"时间型冲突"。这是由于时间具有很强的排他性，当员工将时间投入工作之后，就无法再将其用于处理家庭事务。特别是当时间的排他性叠加了不同空间的在场需求之后，这种冲突就变得不可调和，因为员工不可能在同一时间出现在不同的空间之中去应对工作和家庭的不同事务。因此，当员工长期处于这种分身乏术的状态之中时，必然会在健康（心理和身体）、满意度、绩效和承诺等诸多方面出现一系列消极后果[3]，其中也包括本书所关注的怠工、沉默和离职等相关结果变量。这种时间被工作挤占导致员工无法满足家庭或生活中其他角色的要求而陷入角色冲突状态，并由此产生消极的组织心理和行为的逻辑，即是本书所谓的"角色冲突逻辑"。

从实证结果来看，如表4－10所示，在周工作时长、隐性加班

---

① Michael R. Frone, Marcia Russell & M. Lynne Cooper, "Antecedents and Outcomes of Work-Family Conflict: Testing a Model of the Work-Family Interface," *Journal of Applied Psychology* 77（1992）：65－78.

② 张伶、张大伟：《工作—家庭冲突研究：国际进展与展望》，《南开管理评论》2006年第4期，第55～63页。

③ Samuel Aryee, Ekkirala S. Srinivas & Hwee Hoon Tan, "Rhythms of Life: Antecedents and Outcomes of Work-Family Balance in Employed Parents," *Journal of Applied Psychology* 90（2005）：132－146；Tammy D. Allen, David El Herst, Carly S. Bruck & Martha Sutton, "Consequences Associated with Work-to-Family Conflict: A Review and Agenda for Future Research," *Journal of Occupational Health Psychology* 5（2000）：278－308.

作用于三类消极组织行为（怠工行为、沉默行为、离职意愿）而构造的 6 条因果路径中，工作—家庭冲突[①]都发挥了显著的中介效应（$p<0.001$），并且从中介效应占总效应[②]的比例来看，工作—家庭冲突的中介效应也比较强。

表 4 - 10　工作—家庭冲突的中介效应检验结果

自变量	因变量	总效应	直接效应	中介效应	中介效应占比（%）
周工作时长	怠工行为	0.033 **	0.019 +	0.014 ***	43.1
	沉默行为	0.051 ***	0.024 *	0.026 ***	52.2
	离职意愿	0.067 ***	0.056 ***	0.011 ***	17.0
隐性加班	怠工行为	0.097 ***	0.051 *	0.046 ***	47.1
	沉默行为	0.086 **	- 0.008	0.094 ***	>100
	离职意愿	0.142 ***	0.104 ***	0.038 ***	26.7

注：$^+ p<0.1$，$^* p<0.05$，$^{**} p<0.01$，$^{***} p<0.001$。

三　收入的补偿效应

我们的基本假定是，一旦组织控制过度，使得员工陷入超时工作等高压状态之中，那么员工便可能会采取行动来弱化组织的约束和维护自己的利益。那么，是否有什么办法可以减少员工由于长时间工作而出现的消极组织行为呢？

在这里，我们需要回到员工进行劳动力交换行为的基本动机

① "工作—家庭冲突"为定距变量，测量涉及"工作太忙，我没时间照顾家庭""工作太累，我没精力处理家庭事务"等两个反映型指标，采用李克特五点量表测量，指标的内部一致性系数为 0.86。对两个指标加总后取均值，值域为 1～5，数值越大，工作—家庭冲突程度越高，工作—家庭冲突的均值为 2.84。

② 表 4 - 10 中总效应与表 4 - 9 的有所出入，是由两个中介变量（工作倦怠和工作—家庭冲突）的缺失值数量差异所致。

上。在马克思看来，组织与员工的雇佣关系本质上是一种经济交换关系，员工用劳动力同组织换取金钱[①]。从交换出发，我们就不能仅考虑员工所拥有的时间这一出让物，还必须考虑收入这一员工所希望交换得到的资源。由此，不难理解，在这种用时间换取收入的交换过程中，员工最基本的关注点以及影响其对交换过程评价的主要因素是：交换是否公平。

（一）公平原则的理论基础

理论上来说，员工对"公平"的追求既符合其价值理性，也是其工具理性的体现。第一，在价值理性层面上，公平和互惠原则几乎是所有社会所认定的基本道德准则[②]。人类学家莫斯（Marcel Mauss）在《礼物》一书中，从社会地位获取和精神信仰的角度解释了互惠原则何以成为部落社会交换过程中的基本原则，在"夸富宴"的案例中，他指出，人们通过财富的赠予和回赠来维持或提升社会威望[③]；在"豪"（hau）的案例中，莫斯发现，毛利人相信，"通家"（交换的宝物）和所有严格意义上的个人财产都有一种被称为"豪"的精神力，因而人们在收到礼物的同时也收到了礼物中的"豪"，"豪"会始终追随它的主人，如果不回礼，"豪"就会给接受者带来灾难[④]。

公平原则也是社会稳定运行的基本要求。涂尔干在《社会分工论》中从功能主义的视角论述了社会交换中公平原则对于促进社会团结的重要性。涂尔干关注的基本问题是社会分工如何促进有机团结的产生，他指出，在正常情况下，分工可以带来社会的

---

① 〔德〕马克思：《雇佣劳动与资本》，中共中央马克思恩格斯列宁斯大林著作编译局译，人民出版社，2018，第16页。

② Russell Cropanzano & Marie Mitchell, "Social Exchange Theory: An Interdisciplinary Review," *Journal of Management* 31 (2005): 874–900.

③ 〔法〕马塞尔·莫斯：《礼物》，汲喆译，商务印书馆，2016，第90~91页。

④ 〔法〕马塞尔·莫斯：《礼物》，汲喆译，商务印书馆，2016，第24页。

团结，但是这种联系是有条件限制的，其中一个重要条件是分工的形成是自发的而非强制的，强制的分工是社会分工的一种病态类型①。涂尔干进一步指出，社会分工的自发性一方面体现在工作岗位的获取上，另一方面体现在社会交换中。在论述社会交换中的自发性时，涂尔干使用了"共意"的概念，他认为，社会分工离不开以契约为法律形式的社会交换，而契约可以表达出普遍的共意。所谓共意，就是交换双方都同意的状态；只有建立在共意基础上的契约才能够为交换双方所自发和自愿地履行。而社会交换中的共意是如何产生的呢？涂尔干提出等价原则是社会交换中共意的核心原则。他指出，在任何社会，任何交换对象在任何时候都有一个固定的社会价值，社会价值就是对象所包含的有效工作量；要想人们完全赞同和持续维持交换契约，交换对象就必须具有同等的社会价值，并且交换双方在估算自己确切的劳动价值的时候，必须排除社会价值以外的所有力量，这样，对象的价值、它所带来的收益与它所耗费的劳动才能完全对等，而那些阻止人们获得适当劳动报酬的强制作用正是改变了共意的不公正力量②。简言之，涂尔干认为，社会交换的公平原则维护了交换契约的共意，体现了社会分工的自发性，促进了有机团结（尤其是契约团结）的产生。

第二，在工具理性层面上，现代雇佣关系本质上是一种理性的交换关系，在交换过程中，双方都尽可能展示能够吸引对方的资源，组织之所以要雇佣和留住员工，是因为员工掌握了组织生产所需要的劳动力资源；员工之所以会服从组织，是因为组织拥有能够满足员工需求的资源。通过交换，二者都能获利。

劳动经济学的"收入—闲暇模型"对劳动者时间投入的理性决策过程做出了较为清晰的展示。劳动经济学认为劳动者关于工

---

① 〔法〕埃米尔·涂尔干：《社会分工论》，渠东译，生活·读书·新知三联书店，2000，第335页。

② 〔法〕埃米尔·涂尔干：《社会分工论》，渠东译，生活·读书·新知三联书店，2000，第341页。

作时间的投入决策主要由偏好和工资率共同决定①。所谓偏好，一般是指消费者对某种商品相对于其他商品的心理愿望强度。在工作时间的决策理论中，收入和闲暇被视为两种商品，它们都能给劳动者带来效用，劳动者可以将时间在工作和闲暇之间进行分配，形成多种时间组合。由于收入和闲暇的效用在某种程度上可以相互替代，因此，不同的时间组合可能带来相同的总效用，将这些能够给劳动者带来相同满足程度或效用的收入和闲暇组合点连接起来，就可以得到一条无差异曲线，如图 4-5 中的曲线 L_1 和 L_2。

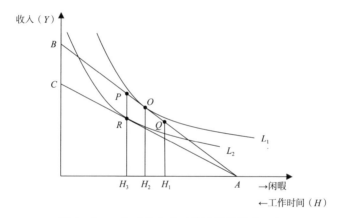

图 4-5 工作时间变动对效用量的影响示意

工资率是指单位时间内的劳动价格，工资率与工作时间的乘积就是收入。由于时间具有互斥性，劳动者将时间投入工作就不能再投入闲暇，因此，在工作时间的决策理论中，还存在一个所谓的"预算约束"，预算约束线反映的是劳动者将时间在工作和闲暇之间分配的可能组合，如图 4-5 中的线段 AB 和 AC。由于无差异曲线反映了劳动者的效用组合，预算约束线反映了劳动者可能的时间分配组合，因此，如果假定劳动者是为了追求效用的最大化，那么劳动者在工作和闲暇之间的最优时间分配就是无差异曲线和预

---

① 曾湘泉主编《劳动经济学》，中国劳动社会保障出版社、复旦大学出版社，2005，第 90 页。

算约束线刚好相切的点，在采用预算约束线 AB 所对应的工资率的前提下，这一点就是点 O，此时劳动者的工作时间为 H_2。

基于图 4-5，我们可以进一步分析组织延长员工工作时间可能引发的员工效用的变化情况。假设在初始条件下，采用的是预算约束线 AB 所对应的工资率，那么：①当员工工作时间为 H_1 时，其对应效用在 Q 点，如果组织能够在保持原工资率的情况下将员工的工作时间延长至 H_2，那么员工的效用将落到 O 点，实现效用的最大化；②如果在保持原工资率的情况下，工作时间继续延长至 H_3，员工能获得点 P 处的效用，此处的效用略低于无差异曲线 L_1 所能实现的效用；③如果组织要求员工延长工作时间却不给予回报，这就意味着工资率的降低，预算约束线将从 AB 变成 AC，此时，无差异曲线和预算约束线的切点为 R，很明显，员工在 R 点获得的效用远低于 O 点、P 点和 Q 点。

可以看出，从经济理性的角度来看，如果员工工作时间的增加无法得到相应回报，那么员工会遭受很大的效用损失。这种效用损失会给员工带来诸多消极影响。在影响后果方面，西格里斯特（Siegrist）提出的付出—回报失衡（Effort-Reward Imbalance，ERI）模型具有较大影响，该模型解释和预测了付出—回报失衡这种不公平状态可能给劳动者带来的压力和健康风险。其基本观点是，当个体处于高付出—低回报的状态时，其工作压力会增大，健康水平会降低①。基于 ERI 模型展开的一系列研究，也为 ERI 模型的基本理论假设提供了经验证据②。进一步看，由于西格里斯特用社会交换中的"互惠和公平原则"来解

---

① J. Siegrist, "Adverse Health Effects of High-Effort/Low-Reward Conditions," *Journal of Occupational Health Psychology* 1 (1996): 27-41.

② Johannes Siegrist & Jian Li, "Associations of Extrinsic and Intrinsic Components of Work Stress with Health: A Systematic Review of Evidence on the Effort-Reward Imbalance Model," *International Journal of Environmental Research and Public Health* 13 (2016): 432.

释付出—回报失衡的作用逻辑，而非提出某种生理学的解释，因此尽管该模型关注的主要结果变量是工作压力和健康风险等生理学变量，但是很多学者将这一模型扩展应用至组织行为等相关领域的研究之中①，即开始用 ERI 模型来预测公平程度与其他组织行为相关结果变量的关系，包括离职意愿②、组织偏差行为③、出勤率和工作效率④等。这种扩展的内在逻辑就在于，公平合理的回报几乎是所有劳动者开展与雇主的劳动力交换的最基本诉求，如果交换不公平，那么势必引起员工多方面的消极反应。也有学者用"公正感"（公平感的另一种表达）来解释劳资冲突的产生，指出组织层次上的劳资冲突来源于雇员的不公正感，劳资冲突是员工对这种不公正感的行为反应⑤。很多实证研究为组织公平与反生产行为等消极组织行为之间的关系提供了经验证据⑥。

因此，在探讨工作投入（如工作时间）对员工的工作感受、

---

① 楚克群、宋国萍：《付出－回馈失衡工作压力理论的迁移、拓展与展望》，《心理科学进展》2016 年第 2 期，第 242～249 页；罗玉越、舒晓兵、史茜：《付出－回馈工作压力模型：西方国家十年来研究的回顾与评析》，《心理科学进展》2011 年第 1 期，第 107～116 页。

② Adrian Loerbroks, Heng Meng, Min-Li Chen, Raphael Herr, Peter Angerer & Jian Li, "Primary School Teachers in China: Associations of Organizational Justice and Effort-Reward Imbalance with Burnout and Intentions to Leave the Profession in a Cross-Sectional Sample," *International Archives of Occupational & Environmental Health* 87 (2013): 695–703.

③ G. Notelaers, M. Törnroos & D. Salin, "Effort-Reward Imbalance: A Risk Factor for Exposure to Workplace Bullying," *Frontiers in Psychology* 10 (2019): 1–5.

④ M. S. Rosemberg & Y. Li, "Effort-Reward Imbalance and Work Productivity Among Hotel Housekeeping Employees: A Pilot Study," *Workplace Health and Safety* 66 (2018): 516–521.

⑤ 游正林：《不平则鸣：关于劳资冲突分析的文献综述》，《学海》2005 年第 4 期，第 56～61 页。

⑥ 徐梦、李小平：《组织不公平与反生产行为的关系》，《心理与行为研究》2017 年第 2 期，第 282～288 页；Aaron Cohen & Alon Diamant, "The Role of Justice Perceptions in Determining Counterproductive Work Behaviors," *The International Journal of Human Resource Management* 30 (2019): 2901–2924.

态度或行为的影响时，还需要考虑回报因素[①]。当员工被要求长时间工作，却无法获得与投入相匹配的回报时，他们更可能采取怠工、沉默和离职行动；而如果员工在超时工作的同时能够得到收入上的补偿，那么，他们采取消极组织行为的可能性会更低。我们可以将工作收入发挥的作用称为收入的"补偿效应"。这种补偿效应可以帮助我们理解，为何在诸如腾讯、华为、阿里巴巴等一些企业中，尽管员工需要长时间加班，但是由于企业支付了较高的薪资，员工依然对企业有较高的满意度，主动离职的情况也比较少。近来的一些实证研究也发现和检验了收入的补偿效应，例如，刘昕和曾琦的研究发现，工作负担的增加不必然降低员工对组织的评价，当组织能够给予员工与其高付出相匹配的收入时，其依然能够使员工维持较高的组织认同感[②]。

（二）时间—收入组合模型

为了检验收入的补偿效应是否真的存在，我们可以基于 ERI 模型构建一个简单的时间—收入组合模型，用以考察时间与收入的不同组合如何影响员工的组织行为。具体来说，如表 4 - 11 所示，基于特定时间阈值，将工作时间（周工作时长）划分为"短时间"和"长时间"两个类别，同时基于特定收入阈值，将收入划分为"低收入"和"高收入"两个类别[③]。对时间类别和收入类别进行跨变量组合后，可以形成四类时间—收入组合：短时间—高收入、长

---

① 王笑天、李爱梅、吴伟炯、孙海龙、熊冠星：《工作时间长真的不快乐吗？异质性视角下工作时间对幸福感的影响》，《心理科学进展》2017 年第 1 期，第 180 ~ 189 页。

② 刘昕、曾琦：《工作负担为何不一定削弱组织认同感？——基于工作负担和工作回报的响应面分析》，《经济与管理研究》2021 年第 3 期，第 111 ~ 127 页。

③ 在本书中，时间长短的划分阈值为周工作时长均值；收入高低的划分阈值的计算相对复杂，涉及 5 个反映收入状况的主观测度指标，包括收入满意度、收入公平感知、相对收入状况（与参照群体比较的收入高低感知）等，5 个指标的内部一致性系数为 0.74。

时间—高收入、短时间—低收入、长时间—低收入。①"短时间—高收入"属于"员工优势的非均衡"，是很多员工追求的"事少钱多"的理想工作状态，因此，该时间—收入组合在员工工作选择中具有最高的优先级。②从资源交换的角度来看，"长时间—高收入"属于"高水平交换的均衡"状态，在该状态下，员工和组织进行大量的资源交换，员工的长时间工作可以得到相对合理的收入补偿；"短时间—低收入"则是"低水平交换的均衡"，即员工付出的时间少，组织给予的金钱也少。这两种组合都实现了时间投入与收入回报的均衡状态，因此，决定其优先级的是员工对时间与金钱的偏好问题，在微观经济学中，时间和金钱都能产生效用，个体的偏好不一样，效用量大小也不一样，因而无法从理论层面来预测员工的时间决策。不过，就中国的具体情境而言，如本书在第三章谈及组织工具理性权威的构建时所指出的，在现实压力和文化影响之下，中国劳动者普遍具有较强的赚取更多收入的动机，在行动上更愿意采取"时间换金钱"的策略，这也是收入能够发挥较强补偿效应的原因。因此，笔者认为"长时间—高收入"的优先级会比"短时间—低收入"略高。③"长时间—低收入"属于"员工劣势的非均衡"，这种类型正对应着西格里斯特所关注的付出—回报失衡状态，在这种状态下，员工在收入上遭受不公平的对待，因而这种组合具有最低的优先级。

表 4-11　时间—收入组合

工作时间（周工作时长）	低收入		高收入	
	性质	员工选择的优先级	性质	员工选择的优先级
短时间	低水平交换的均衡	2.6	员工优势的非均衡	1
长时间	员工劣势的非均衡	4	高水平交换的均衡	2.4

注："员工选择的优先级"中，数值越小，优先级越高。
资料来源：作者自制。

时间—收入组合模型的基本假设是，由于员工对不同的时间—收入组合有不同的选择优先级，因此当选到具有优先级高的时间—收入组合的理想工作时，他们会更加珍惜，并且在组织中有更积极的表现而更少做出消极行为；而当选择到具有优先级低的时间—收入组合的工作时，他们会更想要逃离，在劳动过程中的表现也更加消极。

现实情况是否真的和模型所预测的一样呢？首先，我们可以观察当前中国员工中不同时间—收入组合的比例情况。如图 4-6 所示，在四种组合中，"短时间—高收入"的员工优势的非均衡组合占比最高，为 35.82%，而"长时间—低收入"的员工劣势的非均衡组合占比最低，为 18.63%。这一结果与员工在"就您的能力和工作付出而言，您觉得您现在的收入是否合理"一题的回答情况基本吻合，只有约 20% 的员工选择"较不合理"或"很不合理"，反映出当前大部分中国员工的时间付出能够得到与之期望相匹配的收入回报。不过，仍然有一部分员工遭遇收入不公平的问题。

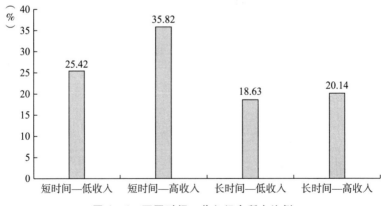

图 4-6　不同时间—收入组合所占比例

接着，我们进一步检验不同的时间—收入组合对怠工、沉默和离职等消极组织行为的影响。根据表 4-12 的结果，以"长时间—低收入"这种员工劣势的非均衡组合为参照，可以看到，相较于参照组合，"短时间—高收入"这种员工优势的非均衡组合对所有消极组织行为都能发挥很强的抑制效应。这与时间—收入组合模型所预测的结果一致：在一份"事少钱多"的优先级高的工作中，员工会有更少的消极组织行为。不过，这毕竟是理想状态，在现阶段，我们更需要关注的是两种均衡组合的选择，即要使"长时间—低收入"的组合达到均衡，是该减少员工的工作时间还是增加员工的收入。

从实证结果来看，第一，就怠工行为而言，与参照组合相比，"短时间—低收入"的组合能够显著减少员工的怠工行为，而"长时间—高收入"的组合则不能，意味着怠工行为主要受工作时间而非工作收入影响，应对怠工问题需要着眼于减少工作时间。第二，在沉默行为方面，相较于参照组合，两种均衡组合都能够显著减少员工的沉默行为，其中，"长时间—高收入"对沉默行为的抑制效果相对更强，意味着在减少沉默行为方面，应该更多采取提高收入的办法。第三，在离职意愿方面，与参照组合相比，两种均衡组合也都能够显著降低员工产生离职想法的概率，不过可以看到，"长时间—高收入"组合的回归系数的绝对值远大于"短时间—低收入"的组合：相较于参照组，"长时间—高收入"员工的离职意愿发生比减少了 69.58%（$1 - e^{-1.190}$），意味着在应对离职意愿问题上，收入能够发挥较强的补偿效应。这在一定程度上也支持了本书对两个均衡时间—收入组合优先级的判断。

表 4 - 12　消极组织行为对时间—收入组合的回归结果

	模型 4 - 20	模型 4 - 21	模型 4 - 22
	怠工行为	沉默行为	离职意愿
时间—收入组合（以"长时间—低收入"为参照）			
短时间—高收入	- 0.138 *** (0.031)	- 0.327 *** (0.038)	- 1.690 *** (0.092)

	模型 4 – 20	模型 4 – 21	模型 4 – 22
	怠工行为	沉默行为	离职意愿
短时间—低收入	-0.063^{+} (0.034)	-0.124^{**} (0.039)	-0.499^{***} (0.097)
长时间—高收入	-0.039 (0.036)	-0.195^{***} (0.042)	-1.190^{***} (0.097)
控制变量	控制	控制	控制
样本量	5165	4872	5165
R^2	0.050	0.062	0.114

注：$^{+} p < 0.1$，$^{**} p < 0.01$，$^{***} p < 0.001$；括号内为稳健标准误；模型 4 – 20、模型 4 – 21 为 OLS 模型，模型 4 – 22 为有序 Logit 模型。

四　本章小结

在本章中，我们分析了由工作时间增加导致的员工的日常性应对行动。研究认为，在压力之下，劳动者会尽量避免正面冲突，而更多以一种相对隐蔽和保守的方式来缓解组织施加的压力和维护自己的权益。在具体方式上，主要有怠工、沉默和离职等。

实证分析的结果显示，工作时间的增加和隐性加班的发生都会显著提升员工出现怠工行为、沉默行为和离职意愿的概率或程度，并且主要依循两条基本逻辑发生作用：生理逻辑和角色冲突逻辑。其中，生理逻辑是指，员工长时间工作时，会因为耗费能量过多和缺乏恢复时间而在生理层面产生疲惫、倦怠等消极的生理感受，并进一步引发员工一系列消极的组织行为；角色冲突逻辑是指，时间被工作挤占会导致员工无法满足家庭或生活中其他角色的要求而陷入角色冲突状态，并由此产生消极的组织心理和行为。实证结果也显示，基于生理逻辑的工作倦怠和基于角色冲突逻辑的工作—家庭冲突两个变量，在工作时间、隐性加班影响员工怠工行为、沉默行为和离职意愿的过程中都发挥了显著并且较强的中介效应。

最后，本章基于"公平交换"的思想和西格里斯特的付出—回报失衡模型，将收入因素纳入分析框架之中，提出了时间—收入组合模型，通过分析不同时间—收入组合对消极组织行为的影响，来揭示收入在工作时间影响消极组织行为过程中的"补偿效应"。研究结果显示，相较于"长时间—低收入"这种员工权益受损的时间—收入组合，其他三类组合（短时间—高收入、长时间—高收入、短时间—低收入）均对员工消极组织行为有不同程度的抑制作用，其中，"短时间—高收入"组合的抑制作用最强。此外，"长时间—高收入"在减少员工沉默行为和降低离职意愿方面也有着不错的效果，意味着这种较高水平且均衡的资源交换模式是实现组织与员工双赢的可能选择。

第五章　平衡者：工会与员工的工作时间

本章要回答本书提出的第三个研究问题：员工的行动在多大程度上可以反过来影响组织的工作时间安排？在上一章中，本书分析了由工作时间增加导致的员工日常性应对行动，尽管笔者同意，个体性行动是不容忽视的反映员工主体性的行动形式，但是就效果而言，这种个体性行动的力量通常是十分有限的。很多时候，组织对此类行动的应对策略不是正视和解决问题，而是采取更为强硬的手段去堵住管理漏洞。因此，要想真正影响组织在工作时间方面的制度安排，只能依靠集体的力量。基于这一逻辑，成立工人组织、开展集体行动成为解决劳动问题的重要方式。在此背景下，本章将着眼于工会这一代表职工群体的组织力量是否以及在多大程度上能够维护员工工作时间方面权益的问题。

一　中国工会的角色演变

现代工会伴随着工业革命和资本主义经济体制在西方社会诞生。韦伯夫妇在《英国工会运动史》中对工会下了一个广为接受的定义："所谓工会，是工资收入者为维持或改善其雇佣条件而组建的一种持续性的联合会。"他们指出，雇主因为商品市场的竞争而不得不相应地削减工资并提高劳动强度，因此，个体工人在与雇主签订劳动合同时是脆弱的，而工会的核心功能便是去对抗这种脆弱性①。因此，工会诞生的原因和扮演的角色十分明确：在劳动关系中站在资方的对立面，代表和维护工人的利益②。

随着中国经济体制改革的深化和工业化的发展，西方工会思想和实践也进入了中国社会。不过，由于中国有不同于西方社会的独特的政治、经济和文化背景，工会的组织方式和在社会运行中扮演的角色具有很强的本土化特征，并且随着中国社会的快速变迁，尤其是"单位制"所代表的国家社会控制模式的改变，工会也在不断调整自身的角色定位。本节将基于结构功能主义视角，按照"单位制"演进的时间顺序，对不同时期工会的社会角色进行分析。这有助于我们理解当前工会在维护员工权益方面的效能。

"单位制"是新中国成立之后在中国城镇地区从国家层面实行的一种组织制度。在这种组织制度之下，城市居民被组织到一个个具体的单位组织中，单位组织赋予他们参与社会生活的各项资源、权利和身份，满足他们的各种需求，代表和维护他们的利益。在这种组织制度下，个体对单位、单位对国家形成高度的依赖，借此，国家得以贯彻意志、调配资源和组织生产，实现了社会的高度整合，保证了计划经济制度的有效运行。在很长时期内，"单位制"都是一种主导性的社会组织形式。改革开放之后，市场经济体制动摇了"单位制"的稳固地位，国家开始将一部分资源的分配交予市场，很多被认为不应由单位承担的社会功能被逐渐分离出去，并通过市场化的方式由市场承担起来。单位组织遂逐渐从"大包大揽"走向纯粹的生产组织，这种社会经济体制的转变也引发了工会角色的变化。

---

① 转引自〔英〕理查德·海曼《解析欧洲工会运动——在市场、阶级和社会之间》，吴建平译，中国工人出版社，2015，第7~8页。

② 吴清军主编《中国劳动关系学40年（1978－2018）》，中国社会科学出版社，2018，第48页。

（一）生产协助者："单位制"时期的工会角色

"单位制"是国家分配社会资源和实现社会控制的形式[1]。在新中国成立至改革开放的近 30 年间，国家实行计划经济体制，一方面，对社会生产进行统一规划和管理；另一方面，将城镇居民纳入一个个单位中，然后利用单位组织对资源进行分配。这种分配方式替代了市场经济中价格这只"无形的手"，而采用了一种"有形的"制度化的方式，其基本的制度逻辑是通过控制资源来影响社会成员的行动，以维持社会秩序和组织社会生产。因此，"单位制"既是一种社会资源的分配方式，也是一种国家对社会成员进行管理的制度手段。更具体地说，单位是基于中国社会主义政治制度和计划经济体制而形成的一种特殊组织，是国家进行资源分配和社会整合的组织化形式，其典型形态是城市社会中的党和政府机构（行政单位）、国有管理和服务机构（事业单位）以及国有企业单位[2]。

在单位组织中，所有生产资本都归属于全体公民，资本的角色是缺失的，国家作为代理人履行了资本的管理职能。在西方资本主义社会，对资本方控制的不满使工人通过建立工会对资本方进行集体性抵抗，然而当国家替代了资本方，这种抵抗就变成了对国家权威的挑战，这显然是很难成立的。在"单位制"时期，一方面，利益机制实质上是一种一元化的、单一的国家利益机制，国家是（除集体之外）唯一的生产资料占有者和利益享受者，职工的利益从属或内含于国家和单位的利益之中，两方本质上不存在利益冲突[3]；另一方面，劳动关系主要是一种劳动行政关系，即

---

① 李路路、李汉林：《中国的单位组织：资源、权力与交换》，生活书店出版有限公司，2019，第 3 页。

② 李路路、苗大雷、王修晓：《市场转型与"单位"变迁 再论"单位"研究》，《社会》2009 年第 4 期，第 1~25 页。

③ 曹凤月：《论市场经济条件下工会代表身份的角色转换》，《工会论坛》1997 年第 3 期，第 12~14 页。

由国家通过行政手段来具体配置、安排、调整劳动力与生产资料的关系，国家劳动行政部门居于单位与职工之上，劳动过程中的所有重大问题甚至一切细节问题都由国家劳动行政部门统一处理①。因此，在员工和组织双方利益尚未分化、主体尚未独立的背景下，作为劳动过程中矛盾产物的工会无法也无须成为劳动生产管理体制的组成部分。

这一时期的工会主要是作为组织的内设机构开展一系列辅助生产工作。1951 年 12 月 22 日，全国总工会党组第一次扩大会议通过了《关于全国总工会工作的决议》，该决议明确提出："工会的最基本、最重要的任务是组织和教育工人，努力提高劳动生产率，保障国家生产计划的完成和力求超额完成，并在提高生产的基础上，经常关心工人群众的日常利益，为群众的需要服务，引导工人群众为社会主义前途而斗争。"② 这一职能设定与国家社会建设的总目标保持了高度的一致性。此外，该决议着重强调了"全国总工会及各级工会必须在党中央及各同级党委的统一领导下进行工作"。

（二）矛盾调解者："单位制"转型期的工会角色

改革开放之后，国家经济体制开始从计划经济向市场经济转型。市场经济的本质就是将资源的生产和分配交给市场这只"无形之手"，国家减少对经济的直接管控。为了完成这一经济体制改革目标，国家先后通过"放权让利""两权分离"等方式对国有企业进行多轮改革，实现了国家与国有企业在经营上的脱钩，国有企业开始充分享有经营自主权，并参与到市场竞争之中。与经济体制改革同步进行的是政治体制改革，国家通过"财政包干制"

①　常凯：《试析社会主义市场经济下的劳动关系与工会》，《工会理论与实践（中国工运学院学报）》1993 年第 1 期，第 26～28 页。

②　转引自游正林《60 年来中国工会的三次大改革》，《社会学研究》2010 年第 4 期，第 76～105 页。

"分税制"等制度不断调整中央政府和地方政府的财权关系，将"单位制"时期财权高度集中于中央的财政"统收统支"模式转变成了"分灶吃饭"的格局①。尽管财权下放，但是中央政府牢牢掌握了对地方的人事任免权。由于官位晋升与地方经济发展挂钩，地方出现了一场"晋升锦标赛"，发展经济成为地方政府行动的首要目的②。在经济体制和政治体制双重改革的背景下，政府、单位和职工的关系被重塑，工会的角色也发生了改变。

社会主义市场经济下，劳动关系的一个基本变化是劳动关系双方开始成为两个独立的主体。此时，国家已不能代表企业，企业也不能完全代表职工，国家、企业和职工成为利益互相联系又互相独立的利益主体。在这种劳动关系主体明晰和利益分化的新格局中，职工往往处于弱势和劣势地位，单靠职工的个人力量，是很难有效地维护自己利益的，必须由特定的组织来代表他们，为他们争取权益，这一组织就是工会③。不过，中国工会始终要按照"同级党委领导为主"的原则行动，而社会主义市场经济体制建立之初，地方和单位党委的行动目标更多在于壮大企业和发展经济。结果是，为了营造良好的招商引资环境，地方政府会在劳动力和土地等生产要素上向资本做出让步，而使工人在工资、工时、劳动条件、职业安全、福利保险等方面都处于较为不利的处境④；企业为了维持生存和发展壮大，也会通过尽可能延长工时和压低工人收入来增加利润，从而在一定程度上加剧了利益分化和

---

① 周飞舟：《分税制十年：制度及其影响》，《中国社会科学》2006年第6期，第100~115页。

② 周黎安：《中国地方官员的晋升锦标赛模式研究》，《经济研究》2007年第7期，第36~50页。

③ 常凯、吴亚平：《工会：集体劳权的代表——向市场经济过渡中工会的社会定位问题初探》，《当代工会》1996年第6期，第6~8页。

④ 吴建平：《地方工会"以上代下"与基层工会"瘦身减负"——近40年来中国工会改革的趋势与特点》，《中国劳动关系学院学报》2018年第1期，第80~99页。

劳动关系双方的冲突。

在这一现实背景下，为了服务于地方政府和组织的发展目标，减轻由劳动者权益受损引发的社会不稳定，工会的主要职能相应地转变为协助消除经济增长中的"副作用"，通过"送温暖"等补救性举措来减少各类劳动冲突，其矛盾调解者的身份开始凸显。在这方面，最典型的制度设计是企业劳动争议调解委员会的三方组成制度。1993年颁布的《企业劳动争议调解委员会组织及工作规则》第八条规定："调解委员会由下列人员组成：（一）职工代表；（二）企业代表；（三）企业工会代表。"第九条规定："调解委员会主任由企业工会代表担任。调解委员会的办事机构设在企业工会。"1994年颁布的《劳动法》第八十条规定："在用人单位内，可以设立劳动争议调解委员会。劳动争议调解委员会由职工代表、用人单位代表和工会代表组成。劳动争议调解委员会主任由工会代表担任。"这一制度设计很明显是将工会作为三方中的第三方，承担居中调解的职能，而不完全是将其作为职工的代表[1]。

（三）权益维护者："后单位制"时期的工会角色

1992年10月召开的中国共产党第十四次全国代表大会提出了建立社会主义市场经济体制的目标，此后，非公企业出现爆发式增长。国家统计局的数据显示，1992～2001年，全国登记的私营企业由约14万户增加到了203万户，增长了13.5倍。随着中国加入世界贸易组织，非公有制经济的发展又再次加速，截至2022年，全国登记在册的私营企业法人单位已达3001万户，占到全部企业法人的91.4%。非公企业的入场在激发市场活力的同时，也带来了大量劳资冲突问题，国家统计局的数据显示，2000年中国当期

---

[1]　徐小洪：《中国工会的双重角色定位》，《人文杂志》2010年第6期，第151～160页。

劳动争议案件受理数就已达到 135206 件，而到了 2005 年更是增加到了 313773 件，是 2000 年的两倍有余。面对这一变化，2001 年 10 月 27 日九届全国人大常委会通过了《关于修改〈中华人民共和国工会法〉的决定》，修改后的《中华人民共和国工会法》突出强调"维护职工合法权益是工会的基本职责"。

权益维护职责的明确提出表明工会的角色从协助者、调解者到职工代表者和权益维护者的转变迈出了重要的一步。在"单位制"时期，工会所面对的"资本"是作为管理者的政府，因而其必须服务于党和政府的行动安排；而到了"后单位制"时期，私营企业成为市场中的主要劳动组织，政治约束大大减弱，工会才有必要作为员工的代表去维护他们的权益。为了履行这一权益维护职责，2000 年前后，全国总工会开始大范围地在私营企业中组建工会。据统计，1998～2001 年，私营企业的工会数量由 0.7 万个上升至 18.8 万个①。

工会将维护职工权益作为法定职责从根本上反映的是政府目标的变化，在科学发展观和和谐社会思想的指导下，政府开始从强调经济发展转向多头兼顾，即既需要发展经济，也需要增进民生福祉和维系社会稳定。在此总体目标下，工会正好发挥了其联系广大职工群众的桥梁纽带作用，通过调解劳动纠纷、改善劳资关系的方式，维护职工的合法权益和引导企业健康发展，进而促进社会的和谐稳定。

概言之，在"后单位制"时期，随着非公有制经济的迅速壮大，工会在国家的支持下向维护职工权益的角色倾斜。不过，这并不意味着中国工会已经完全发展成为纯粹的职工权益的维护者，只要作为"党联系职工群众的桥梁和纽带"和"国家政权

① 吴建平：《地方工会"以上代下"与基层工会"瘦身减负"——近 40 年来中国工会改革的趋势与特点》，《中国劳动关系学院学报》2018 年第 1 期，第 80～99 页。

的重要社会支柱"的定位不变，那么除了作为"会员和职工利益的代表"①，工会就依然会发挥组织生产协助者、矛盾冲突调解者等多重角色的功能。

二　多重角色的平衡：推动组织与员工共同发展

由于中国国情和历史发展趋势与其他国家不同，中国工会走的是中国特色社会主义工会发展道路，其基本特征概括起来有以下几点：一是在领导主体上，中国工会始终坚持中国共产党的领导，在党的领导下独立自主开展工作，这是中国特色社会主义工会的基本特征；二是在组织体制上，实行一元化的工会组织体制，全国建立统一的中华全国总工会，同时包含地方工会和产业工会两大组织系统；三是在身份地位上，工会具有两重性的特征，既是管理者的组成部分，又是作为被管理者的广大职工的代表；四是在行动目标上，工会强调"双维护"，即在维护职工合法权益的同时也要考虑到（维护）国家和企业的利益②。

中国工会的领导主体、组织体制、身份地位和行动目标决定了其在社会运作中会扮演多重角色。徐小洪将其概括为双重角色定位，即既作为劳动关系主体中劳动者的集体代表者、权益维护者，又成为劳动关系的协调者、中介者、调解者③。前一角色是工会的一般角色，体现其"维权"功能；后一角色是中国工会的体制特色，体现的是"维稳"功能。中国工会十五大明确提出："坚持走中国特色社会主义工会发展道路，努力建设中国特

---

① 《中国工会章程》总则首句写道："中国工会是中国共产党领导的职工自愿结合的工人阶级群众组织，是党联系职工群众的桥梁和纽带，是国家政权的重要社会支柱，是会员和职工利益的代表。"

② 吴亚平、郑桥：《中国特色社会主义工会发展道路探析》，《新视野》2013年第6期，第83~86页。

③ 徐小洪：《中国工会的双重角色定位》，《人文杂志》2010年第6期，第151~160页。

色社会主义工会。"中国工会的这种双重角色定位得到了体制性强化。

事实上，在双重角色和双重功能之外，对于基层工会来说，按照组织内的互动主体，还可以细分出第三种角色——组织生产的协助者，并发挥第三种功能——促进组织发展的功能。这一角色和功能在基层组织（尤其是非公企业组织）工会组建和后续运作中十分重要。因为工会到底能给组织带来什么，包括能否为组织带来资源、提升组织的经营业绩等，关系到基层工会能否成功地嵌入组织结构体系之中，进而真正在组织和员工发展过程中扮演好协调者的角色。对此，《中国工会章程》中也明确写道："中国工会在企业、事业单位、社会组织中，按照促进企事业和社会组织发展、维护职工权益的原则，支持行政依法行使管理权力，组织职工参与本单位民主选举、民主协商、民主决策、民主管理和民主监督，与行政方面建立协商制度，保障职工的合法权益，调动职工的积极性，促进企业、事业单位、社会组织的发展。"

由此，我们可以将工会与政府、组织和员工的关系描述为图5-1的形式。首先，基层工会通过嵌入组织结构，成为政府联系组织（尤其是非公企业组织）与职工群众的桥梁和纽带。其次，在组织内部，基层工会一方面要作为员工权益的维护者，为员工争取更多的权益，另一方面还要作为组织经营管理的协助者，努力调动职工的积极性，促进企业、事业单位、社会组织的发展。最后，当组织和员工出现矛盾纠纷时，基层工会还需要扮演调解者的角色，去化解双方的矛盾，防止出现社会性事件，维护社会的稳定。

在厘清了工会多重角色的基础上，我们进一步需要追问的是：工会是否真正发挥了多重角色功能？特别是当不同角色期望本身存在一定冲突时，如在既需要维护员工的权益又要促进组织的发展的情况下，工会是如何实现角色平衡的？具体回到本书的

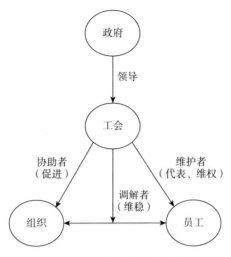

图 5 - 1　工会的角色与功能

研究主题，我们将进一步分析企业工会①能否在维护员工工时权益的同时促进企业生产经营效率的提升，推动组织与员工实现共赢。

（一）员工工作时间权益的维护者

中国的企业工会能够在多大程度上落实其维护员工权益的职能，是很多学者关注的问题。从目前的研究来看，学者们对于这一问题是有争议的。

---

① 中国的工会可分为三个层级——全国总工会、地方工会和基层工会，各级工会在维护员工权益上的实际行动是有所差异的。全国总工会和地方工会都是参照政府行政部门管理的单位，本质上是政府的职能部门，其行动主要是统筹规划、参与法律法规的制定、推动企业建立工会和为职工提供法律援助及调解劳动争议等；基层工会主要是指组织内部的工会，由于直接接触劳动现场，所以负责具体执行对劳动者的权益保护。本书主要是在探讨组织内的互动关系，所以将主要关注基层工会在维护员工权益和推动企业生产效率提升方面的有效性问题。而在不同性质的组织中，相较于党政机关、事业单位和社会组织，企业组织具有更多的市场属性，在其内部，组织与员工之间的利益对立会更强，企业工会所面对的角色紧张问题也更为突出，因而将其作为重点讨论对象。

1. 企业工会的效用

一些学者对企业工会的有效性持怀疑态度[1]。究其原因，可以大致归纳为三点。第一，全国总工会为推动私营企业工会组建工作而发起建会运动，致使各级工会采取自上而下层层分解建会指标、限期包干等方式来完成此任务，很多地方工会为了完成任务，把工作重点放在说服老板同意建会上。在此背景下，工会主席的人选提名、工作开展、经费收缴和使用等很多都需要经过企业管理方的批准同意，这样建立的基层工会在很大程度上沦为了由雇主控制和支配的"老板工会"，很难为职工利益说话办事，职工的会员意识也十分淡薄。第二，企业工会在经济和政治上均对资方存在严重的依附而缺乏独立性。一方面，中高层管理人员兼任工会主席的情况十分普遍，在以同级党委领导为主的原则下，由于很多企业主或其代理人兼任企业党委领导人职务，所以其可以在政治上对工会施压；另一方面，由于企业工会专职人员的工资、奖励、补贴等都由企业支付，因而工会对资方存在很强的经济依附。第三，工会体制的制约，包括地方工会的行政化工作模式导致其与群众脱离、对产业工会的弱化、立法层面缺少必要的权利保障、企业工会干部的合法权益不能得到法律或上级组织的有效保护等[2]。一项对1811名企业工会主席的调查显示，妨碍企业工会工作开展的三个主要因素包括企业行政部门对工会的地位和作用的认识不足、工会的财务比较困难、工会干部的工作积极性不高[3]。一

---

[1] 例如冯钢《企业工会的"制度性弱势"及其形成背景》，《社会》2006年第3期，第81~98页；闻效仪《集体合同工作中的行政模式以及工会困境》，《中国党政干部论坛》2013年第5期，第11~14页；Feng Chen, "Union Power in China Source, Operation, and Constraints," *Modern China* 35 (2009): 662-689。

[2] 乔健、钱俊月：《对民营企业工会建设问题的思考》，《中国人力资源开发》2010年第10期，第83~87页。

[3] 乔健：《在国家、企业和劳工之间：工会在市场经济转型中的多重角色——对1811名企业工会主席的问卷调查》，《当代世界与社会主义》2008年第2期，第144~154页。

系列实证研究也表明，企业工会在促进员工工资增长等方面并未有效发挥作用[①]。

不过，相反的观点也指出，企业工会在维护员工权益方面确实产生了积极影响。例如，孙兆阳和刘玉锦认为，工会可以通过"扭曲效应"（扭曲技能要素回报率）和"压缩效应"（缩小组内工资差距）提升员工工资率[②]；魏下海等人认为，工会可以通过"集体发声"（代表职工签订集体合同）和"政党关注"（与企业的基层党组织合作）改善企业雇佣期限结构，即提升企业长期雇佣占比[③]。

可以看出，对于企业工会是否能够维护员工权益的问题，是不能一概而论的。有学者认为，要回答企业工会是否以及能够在多大程度上维护员工权益的问题，关键在于确定其所要维护的权益是什么。对于不同的权益，企业工会的有效性是不同的。蔡禾提出了"底线型"和"增长型"的权益分类。底线型权益是指对劳动者最低工资、标准工时、社会保险等方面做出的基本要求，不满足这些要求将对员工的基本生存造成威胁；增长型权益则是要求员工权益的增长与企业利益增长或社会发展保持同步[④]。结合现有的研究来看，一般认为，当前中国工会维护员工权益的有效性主要表现在对底线型权益，即员工在最低工资、基本保险等方面的权益的维护上；而对于增长型权益，企业工会则很少主动去

---

① 易定红、袁青川：《中国工会存在工资溢价吗——基于控制样本选择性偏差的Blinder-Oaxaca 回归分解》，《经济理论与经济管理》2015 年第 2 期，第 31 ~ 39 页；单爽、赵冲：《加入工会会提高你的工资吗？——基于 PSM 方法的实证分析》，《兰州学刊》2020 年第 4 期，第 91 ~ 109 页。

② 孙兆阳、刘玉锦：《工会对企业员工工资有什么影响？——基于中国综合社会调查 2008 - 2015 年混合截面数据的分析》，《劳动经济研究》2019 年第 4 期，第 121 ~ 144 页。

③ 魏下海、董志强、金钊：《工会改善了企业雇佣期限结构吗？——来自全国民营企业抽样调查的经验证据》，《管理世界》2015 年第 5 期，第 52 ~ 62 页。

④ 蔡禾：《从"底线型"利益到"增长型"利益——农民工利益诉求的转变与劳资关系秩序》，《开放时代》2010 年第 9 期，第 37 ~ 45 页。

帮助员工争取①。这背后的原因是，作为企业自身的部门，企业工会必须围绕组织党委或是管理层的目标行动，偏离这一领导原则，要么不符合政治纪律，要么损害企业自身利益。只有在国家法律或地方政府明确规定的底线型权益上，工会凭借外部力量赋予的行动力才能有所作为②。从已有的实证分析结果来看，很多研究都支持了这一观点③。例如，孙中伟和贺霞旭对长三角和珠三角19个城市外来工的调查和分析表明，企业工会对外来工提升最低工资符合率、免于强迫劳动、购买社会保险等底线型权益具有显著的保障作用，但对工资增长等增长型权益非但没有积极作用，反而有负面影响④。

2. 企业工会的行动方式

那么，企业工会又是如何行动的呢？总体来看，企业工会的行动能力是很弱的。企业工会既缺乏自上而下的行政力量，也缺乏自下而上的动员能力，还对企业有严重的资源依赖，因此，很难依靠自身能力独立地开展维权活动，而只能采取"借力"的方式行动。吴建平分析了地方工会行动过程中的"借力"机制，即一方面地方工会在组织结构层面以制度化的方式向地方党政部门借力，并将其整合为合力以履行其职责，另一方面地方工会干部在个体层面以非制度化的方式来维系与借力部门的私人关系。这种模式实质是在地方党政主导和支持下，由地方工会来打破部门边界并负责协

---

① 孙中伟、贺霞旭：《工会建设与外来工劳动权益保护——兼论一种"稻草人机制"》，《管理世界》2012年第12期，第46~60页；陈维政、任晗、朱玖华、王西枘、陈玉玲：《中国企业工会角色冲突对工会职能作用发挥的影响和对策研究》，《管理学报》2016年第3期，第315~324页。

② 冯钢：《企业工会的"制度性弱势"及其形成背景》，《社会》2006年第3期，第81~98页；吴建平：《地方工会"借力"运作的过程、条件及局限》，《社会学研究》2017年第2期，第103~127页。

③ 邓睿：《工会会员身份提高了农民工的就业质量吗？——来自流动人口专题调查的证据》，《当代经济科学》2020年第3期，第117~128页；靳卫东、崔亚东：《中国工会的职能转变：从企业利益协同到职工权益维护》，《经济学动态》2019年第2期，第63~77页。

④ 孙中伟、贺霞旭：《工会建设与外来工劳动权益保护——兼论一种"稻草人机制"》，《管理世界》2012年第12期，第46~60页。

调和组织部门力量来辅助地方党政对劳动关系进行治理的运作模式①。事实上，这种借力模式不仅是地方工会的行动模式，对于更加缺乏行动资源和能力的基层工会组织②、上一级工会组织③、政府部门以及法律规章等的力量来履行其职能。这些力量中，最好"借"的当数已经制度化的法律规章的力量。组织社会学中的制度学派认为，"合法性机制"可以很好地解释组织行为，其基本思想是：社会的法律制度、文化期待、观念制度成为人们广为接受的社会事实，具有强大的约束力量，能够诱使或迫使组织采纳具有合法性的组织结构和行为，而无论其对组织内部运作是否有效率④。在经验层面上，企业的很多社会责任行为都可以用这种合法性机制来解释。因此，只要企业有较高的合法性需求，那么企业工会就可以"借力打力式"地敦促企业建立更为完善的与员工权益保护相关的组织制度，如工时和休假制度、社会保险制度等，这些制度所规范的员工权益也就是上文所说的底线型权益。

3. 企业工会与工作时间

很明显，工作时间是一种为法律所保障的底线型权益，国家通过《劳动法》《国务院关于职工工作时间的规定》等法律法规对员工的工作时长做了明确的限度规定，因此基于合法性机制和借力的行动逻辑，企业工会可以凭借外部法律力量，督促企业遵照法律制度要求建立更为规范的工时制度，以实现对员工工作时间权益的保护。

表5-1展示了企业工会对员工周工作时长和隐性加班的影响。从模型5-1和模型5-2来看，企业工会对周工作时长和超时工作具有显著的负向影响，员工所在企业建立工会，可以使其周工作时

---

① 吴建平：《地方工会"借力"运作的过程、条件及局限》，《社会学研究》2017年第2期，第103~127页。
② 董志强、魏下海：《党组织在民营企业中的积极作用——以职工权益保护为例的经验研究》，《经济学动态》2018年第1期，第14~26页。
③ 闻效仪：《"上代下"：工会改革逻辑与多样化类型》，《社会学评论》2020年第5期，第18~34页。
④ 周雪光：《组织社会学十讲》，社会科学文献出版社，2003，第71~75页。

长平均减少 1.68 个小时，使员工超时工作发生比降低 29.8%（1 -
e$^{-0.354}$）；而模型 5 - 3 则显示，企业工会对隐性加班行为并没有显著
的影响。这主要是因为，企业工会是通过正式的制度化路径对员工
的工作时间产生影响的，对于隐性加班这种非制度性的工作时间安
排则无法产生作用。对此，有必要对"企业工会→工时制度规范程
度→周工作时长"这条制度性的因果路径进行检验。

表 5 - 1　工作时间相关变量对企业工会的回归结果

	模型 5 - 1	模型 5 - 2	模型 5 - 3
	周工作时长	超时工作	隐性加班
企业工会	- 1.681 *** (0.452)	- 0.354 *** (0.090)	- 0.032 (0.097)
控制变量	控制	控制	控制
样本量	3136	3136	3033
R^2	0.091	0.051	0.039

注：*** $p < 0.001$；括号内为稳健标准误；模型 5 - 1 为 OLS 模型，模型 5 - 2、模型
5 - 3 为 Logit 模型。企业工会不包括党政机关、事业单位、社会组织等非企业型组织的
工会。

根据《劳动法》第四章"工作时间和休息休假"的规定，企
业在工作时间方面应该至少有 4 项制度安排：一是日 8 小时、周
44 小时工时制度，二是周休制度，三是节日休假制度，四是带薪
年休假制度。基于这 4 个指标，可以对企业工时制度的规范程度进
行测量①。表 5 - 2 展示了中介效应检验结果。从模型 5 - 4 可以看

---

① 受限于数据，在实际操作化过程中，本书只使用了 3 个指标：日 8 小时工作制、节
日休假制度、带薪年休假制度。尽管调查中询问了受访者每周工作天数，但是没有
从制度层面询问组织是否建立"周休制度"，如果用实际工作天数倒推制度可能产
生较大偏差，故舍弃。余下几项制度中，日 8 小时工作制是通过询问受访者不包括
加班的"正常上班（如合同规定、法定、单位规定的上班时间）"的时间量，不超
过 8 小时的即视为执行 8 小时工作制，节日休假制度和带薪年休假制度则是直接询
问受访者其单位是否有该项制度。将 3 个二分变量加总后，得到反映企业工时制度
规范程度的变量，值域为 0~3，数值越大，企业工时制度规范程度越高。

到，企业工会的建立可以显著提升企业的工时制度规范程度。从模型 5-5 可以看到，工时制度规范程度又能够进一步对员工周工作时长产生较大影响：工时制度规范程度每提高 1 个单位，员工的周工作时长会减少约 4.9 小时，并且在该模型中，企业工会对周工作时长的影响已经不再显著。因此，可以认为，工时制度规范程度是企业工会影响员工周工作时长的重要中介变量。

表 5-2　工时制度规范程度的中介效应检验结果

	模型 5-4	模型 5-5
	工时制度规范程度	周工作时长
企业工会	0.380 *** （0.033）	0.181 （0.431）
工时制度规范程度		-4.905 *** （0.258）
控制变量	控制	控制
样本量	3136	3136
R^2	0.198	0.205

注：*** $p < 0.001$；括号内为稳健标准误；模型均为 OLS 模型。

（二）企业经营管理的协助者

尽管《中国工会章程》和《企业工会工作条例》分别提出了"促进企事业和社会组织发展、维护职工权益的原则""促进企业发展、维护职工权益的工作原则"的企业工会工作"双原则"，但是，当前很多研究都只关注到企业工会的权益维护功能，而相对忽视了工会给企业发展带来的影响。事实上，不难理解，工会若要扮演好组织与员工利益的协调者、矛盾的调解者等中间角色，那么它就必然要同时与组织和员工保持友好关系。

1. 企业工会与企业发展

在西方工会研究中，除了关注工会在多大程度上维护了员工权益等问题之外，经济学家还十分在意工会行动所具有的外部性，即对企业生产效率、劳动力市场等所产生的影响。在这方面，主要有两种观点。第一种观点强调工会的垄断属性。传统的经济分析认为，工会由于其垄断性降低了劳动力市场的效率，例如，工会限制了企业管理层在工资、招聘、裁员等方面的自由裁量权，影响了企业在人员配置、生产安排、技术引进、创新与投资等多个方面的决策，使得企业无法以最优的方式进行资源配置，进而导致生产效率降低①。第二种观点则强调工会所具有的集体性表达和制度性回应功能，即工会在企业和员工之间建立了沟通渠道，通过这一渠道，工人可以表达其不满和与企业进行磋商，而不是直接离职，这有效缓解了企业的劳动力流失问题，进而为企业节约了再雇佣和培训的成本。同时，通过这一渠道，企业可以获得有关员工偏好的额外信息，从而帮助企业在工作环境、工作制度和工资水平等方面进行更为合理的安排，使其员工更满意和更有效率②；此外，也有研究指出，工会注重对员工开展职业技能培训，有助于提高员工素质，便于企业引入创新机制，提高企业绩效③。杜库里格斯（Doucouliagos）和拉罗什（Laroche）在回顾既有关于工会和企业生产力的研究时指出，不仅学者们就两者的关系在理论上未达成一致意见，而且经验文献也没有解决理论争论。他们对74篇相关文献的元分析结果显示，总体上，工会和企业生产率之间的关联度几乎为零。但是，在特定国家和行业二者又存在关联，例如在英国和日本

①　John T. Addison & Barry T. Hirsch, "Union Effects on Productivity, Profits, and Growth: Has the Long Run Arrived?," *Journal of Labor Economics* 7 (1989): 72 - 105.

②　Richard B. Freeman, "Individual Mobility and Union Voice in the Labor Market," *American Economic Review* 66 (1976): 361 - 368; Robert N. Mefford, "The Effect of Unions on Productivity in a Multinational Manufacturing Firm," *ILR Review* 40 (1986): 105 - 114.

③　Scott Walsworth, "What Do Unions Do to Innovation? An Empirical Examination of the Canadian Private Sector," *Relations Industrielles* 65 (2010): 543 - 561.

表现出负相关关系，而在美国则存在正相关关系（特别是在美国的制造业之中）。就此，他们认为，工会和生产力之间的内在关系可能并不具有普遍性，需要就具体国家、具体行业进行针对性研究①。

如果说西方工会研究关注工会对企业生产的影响是源于经济学家对于市场效率问题的一贯关注，那么中国学界对于工会与企业关系的研究则更多是从工会组织的运作视角展开的。中国企业工会的"制度性弱势"决定了企业工会在有效发挥其功能之前，需要解决组织自身的存续和发展问题。由于对企业在资源等方面高度依赖，企业工会必不可少地需要寻求企业的认同和支持，这样才能保证其在组织内部有生存的空间和履行其职责的能力。从这一点来说，企业工会扮演好企业生产的协助者的角色，是其他角色功能得以有效发挥的前提。武雅彤和王晶从组织生存的角度指出，企业工会的运作需要在有效性与合法性之间不断寻求平衡，才能保障组织的可持续性。其中，有效性是指企业工会能够满足工人的各种利益诉求，合法性是指工会组织能够获得职工和雇主的认可②。孟泉在此基础上提出了企业工会能动性的概念，在对6家企业工会的深入考察的基础上，他发现，企业工会通过发挥能动性创造了劳资之间的竞合空间，在竞合空间中，职工与企业之间形成了合作与博弈关系并存的状态，企业工会通过在其中发挥协调作用，使其身份获得了工人代表和雇主的承认，继而获得了生存空间③。游正林的研究则进一步表明，不仅仅是生存，企业工会服务企业生产对于组织自身发展也有很大的促进作用。他发现，某国有企业工会主动介入企业生产管理，牵头开展了"生产操作

---

①　Christos Doucouliagos & Patrice Laroche, "What Do Unions Do to Productivity? A Meta-Analysis," *Industrial Relations* 42 (2003): 650 - 691.

②　武雅彤、王晶：《企业工会改革的可能性与局限性——基于组织有效性与合法性关系的考察》，《中国人力资源开发》2017 年第 7 期，第 149 ~ 159 页。

③　孟泉：《竞合空间与生存空间：企业工会可持续能动性的运作逻辑》，《中国人力资源开发》2021 年第 2 期，第 95 ~ 112 页。

无差错"和"修旧利废"等生产促进性活动，这种主动帮助企业"做蛋糕"的做法，得到了有关企业领导的充分肯定以及一线操作人员的普遍认同，进而扩大了工会自身在企业内部的影响。他将这类工会行动称为"政绩驱动的工会行动"，这种行动的逻辑是：在现行角色功能的要求和工会体制约束下，如果无法在维护职能上做出成绩，就在企业发展上做文章[①]。而谢玉华和何包钢对沃尔玛工会运作的分析则从相反的角度阐述了相似的道理：当企业工会试图站在企业的对立面强化其维护职能时，它会面临很大的压力，并最终被改造成为企业管理服务的内部机构[②]。

在企业工会促进企业发展的问题上，一些学者还提出了具体的影响路径并进行了实证检验。王永丽和郑婉玉基于跨界理论，区分了工会实践中的四种职能——维权职能（维护职工群众的经济权益和民主权益）、建设职能（吸引和组织职工群众参加经济建设和改革，完成经济和社会发展任务）、参与职能（参与企业的组织管理活动）、教育职能（帮助职工不断提高思想政治觉悟和文化素质），并提出企业工会在履行其职能过程中能够影响企业绩效和员工的组织态度。基于包含广东省 717 份合格的企业样本、1974 份合格的员工样本的调查数据的检验结果显示，一方面，组建工会可以显著提高企业利润增长率、市场份额增长率、市场份额增速和降低企业员工的离职率，其四项职能的实践在不同程度上也对上述企业绩效指标有积极影响；另一方面，员工成为工会成员以及其感知到的工会跨界职能履行，对员工的工作满意度和情感承诺也有显著的积极影响[③]。在此基础上，单红梅等人的研究进一

---

① 游正林：《政绩驱动下的工会行动——对 F 厂工会主动介入生产管理过程的调查与思考》，《学海》2011 年第 1 期，第 138～145 页。

② 谢玉华、何包钢：《基于新自由主义与社团主义的工会功能分析：以沃尔玛工会为例》，《浙江社会科学》2013 年第 7 期，第 89～97 页。

③ 王永丽、郑婉玉：《双重角色定位下的工会跨界职能履行及作用效果分析》，《管理世界》2012 年第 10 期，第 130～145 页。

步提出了企业工会影响企业绩效的作用机制，他们同样区分了企业工会的参与、维护（维权）、教育和建设四项职能，并指出企业工会基于这四项职能的实践有助于增强企业内部积极劳资关系氛围，弱化消极劳资关系氛围，并最终影响企业的绩效。基于六省530份样本数据的检验结果显示，参与职能、教育职能和维护职能都与企业绩效呈正相关关系[①]。不过，刘海洋等人的研究则给出了完全相反的实证结果，他们利用第一次全国经济普查25万多家企业的数据进行实证分析，结果显示工会对企业的生产效率有显著的负向影响：与未建立工会的企业相比，建立工会的企业的劳动生产率和全要素生产率平均低18.91%和11.87%[②]。

　　总结来看，无论是从制度安排还是从组织的生产与发展来说，企业工会都需要扮演企业生产协助者的角色，促进企业发展，不过从仅有的几项定量研究的结果来看，就企业绩效这一反映企业发展的指标而言，结果并不一致，这与杜库里格斯和拉罗什基于西方国家的经验研究的元分析结果[③]有点类似。这种不一致可能是数据来源差异导致的，也可能是概念操作化的差异导致的。不过，总的来说，该类研究的量太少，还不具备下定论的证据基础。对此，本书将利用一套新且可靠的调查数据和更加多样化的指标，来为企业工会和企业绩效之间的关系提供一些新的经验证据。

　　2. 企业工会与员工组织行为

　　由于本书使用数据的调查对象是员工，而非企业，因此无法直接在组织层面基于一些客观财务指标来测量企业绩效，而只能从员工微观层面的组织行为来间接测量。事实上，选择间接测量

---

① 单红梅、胡恩华、黄凰：《工会实践对企业绩效影响的实证研究》，《管理科学》2014年第4期，第33~50页。

② 刘海洋、刘峥、吴龙：《工会提高了员工福利和企业效率吗？——来自第一次全国经济普查的微观证据》，《产业经济研究》2013年第5期，第65~73页。

③ Christos Doucouliagos & Patrice Laroche, "What Do Unions Do to Productivity? A Meta-Analysis," *Industrial Relations* 42 (2003): 650–691.

不仅涉及数据局限的问题，从理论上来说，企业工会如果不直接参与企业的经营，那么它对企业绩效的影响路径就主要是通过影响员工组织行为间接作用于企业绩效。倘若像既有的研究一样直接采用客观的财务指标，我们反而无法找到一个合理的对于影响路径的解释。因此，在本书的分析中，我们是假定了员工微观层面的一些关键性组织行为必然会影响企业的经营绩效，而没有进一步去检验。事实上，我们也很难拒绝这样一种假定：在工作中认真负责、全心投入、乐于建言的员工会给企业的经营和发展带来积极影响。至于好的员工是否一定让企业在财务指标上变得更好，就还得看企业管理者是否也是好的管理者等其他因素。

对于影响企业绩效的组织行为学变量，如表5-3所示，可以按照"行为—态度"进行二分，同时考虑到行为对企业绩效影响的直接性和间接性，划分为三类变量：①直接—行为类，包括工作投入、工作绩效等，这类变量对企业绩效的影响最为直接；②间接—行为类，包括建言行为、组织公民行为等，这类组织行为并不会直接影响企业绩效，但是可以通过改善组织运作的环境，如制度环境、文化环境等，对企业绩效产生积极作用；③态度类，包括工作满意度、组织认同、离职意愿等，基于"环境—态度—行为"的行为分析逻辑，态度类变量通常作为中介变量被纳入考虑，反映的是外部环境影响人们行为的内在心理过程。一般认为，员工对组织的积极态度会促使员工做出有利于组织发展的行为，因此这类变量也常常作为因变量被研究。

表5-3 影响企业绩效的组织行为学变量分类

	行为类	态度类
直接	工作绩效、工作投入	工作满意度、组织认同、离职意愿
间接	建言行为、组织公民行为	

资料来源：作者自制。

基于上述分类，笔者挑选出涵盖所有类别的共5个变量（工作绩效、工作投入、建言行为、工作满意度、组织认同）作为因变量，然后考察企业工会对这些变量的影响。如表 5 - 4 所示，建立企业工会对员工的工作绩效、工作投入、建言行为、工作满意度和组织认同都有显著的正向影响，意味着企业工会的建立的确能够使员工对组织的态度和在工作中的表现更加积极。

表 5 - 4　影响企业绩效的组织行为学变量对企业工会的回归结果

	模型 5 - 6	模型 5 - 7	模型 5 - 8	模型 5 - 9	模型 5 - 10
	工作绩效	工作投入	建言行为	工作满意度	组织认同
企业工会	0.097 *** (0.022)	0.105 *** (0.026)	0.072 * (0.031)	0.136 *** (0.032)	0.216 *** (0.032)
控制变量	控制	控制	控制	控制	控制
样本量	3078	3068	3013	3078	3012
R^2	0.090	0.081	0.072	0.078	0.108

注：$* p < 0.05$，$*** p < 0.001$；括号内为稳健标准误；模型均为 OLS 模型。

接下来，我们要回答的问题是：企业工会对员工组织态度和行为的影响是否同其对员工工作时间的影响一样，是通过完善企业制度实现的？为了回答这一问题，我们进一步对"工时制度①规范程度"在企业工会影响员工工作绩效、工作投入、建言行为、工作满意度和组织认同过程中的中介效应进行了检验。

如表 5 - 5 所示，在 5 条路径中，工时制度规范程度都发挥了显著的中介效应，中介效应占比也处于中等水平。这意味着，企业工会通过规范企业制度建设，在维护了员工工时权益的同时，也强化了员工积极的组织态度和组织行为，为企业发展带来积极影响。换句话说，企业工会通过规范企业制度建设的方式，

---

①　需要说明的是，虽然这里的工时制度只是所有组织制度中的一类，但其规范程度可以作为反映组织整体制度建设规范性的重要指标。

推动了组织和员工实现双赢，也使其实现了多重角色的平衡。

表 5 - 5　工时制度规范程度的中介效应检验结果

自变量	因变量	总效应	直接效应	中介效应	中介效应占比（%）
企业工会	工作绩效	0.097 **	0.067 ***	0.030 ***	31.0
	工作投入	0.105 ***	0.082 ***	0.023 ***	22.1
	建言行为	0.072 *	0.043	0.029 ***	40.6
	工作满意度	0.136 ***	0.083 **	0.052 ***	38.6
	组织认同	0.216 ***	0.170 ***	0.046 ***	21.2

注：$^*p < 0.05$，$^{**}p < 0.01$，$^{***}p < 0.001$。

三　本章小结

在上一章讨论员工隐蔽的个体性应对行动的基础上，本章讨论了员工正式的集体性应对行动，即通过建立工会维护员工群体的合法权益。

随着中国经济体制改革的深化和工业化的发展，西方工会思想和实践也进入了中国社会。不过，中国有不同于西方社会独特的政治、经济和文化背景，工会的组织方式和在社会运行中所扮演的角色具有很强的本土化特征，主要表现在中国工会不单单是员工利益的维护者，同时还扮演了生产协助者、矛盾调解者等多重角色。就基层工会而言，首先，基层工会通过嵌入组织结构，成为政府联系组织（尤其是非公企业组织）和职工群众的桥梁与纽带。其次，在组织内部，基层工会一方面要作为员工权益的维护者，为员工争取更多的权益，另一方面还要作为组织经营管理的协助者，努力调动职工的积极性，促进企业、事业单位、社会组织的发展。最后，当组织和员工出现矛盾纠纷时，基层工会还需要扮演调解者的角色，去化解双方的矛盾，防止出现社会性事件，维护社会的稳定。

　　基于此，工会是否真正发挥了多重角色功能以及如何实现多重角色的平衡，就成为本章关注的另一个重要内容。首先，在工会是否能够维护员工的工时权益方面，本章指出，由于国家通过《劳动法》《国务院关于职工工作时间的规定》等法律法规对员工的工作时长做了明确的限度规定，工作时间成为一种为法律所保障的底线型权益，因此，基于合法性机制，采用"借力"的行动方式，企业工会可以凭借外部法律力量，督促企业遵照法律制度要求建立更为规范的工时制度，以实现对员工工作时间权益的保护。实证结果也显示，企业工会可以通过提升所在企业工时制度的规范程度，降低员工每周的工作时长。其次，在工会是否能够促进企业发展方面，本章研究发现，建立企业工会对员工的工作绩效、工作投入、建言行为、工作满意度和组织认同都有显著的正向影响，并且这种影响在一定程度上是通过提高企业制度规范程度的方式实现的。这意味着，企业工会通过规范企业制度建设的方式，推动了组织和员工实现双赢，也在一定程度上实现了自身多重角色的平衡。

第六章　结论与讨论

狄更斯在《双城记》中这样评价法国大革命发生时的社会环境:"这是最好的时代,这是最坏的时代。"小说创作的 19 世纪 50 年代,正是英国资本主义经济快速发展的时期。在资本主义发展给社会带来巨大的物质财富的同时,财富分配的不均、权力的滥用也加剧了阶级的对立。当时的英国与 18 世纪末法国的社会状况极为相似,一种变革的力量也在酝酿。事实上,对于任何一个处于现代化进程中的社会而言,她都面对同法国和英国相似的境遇:享受着现代化的"好",也承受现代化的"苦"。

对于中国社会而言,亦是如此。我们享受着由社会经济发展所带来的前所未有的物质生活,但也常常因为繁忙的工作而劳累不堪。如何在社会发展的同时减少其副作用,是这个发展中国家需要长久思考的问题。

本书从劳动过程的理论视角出发,通过分析工作时间生成和作用背后组织和员工的双向互动关系与行动,在一定程度上揭示了影响员工工作时间的组织管理因素,以及由工作时间增加所引发的员工的应对行动。在劳动过程中,作为理性主体的组织与员工常常处于一种相互博弈的状态之中:我们既可以看到组织为掌控员工的劳动过程而在制度上做出的精心设计,也可以看到员工富有能动性和创造力的应对行动。在笔者看来,对组织和员工在劳动过程中行动力量的观察和评估是我们认识与评价这个时代的重要方式。

一　工作时间背后的组织与员工

在布雷弗曼那里，工人们只是麻木地在生产线上如机器一般干着无聊、乏味的重复性劳动；布若威看到的则是工人们并没有抗拒资本的控制，而是享受参与这场"赶工游戏"。与这些学者不同，本书所描述的员工的劳动过程是组织与员工相互博弈的过程，因为理性的组织和员工都试图在这场劳动交换中维护自身的利益，而双方争夺的一个重要标的即是员工的时间：组织希望员工将更多的时间投入工作之中，而员工则希望能将工作时间维持在合理限度之内。

（一）组织的双重管理策略

中国员工的"勤奋"既受社会经济、文化等宏观因素的影响，也受劳动者个人意愿等微观因素的影响，而本书则更多关注中观层面的组织管理因素。在过去100多年的时间中，科学管理的思想和对员工心理与行为的科学研究已经深刻地影响了组织的管理实践：组织通过或直接或间接的方式影响着员工的劳动过程，使其或迫不得已或心甘情愿地接受包括延长工作时间在内的工作安排。劳动过程理论探究的一个主要问题就是这种控制具体是如何实现的。本书也沿袭该理论的问题意识，对组织的管理控制策略与员工工作时间生成之间的因果关系进行了分析。

基于理性选择的思想，在现代雇佣关系中，组织之所以可以使员工接受超时工作的要求，根本上是因为其建立了为员工所认同的合法的组织权威，而这些组织权威又是建立在员工理性的交换动机之上的。本书认为，员工交换动机可能是基于生存本能的对于物质的追求，也可能是在社会化过程中形成的对于某些价值观念的认同和实践。基于对员工交换动机的类型化区分，本书提出了组织的两类管理控制手段：基于工具理性权威的奖惩制度建设和基于价值理性权威的组织文化建设。

前一种手段有效的基本逻辑是：将员工的表现与回报紧密关联，员工表现越好，回报就越多；表现越差，回报就越少。由于组织掌握了员工所需的经济资源，所以其可以通过奖惩制度实现组织经济资源与员工行动控制权的持续和稳定交换，本书称这种管理控制策略为"资源交换策略"。通常来说，组织可能掌握的员工所需的具有经济价值的资源有金钱、职位晋升机会和职业知识，并可能相应形成三类具体的管理行动：薪酬管理、职位晋升管理和职业知识管理。研究认为，薪酬管理是最重要的管理控制方式，其中，以计件制为代表的变动收入策略对员工的工作时长有较大的影响。

后一种手段有效的基本逻辑是：人不是独立的个体，而是参与群体生活的"社会人"，员工在劳动组织中的工作也是一个社会化的过程；当员工进入一个组织，他会受到组织文化的影响，并通过主动或被动的方式不断习得这个组织的思想观念、价值体系、道德规范和风俗习惯，通过有意识的组织文化建设，组织引导员工形成诸如劳动光荣、爱岗敬业、无私奉献等集体主义劳动价值观念，或是独立、自由、自我实现等个人主义劳动价值观念，由此员工就可能主动延长工作时间以追求特定价值的实现。本书将这种通过形塑员工的价值观念来影响员工劳动过程表现的管理控制策略称作"价值塑造策略"。研究显示，该策略尽管并不会导致员工工作时间出现明显增加，但是增加了员工自愿延长工作时间的可能性，也提升了他们在日常工作中的投入程度，其中，个体主义价值观念比集体主义价值观念对员工行为的影响更大。

组织正是在对员工多重交换动机的策略性迎合之下，利用"资源交换"和"价值塑造"的双重策略影响着员工的工作时间决策。

（二）员工的隐蔽行动

结构功能主义一直是社会学研究的基本范式，它强调社会学应该关注宏观的社会运行规律。不过，到了20世纪70年代，符号互动论、拟剧论、常人方法学、社会交换论等一系列新的理论或研究方法被相继提出，社会学的研究重点开始从宏观的社会结构转移到微观的"人"身上。学者们相信，人是具有能动性的生物，他们不仅受到社会结构的约束，还会反过来对社会结构产生影响。将这种思想应用到组织研究中，我们便很容易理解，在组织管理控制之下必然有来自员工的行动回应。就员工行动的特征来看，最明显的特征就是隐蔽，也即员工会尽量避免正面冲突，而更多以一种"看不见"的方式来缓解组织施加的压力和维护自己的权益。在具体方式上，主要有怠工、沉默和离职等。

研究发现，工作时间能够显著影响员工怠工、沉默和离职等组织行为，其中，有两种基本的路径逻辑：一是生理逻辑，指当员工长时间工作，其会因为耗费能量过多和缺乏恢复时间而在生理层面产生疲惫、倦怠等消极的生理感受，并进一步引发员工一系列消极的组织行为；二是角色冲突逻辑，指时间被工作挤占会导致员工无法满足家庭或生活中其他角色的要求而陷入角色冲突状态，并由此产生消极的组织心理和行为。基于这两条逻辑的中介机制也得到实证检验。

研究进一步指出，尽管工作时间的增加会引发员工一系列隐蔽的消极组织行为，但是如果在员工工作时间增加的同时能够给予相应的收入作为补偿，那么员工的消极组织行为能够得到有效抑制。本书提出的"时间—收入组合模型"指出，相较于"长时间—低收入"这种员工权益受损的时间—收入组合，无论是减少工作时间还是提高收入都能够减少员工的消极组织行为，其中，"长时间—高收入"这种资源交换程度高且均衡的模式是实现组织与员工双赢的可能选择。

（三）工会多重角色的平衡

员工个体尽管能够通过"摸鱼"的方式在加班过程中稍做休息，或是通过离职来彻底摆脱特定雇主，但是难以从根本上影响组织的工时制度设计。从理论和经验上来看，只有那些能够对组织运行产生实质性影响的集体行动，才可能将组织拉到"谈判桌"前。基于这一逻辑，现代工会组织应运而生，员工开始通过集体的力量维护自身的合法权益。

不过，在中国，作为员工集体力量而存在的工会并非仅仅是员工权益的维护者，它还扮演了组织的生产协助者、劳资矛盾的调解者等多重角色。其作为"党联系职工群众的桥梁和纽带"和"国家政权的重要社会支柱"的定位决定了，工会需要在平衡各方利益基础之上，实现对员工权益的保护。

就企业工会而言，研究发现，尽管企业工会自身的行动能力偏弱，但是其可以基于合法性机制，采用"借力"的行动方式，凭借外部法律力量，督促企业遵照法律制度要求建立更为规范的工时制度，实现对员工工作时间方面底线型权益的保护。并且，在这一过程中，随着包括工时制度在内的组织制度的规范程度得到提升，员工权益得到保障，员工的工作绩效、工作投入、建言行为、工作满意度、组织认同等与企业绩效密切相关的组织行为和组织态度都会受到正向影响。这样，企业工会通过规范企业制度建设的方式，推动了组织和员工实现双赢，在一定程度上实现了自身多重角色的平衡。这种平衡为组织与员工搭建了一个友好对话的空间，使他们不再以对立的态度去面对彼此，而是试图在对立之中寻求和解和共赢之道。

二　劳动过程视角下员工工作时间生成与作用模型

基于劳动过程理论的分析框架，本书在第一章中预先构建了反映员工工作时间生成与作用关系的基本路径模型（见图1-1）。随后，本书通过三个章节先后从理论和实证层面论述了组织的管理控制策略如何引发员工工作时间的增加，工作时间的增加又如何导致员工个体性应对行动的发生，以及员工集体性应对行动对组织控制的反作用力。这些内容刻画了员工工作时间生成与作用背后组织与员工互动的过程和细节。由此，本书在基本路径模型之上进一步提出了"劳动过程视角下的员工工作时间生成与作用模型"（见图6-1）。

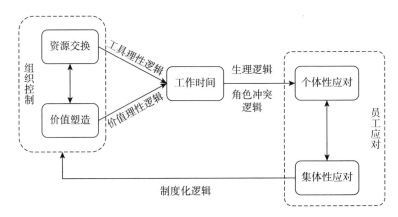

图6-1　劳动过程视角下的员工工作时间生成与作用模型

该模型包括3个主要理论命题。

命题1：基于工具理性和价值理性的逻辑，组织通过资源交换和价值塑造的双重策略影响员工的工作时间。

命题2：基于生理逻辑和角色冲突逻辑，工作时间的增加会引发员工个体性应对行动。

命题3：基于制度化逻辑，员工的集体性应对行动可以通过影响组织工时制度规范程度而进一步影响员工的工作时间。

从理论层次来说，劳动过程理论属于典型的中层理论，一方面，相较于宏观层次的冲突论而言，它能够观照组织和员工互动的经验性过程；另一方面，相较于微观层次的心理与行动理论而言，它又具有一定的概括性与抽象性，但与之相对地，它对一些经验细节的描述和解释便会存在不足。就工作时间的因果分析而言，劳动过程理论提供了"组织控制—员工应对"的分析框架，指导我们从组织和员工带有冲突性质的互动视角来把握员工工作时间的形成，但是却无法为组织和员工在互动过程中的心理和行动提供解释，尤其是对于员工主体性的挖掘十分欠缺：我们从劳动过程理论中所看到的员工是整体性的、十分模糊的形象，而不是具有能动性的、生动的形象。事实上，在布若威之后，劳动过程理论在发展中也开始将性别、种族和公民身份等维度带入工厂的生产政治研究中，以此重建劳动者的主体性和工厂政体的微观基础[1]。不过，对于劳动者"如何行动"、"何时行动"以及"行动的影响是什么"等问题，劳动过程理论无法给予解答[2]。这种对劳动者认知、感受和态度的忽视，使得劳动过程理论无法帮助我们理解复杂的现实劳动过程。

鉴于此，本书提出的"劳动过程视角下的员工工作时间生成与作用模型"在劳动过程理论的基本分析框架基础上融入组织社会学、组织行为学、劳动经济学、社会心理学、生理学等多个学科的心理和行动理论，将组织与员工的行动逻辑引入劳动过程理论，以此夯实劳动过程理论的微观基础和推动劳动过程理论的跨学科发展。

除了微观基础薄弱的问题，劳动过程理论应用于解释中国的现实问题还存在一定程度的不适配性，这主要源自中国与西方国家在经济体制上存在的根本差异。西方实行的是资本主义经济制度，在这一制度背景下构建和发展起来的劳动过程理论，主要使用的是"阶级""剥削""对抗"等概念，关注的是资本主义劳动过程中资本与工人之间带有阶级属性的对抗关系和行动。如果将经典劳动过程理论的这一阶级视角用于分析社会主义市场经济下的劳动关系和劳动过程，就很可能会因为体制差异而出现理解上的偏差。因而，劳动过程理论需要一个本土化改造的过程，这也是劳动过程理论进入中国之后，中国学者拓展和完善该理论的重要方向之一[3]。本书提出的"劳动过程视角下的员工工作时间生成与作用模型"是对

---

① 闻翔、周潇：《西方劳动过程理论与中国经验：一个批判性的述评》，《中国社会科学》2007年第3期，第29~39页。
② 游正林：《管理控制与工人抗争——资本主义劳动过程研究中的有关文献述评》，《社会学研究》2006年第4期，第169~185页。
③ 沈原：《劳工社会学三十年》，《社会学评论》2020年第5期，第3~17页。

劳动过程理论本土化的一个尝试。该模型搁置了经典劳动过程理论所强调的阶级冲突与阶级对抗，从组织和员工多元利益的角度出发，将组织与员工的行动视为理性主体的基于利益的行动，主张在社会主义劳动关系中，劳资双方不存在根本性对立，劳资冲突更多表现为一种阶段性的利益摩擦，这种利益摩擦是理性主体在市场交换和社会互动过程中必然会产生的，并且可以通过制度化方式以及充分的沟通去消除。这种对劳资冲突性质认识的转变，使得该模型能够在契合中国社会背景的前提下被应用于员工工作时间分析。

"劳动过程视角下的员工工作时间生成与作用模型"可以帮助我们从组织与员工双向互动的视角把握员工工作时间生成与作用的过程及其中的因果逻辑，为我们解决员工工作时间相关问题、提升员工工作时间质量提供理论依据。不过，如本书第一章所言，任何一个社会现象产生的原因和可能的影响都是复杂的，"多因一果"和"一因多果"是社会研究中的常态，这种复杂的因果关系在很大程度上是无法被简化的。因此，要想在一篇文章或是一本书中将某一社会现象的因果关系都厘清，显然是困难的。本书只是基于劳动过程理论的分析框架，推断和检验工作时间背后的少数几条因果路径，因此，该理论模型并不是解释员工工作时间生成与作用的完备模型。一个完备的理论模型还需要学者从多个不同的理论视角出发分别建构，然后系统整合。这是一个漫长的过程，也是未来的方向。

三 超越时间：工作时间问题的阶段性应对思路

就研究的实践意义而言，我们尚需要回答如何应对部分员工工作时间过长的问题。

（一）重新认识超时工作

综观超时工作问题的相关文献与政策，可以发现，基本的解决思路是严格规避，即既然超时工作的表现是工作时间过长，那么解决的办法很简单：限制和缩短工时。基于这一思路，学者围绕法律、工会等可能对限制和缩短工时有效的手段展开了讨论。例如，王林清指出，超时工作现象背后存在立法、司法、行政和工会等的"失灵"问题，具体包括劳动定额的法律制定缺乏规范性、涉及延长工作时间的劳动争议案件的裁决难度大、劳动行政部门监察不力、工会未能很好地履行其维护劳动者权益的职责等，优化劳动者的工作时间状况需要同时从上述四个方面着手①。笔者认为，基于法律的制度性解决方法是合理且十分必要的，以《劳动法》为代表的法律法规构成了保护劳动者时间权益的基本防线。但是，单纯依靠法律约束显然并不能充分解决超时工作等问题，因为法律文本所规范的内容是单一化的，而真实的劳动力交换过程却是多元且复杂的。事实上，我们可以思考这样一个问题：当前，劳动者真的讨厌长时间工作吗？这一问题的回答关乎我们对超时工作问题性质的判断。如果我们得出"不一定"的答案，那么，我们可能会有所反思：在宏观经济尚且偏弱、企业生存压力仍然较大、劳动者收入偏好持续增强的背景下，只是一味限制工时可能并不是最优策略。

BOSS 直聘公司发布的《996 工作制态度调研报告》显示，当被问及"一份月薪 3 万元'996'的工作和一份月薪 1 万元'955'的工作，同时摆在你面前，你会选哪一个？"时，约 60.6% 的受访者选择了前者②。类似地，在抨击"996"的舆论浪潮之下，一些互联网企业开始取消"大小周"的工时安排，不过，字节跳动公司关于取消"大小周"的内部投票结果却显示，当需要以减少加班收入为代价时，约 1/3 的人愿意维持"大小周"③。结合当前的

① 王林清：《加班控制制度法律问题研究》，《法学杂志》2012 年第 8 期，第 115 ~ 119 页。

② BOSS 直聘：《996 态度报告：老板比员工更拒绝强制 996》，https://www.sohu. com/a/311039434_209208，最后访问日期：2023 年 11 月 20 日。

③ 豹变：《字节跳动要不要取消大小周，新任 CEO 称"再研究下"》，https://zhuan- lan.zhihu.com/p/381772054，最后访问日期：2023 年 11 月 20 日。

社会现实，我们不难理解员工们为何做此选择。一方面，在购房压力、子女抚育压力、消费文化和储蓄观念等的多重作用下，中国劳动者对改善经济条件普遍有强烈的需求；另一方面，中国产业在世界生产链中的低端地位以及由劳动力"蓄水池"充足导致的不平衡的劳动力供需关系等，使得中国员工的时薪普遍较低。由此，为了改善经济状况、提高生活质量，员工往往愿意采取"时间换金钱"的策略。这可能是一种无奈之举，却也是在当前社会经济背景下的理性选择。

　　基于上述经验事实，我们可以认为，在当前的经济社会背景下，我们不能完全否认员工工作时间增加所具备的正面作用，但前提是，长时间工作能够得到合理补偿。这也是本书第四章的关键结论。在此基础上，我们可以采取"适度共存"的阶段性解决思路，即在法律允许的工时限度内接受一定程度的超时工作，同时探索如何使员工在超时工作过程中感到满意。这种"满意"是员工在综合考虑宏观社会发展状况、组织工作环境、自身劳动力水平等因素之后，对当前工作状态的一种理性感知；在这种满意状态下，员工可以接受延长工作时间的要求，只不过延长工作时间作为一种消极状态，需要更多的积极因素来补偿。可以认为，这是一种从"堵"转为"疏"的解决方式，其将"满意"作为最终的目标，而将工作时间作为影响员工满意度的因素之一加以考量。

　　那么，如何让员工在超时工作过程中感到满意呢？从投入—回报关系的角度来说，有两条基本路径：一是减少超时工作对员工的消极影响，二是增加员工超时工作的回报。

（二）减少超时工作对员工的消极影响

　　就减少超时工作的消极影响而言，结合本书第四章提出的工作时间影响员工组织行为的"生理逻辑"和"角色冲突逻辑"，我们需要着重关注两个结果变量：健康状况和工作—家庭冲突。

　　"健康"是劳动者的底线型权益，也是保证劳动再生产的基本要求。"努力—恢复模型"指出，劳动者的工作付出会消耗个体资源，引起消极的生理反应，如心跳加快、血压升高等，需要经过一定时间的休息才可恢复到基准状态。因此，加班的时长必须以不侵占劳动者生理性休息和恢复活动的时间为限。同时，组织也应该为员工创造更多"工间微休息"的空间和机会[①]，以及提供更为舒适的办公环境，以减弱工作给员工带来的生理上的不适感。

除了"健康"，由工作时间增加导致的"工作—生活冲突"给员工带来的消极影响更加值得关注，因为生理上的不适感可以通过休息来缓解，而由于时间被工作过度挤占而发生的角色冲突，是员工仅靠自身很难化解的。这需要组织对劳动过程控制模式进行调整，一个有效的方向是从"直接控制"转向"自主控制"，即赋予员工更多的工作自主性。工作自主性是指劳动者在多大程度上能自主调整或决定其工作相关要素，包括时间、地点、节奏等，本质上反映了员工对劳动生产过程的控制力。

在时间上，员工的工作自主性通常表现为工作时间的灵活性或弹性[②]。由于每个人所处的生活场景、应对的生活事务、面对的各种事件发生的概率等都有所不同，所以他们对工作时间安排的需求也存在差异，因此赋予员工结合自身需求适度调整工作时间安排的权利，将有助于他们合理安排工作和生活，避免时间冲突

---

① 聂琦、张捷、彭坚、毕砚昭：《养精蓄锐：工间微休息研究述评与展望》，《外国经济与管理》2020 年第 6 期，第 69～85 页。

② 最近一些学者开始强调根据受益主体，将工作时间弹性或灵活性区分为"雇员主导的工作时间弹性"和"雇主主导的工作时间弹性"。其中，前者是通常理解的可以提升雇员工作时间控制力的时间弹性，而后者则是为了方便雇主更好地利用员工工作时间，如随时给员工分配任务，其将使员工的时间碎片化而缺乏对工作时间的控制力。本书突出强调的是劳动者对工作时间具有"控制力"这一实质，而非"弹性或灵活性"这一形式。因此，严格来说，工作时间自主性的形式化表现是"雇员主导的工作时间弹性或灵活性"。参见 Colette Fagan, Clare Lyonette, Mark Smith & Abril Saldaña-Tejeda, *The Influence of Working Time Arrangements on Work-Life Integration or "Balance": A Review of the International Evidence* (Geneva: International Labour Organization, 2012), p. 7。

的产生。换句话说，在劳动过程中，较强的工作时间自主性可以发挥"减压阀效应"：当工作和生活在时间上出现冲突时，员工可以调整其当前的工作时间安排，如离岗一个小时、一个上午，甚至几天去处理个人事务，从而避免陷入严重的角色冲突之中①。基于此，国际劳工组织在关于提升员工工作时间质量的一系列政策研究中，将工作时间自主性置于了核心位置。该机构发布的《促进工作时间安排平衡指南》总结了多项提升工作时间自主性的具体措施，包括交错安排工作时间（在一定范围内自主选择上下班时间）、压缩工作周（增加每日工作时间，减少每周工作天数）、建立时间银行（在一定时期内可以存取工作时间）等②。这些措施的基本思路都是在保证组织利益（不减少员工总的工作时长）的基础上，通过放松对员工工作时间的限制，减少员工的时间冲突，进而降低工作的消极影响。

除了提升员工在时间方面的自主性，居家办公模式可以将员工对工作的控制力延伸至空间。随着信息和通信技术的发展，越来越多的工作开始向线上转移，并具有"远程化"和"居家化"的潜力。研究发现，相较于传统办公模式，居家办公者没有通勤压力、拥有更多的工作自主权，他们可以在远程完成工作的基础上，利用家庭空间中的"在场"更好地处理家庭事务，以弥补办公室加班导致的家庭角色的缺位，因此，在合理进行工作—生活边界管理的基础上，居家办公也能够促进劳动者实现工作—生活平衡③。

事实上，即使不考虑工作自主性的"减压阀效应"，"选择"

---

① 李中：《工作时间质量对员工的影响：理论路径与实证检验》，《中国劳动关系学院学报》2021年第3期，第81~94页。

② International Labour Office, *Guide to Developing Balanced Working Time Arrangements* (Geneva：International Labour Organization, 2019), pp. 11 – 30.

③ 李中、杨书超：《居家办公为何很累：基于边界理论的解释》，《前沿》2020年第6期，第100~106页；Paula Rodríguez-Modroño & Purificación López-Igual, "Job Quality and Work-Life Balance of Teleworkers," *International Journal of Environmental Research and Public Health* 18（2021）：3239.

本身对于员工的工作体验也是至关重要的，对工作的控制感会让他们不至于丢失主体性。正如布若威所说："我们不应该说枯燥无意义的工作都是一样的，从而轻视这种选择。选择给予了工人抵抗或保护自己免受资方宰制的实质力量，从而赋予自身以重要性。"[①] 这在某种程度上也可以解释为什么越来越多的年轻人愿意送外卖而不愿进工厂——工作自主性可能是其中重要的决策因素[②]。

（三）增加员工超时工作的回报

就增加员工超时工作的回报而言，我们需要同时关注物质回报和非物质回报。

第一，物质回报是基础。对于大多数仍然处于"以物的依赖性为基础的人的独立性"[③] 阶段的社会而言，由于人们对物质有强烈的偏好，因而在一定超时限度内，收入能够发挥"补偿效应"，减弱由超时工作所带来的消极后果。然而，现实问题是，很多劳动者无法在加班过程中获得合理补偿[④]。根据 2016 年中国劳动力动态调查数据，在统计的 1775 名有加班情况的员工中，42.93% 的员工没有得到任何补偿（包括支付加班费和安排调休等）。在非生产岗位中，没有回报的加班问题更为突出。由于非生产岗位大多采取的是岗位制的分工模式和薪酬模式，在这种"包干到户"的模式下，员工的加班常常被解释为对效率低下的自我补救，所以组织很少为此支付额外加班费。这种解释看似合理，但是实际上，由于岗位工作任务量的分配，尤其是临时性工作任务的分配都掌

---

① 〔美〕迈克尔·布若威：《制造同意——垄断资本主义劳动过程的变迁》，李荣荣译，商务印书馆，2008，第 111 页。

② 唐晓琦：《工作情景、时间体验与不同劳动体制下的自由感知——关于青年群体"奔赴零工"现象的反思》，《中国青年研究》2022 年第 4 期，第 94~102 页。

③ 《马克思恩格斯全集》（第四十六卷）（上册），人民出版社，1979，第 104 页。

④ 郭凤鸣、张世伟：《最低工资提升对低收入农民工过度劳动的影响》，《中国人口科学》2018 年第 5 期，第 42~56 页。

控在组织手中，因而，组织将超额的、额外的任务分配给既定岗位后，员工的加班就自然不是自发性的而是具有强制性的了。程恩富等人的调查也显示，在加班原因中，由于企业布置任务过多而被迫加班的比例高达 43.7%，占比最高①。从交换论的角度来说，雇佣关系的本质是一种经济交换关系，加班是员工劳动力的额外付出，作为理性的个体，他们自然要求付出能有与之相匹配的回报，否则就会产生强烈的不公平感和被剥削感，也无法对工作感到满意。

就物质回报而言，另一个需要避免的现象是收入上的"加班依赖"。本书第三章的研究指出，变动收入的薪酬策略是组织控制员工劳动过程、延长员工工作时间最重要的管理策略，这种策略使员工的回报与劳动投入紧密相关，通过控制收入来控制员工的劳动投入。这种薪酬设计看似符合"多劳多得"的公平原则，但是实质上，如果缺乏对员工基本工资收入的保障，就会使其陷入"加班依赖"的状态之中，即由于底薪很低，员工为了获得一份体面收入，就不得不延长工作时间②。在这种情况下，加班不再是一种赚取额外收入的机会，而是一种不得不为之的"选择"；员工也自然将加班视为一种负担，而非"福报"。因此，为了提高员工在加班过程中的获得感，需要企业合理设置底薪、工时（或生产定额）、时薪（或计件单价）等的标准，尤其是要提高底薪在总收入中的比重，使加班收入成为收入的补充，而非基本收入的重要构成部分。

第二，让员工在加班中感到满意，还需要增加员工非物质性回报。当我们将员工的感受和评价置于解决工作时间问题的核心位置时，就在很大程度上说明，劳资关系不是纯粹的经济交换关系，而是社会交换关系。社会交换不同于经济交换的关键点在于，

---

① 程恩富、胡乐明、王中保、彭五堂：《关于我国企业职工权益保护状况的调研报告》，《经济经纬》2009 年第 1 期，第 75 ~ 82 页。

② 孙中伟、黄婧玮：《加班依赖体制：再探青年农民工过度加班问题》，《中国青年研究》2021 年第 8 期，第 5 ~ 13 页。

社会交换包含了大量的情感、意义、精神等没有价值量的交换物。因此，组织必须将员工视为具有多重需求的人，而不是投币就可以启动的机器。换句话说，在合理提升员工的经济收入的前提下，组织还应该重视给予员工非物质性回报，也即增强工作场所的精神性①，包括让员工享受工作乐趣、受到尊重、获得认同、实现自我提升和加强社会互动等；形式上可以是加强员工组织参与，让他们真实参与到组织事务的讨论和决定之中，使得其能够感知到被重视、被认同和被尊重。当员工基于价值、意义、情感等非经济因素而延长工作时间时，就不会完全基于工具理性来审视加班行为，而是可能将工作视为生活的延伸，视为满足精神需要的重要活动。

不过，从现实情况来看，相当一部分人无法从劳动过程中获得精神性体验。RCWC 2022 的调查数据显示，如果没有经济压力，约44%的员工明确表示不会继续从事当前工作，这在一定程度上说明，相当一部分员工难以从当前工作中获得非物质性回报。精神性的缺失使得劳动停留在物质层面，劳资关系也就只能建立在冰冷的经济利益之上，并最终走向无止境的利益冲突和相互对抗。唯有将价值、意义、情感等精神性因素引入劳动过程，将雇佣劳动从"经济交换"转变为"社会交换"，将"相互索取"转变为"相互亏欠"，才能将原本充满经济利益冲突的劳动关系转变为相互理解、相互包容、相互关爱的和谐劳动关系，员工也才能真正感到满意。

总之，超时工作是一个在世界范围内长期普遍存在的问题，也是中国在社会主义现代化道路上必然会面对和需要解决的问题。在过去的几十年中，广大劳动者在工作岗位上辛勤劳动、默默付出，推动中国成为世界第二大经济体，创造了世界发展中的"中国奇迹"。在党的带领下，中国已全面建成小康社会，实现了第一

---

① R. Rathee & P. Rajain, "Workplace Spirituality: A Comparative Study of Various Models," *Jindal Journal of Business Research* 9 (2020): 27 – 40.

个百年奋斗目标，正处于向全面建成社会主义现代化强国的第二个百年奋斗目标迈进的新发展阶段。在新发展阶段，广大劳动者依然是推动社会发展的主力军，也将继续为实现他们的家国梦想而努力奋斗。在此背景下，我们就不能局限于工作时间本身，而是需要全方位地为劳动者创造更高质量的工作环境，包括提高工作时间质量、保证公平合理的劳动报酬、营造安全温馨的工作场所、鼓励和引导他们积极参与工作决策①。当我们将对工作时间的关注拓展为对工作场所、工作报偿、工作参与等因素的综合性考量时，也相应对国家在劳动者权益保护上的制度设计和实践推进提出了更高的要求。不过，唯有这样，我们才能真正通过劳动去创造幸福。

---

① 张彦、李汉林：《治理视角下的组织工作环境：一个分析性框架》，《中国社会科学》2020 年第 8 期，第 87~107 页。

参考文献

〔匈〕阿格妮丝·赫勒:《日常生活》,衣俊卿译,重庆出版社,2010。

〔法〕埃米尔·涂尔干:《社会分工论》,渠东译,生活·读书·新知三联书店,2000。

〔英〕爱德华·泰勒:《原始文化:神话、哲学、宗教、语言、艺术和习俗发展之研究》,连树声译,广西师范大学出版社,2005。

〔美〕彼得·M.布劳:《社会生活中的交换与权力》,李国武译,商务印书馆,2012。

蔡禾:《从"底线型"利益到"增长型"利益——农民工利益诉求的转变与劳资关系秩序》,《开放时代》2010年第9期。

蔡禾:《企业职工的权威意识及其对管理行为的影响——不同所有制之间的比较》,《中国社会科学》2001年第1期。

曹灿明:《中国休假制度变迁研究》,《苏州大学学报》(哲学社会科学版)2009年第6期。

曹凤月:《论市场经济条件下工会代表身份的角色转换》,《工会论坛》1997年第3期。

常凯:《WTO、劳工标准与劳工权益保障》,《中国社会科学》2002年第1期。

常凯:《经济全球化与劳动者权益保护》,《人民论坛》2003年第5期。

常凯:《试析社会主义市场经济下的劳动关系与工会》,《工会理论与实践(中国工运学院学报)》1993年第1期。

常凯、吴亚平:《工会:集体劳权的代表——向市场经济过渡中工会的社会定位问题初探》,《当代工会》1996年第6期。

常凯主编《中国劳动关系报告——当代中国劳动关系的特点和趋向》,中国劳动社会保障出版社,2009。

陈杰、郭晓欣:《城市外来劳动力市场上的农业户籍歧视程度研究》,《华东师范大学学报》（哲学社会科学版）2019 年第 5 期。

陈丽金、唐宁玉：《员工沉默的前因与后果：回顾与展望》，《中国人力资源开发》2019 年第 12 期。

陈龙：《"数字控制"下的劳动秩序——外卖骑手的劳动控制研究》，《社会学研究》2020 年第 6 期。

陈维政、任晗、朱玖华、王西柟、陈玉玲：《中国企业工会角色冲突对工会职能作用发挥的影响和对策研究》，《管理学报》2016 年第 3 期。

陈义媛：《养老机构护工的劳动控制与隐性抗争——基于北京市养老机构的考察》，《青年研究》2013 年第 5 期。

程恩富、胡乐明、王中保、彭五堂：《关于我国企业职工权益保护状况的调研报告》，《经济经纬》2009 年第 1 期。

楚克群、宋国萍：《付出 - 回馈失衡工作压力理论的迁移、拓展与展望》，《心理科学进展》2016 年第 2 期。

崔家新、池忠军：《新中国成立以来集体主义价值观的演进历史与新时代发展》，《思想理论教育》2019 年第 11 期。

单红梅、胡恩华、黄凰：《工会实践对企业绩效影响的实证研究》，《管理科学》2014 年第 4 期。

单爽、赵冲：《加入工会会提高你的工资吗？——基于 PSM 方法的实证分析》，《兰州学刊》2020 年第 4 期。

〔美〕道格拉斯·麦格雷戈：《企业的人性面》，韩卉译，中国人民大学出版社，2008。

邓睿：《工会会员身份提高了农民工的就业质量吗？——来自流动人口专题调查的证据》，《当代经济科学》2020 年第 3 期。

董延芳、罗长福、付明辉：《加班或不加班：农民工的选择还是别无选择》，《农业经济问题》2018 年第 8 期。

董志强、魏下海：《党组织在民营企业中的积极作用——以职工权益保护为例的经验研究》，《经济学动态》2018 年第 1 期。

〔法〕E. 迪尔凯姆：《社会学方法的准则》，狄玉明译，商务印书馆，2017。

〔美〕F. W. 泰罗：《科学管理原理》，胡隆昶、冼子恩、曹丽顺译，中国社会科学出版社，1984。

樊明、田志浩：《过度劳动的过去、现在与未来——理论模型与实证支持》，

《中国劳动关系学院学报》2017 年第 4 期。

费孝通：《乡土中国》，北京大学出版社，2012。

风笑天：《社会研究方法》，中国人民大学出版社，2018。

冯钢：《企业工会的"制度性弱势"及其形成背景》，《社会》2006 年第 3 期。

冯仕政：《重返阶级分析？——论中国社会不平等研究的范式转换》，《社会学研究》2008 年第 5 期。

冯向楠、詹婧：《人工智能时代互联网平台劳动过程研究——以平台外卖骑手为例》，《社会发展研究》2019 年第 3 期。

〔美〕弗雷德里克·赫茨伯格、伯纳德·莫斯拿、巴巴拉·斯奈德曼：《赫茨伯格的双因素理论》，张湛译，中国人民大学出版社，2009。

高建东：《论隐性加班及其法律规制》，《中国劳动关系学院学报》2022 年第 2 期。

高晓文、于伟：《弱者的武器：教师的日常抗争策略研究》，《教师教育研究》2018 年第 3 期。

郭凤鸣、曲俊雪：《中国劳动者过度劳动的变动趋势及影响因素分析》，《劳动经济研究》2016 年第 1 期。

郭凤鸣、张世伟：《最低工资提升对低收入农民工过度劳动的影响》，《中国人口科学》2018 年第 5 期。

〔美〕哈里·布雷弗曼：《劳动与垄断资本：二十世纪中劳动的退化》，方生等译，商务印书馆，1978。

韩翼、宗树伟：《建言行为与沉默行为关系的知识图谱研究》，《商业经济与管理》2021 年第 5 期。

〔德〕汉斯·约阿斯、沃尔夫冈·克诺伯：《社会理论二十讲》，郑作彧译，上海人民出版社，2021。

何伟怡、陈璐璐：《相对剥夺感对网络怠工的影响——基于情绪耗竭和时间压力的中介调节机制》，《南开管理评论》2022 年第 1 期。

洪岩璧：《Logistic 模型的系数比较问题及解决策略：一个综述》，《社会》2015 年第 4 期。

侯慧、何雪松：《"不加班不成活"：互联网知识劳工的劳动体制》，《探索与争鸣》2020 年第 5 期。

侯钧生主编《西方社会学理论教程》（第二版），南开大学出版社，2006。

胡建国、裴豫:《人力资本、社会资本与大学生就业质量——基于劳动力市场分割理论的探讨》,《当代青年研究》2019 年第 5 期。

贾文娟、钟恺鸥:《另一种娱乐至死?——体验、幻象与综艺娱乐节目制作过程中的劳动控制》,《社会学研究》2018 年第 6 期。

姜颖:《我国劳动立法与劳动者权益保障》,《工会理论与实践(中国工运学院学报)》2003 年第 3 期。

金家飞、刘崇瑞、李文勇、Patricia Mary Fosh:《工作时间与工作家庭冲突:基于性别差异的研究》,《科研管理》2014 年第 8 期。

靳卫东、崔亚东:《中国工会的职能转变:从企业利益协同到职工权益维护》,《经济学动态》2019 年第 2 期。

兰兰、李彩云编著《绩效管理理论与实务》,清华大学出版社,2017。

李汉林:《中国单位社会:议论、思考与研究》,上海人民出版社,2004。

李后建:《加入工会能有效改善职工工作条件吗》,《社会保障研究》2014 年第 1 期。

李路路、李汉林:《单位组织中的资源获得》,《中国社会科学》1999 年第 6 期。

李路路、李汉林:《中国的单位组织:资源、权力与交换》,生活书店出版有限公司,2019。

李路路、苗大雷、王修晓:《市场转型与"单位"变迁 再论"单位"研究》,《社会》2009 年第 4 期。

李明、徐建炜:《谁从中国工会会员身份中获益?》,《经济研究》2014 年第 5 期。

李胜蓝、江立华:《新型劳动时间控制与虚假自由——外卖骑手的劳动过程研究》,《社会学研究》2020 年第 6 期。

李挺、汪然、刘欣:《超时劳动、工作自主性对青年劳动者幸福感的影响研究——基于 CLDS(2016)数据的实证分析》,《中国青年社会科学》2021 年第 2 期。

李韵秋、张顺:《"职场紧箍咒"——超时劳动对受雇者健康的影响及其性别差异》,《人口与经济》2020 年第 1 期。

李震:《葛兰西的文化霸权理论》,《学海》2004 年第 3 期。

李中:《工作时间质量对员工的影响:理论路径与实证检验》,《中国劳动关系学院学报》2021 年第 3 期。

李中、杨书超：《居家办公为何很累：基于边界理论的解释》，《前沿》2020 年第 6 期。

李中、张彦：《政治约束与经济理性的平衡——党组织嵌入对非公企业福利保障制度建设的影响研究》，《社会学评论》2023 年第 1 期。

李钟瑾、陈瀛、齐昊、许准：《生存工资、超时劳动与中国经济的可持续发展》，《政治经济学评论》2012 年第 3 期。

〔英〕理查德·海曼：《解析欧洲工会运动——在市场、阶级和社会之间》，吴建平译，中国工人出版社，2015。

梁萌：《996 加班工作制：互联网公司管理控制变迁研究》，《科学与社会》2019 年第 3 期。

梁萌：《弹性工时制何以失效？——互联网企业工作压力机制的理论与实践研究》，《社会学评论》2019 年第 3 期。

梁盛凯、陈池波：《从收入不平等走向共同富裕——中国城乡户籍"非制度性歧视"的分解与弥合》，《山西财经大学学报》2022 年第 3 期。

林慧琳、肖索未：《工厂即客厅：外包制鞋厂的劳动过程研究》，《社会学评论》2020 年第 5 期。

刘贝妮、杨河清：《我国高校部分教师过度劳动的经济学分析》，《中国人力资源开发》2014 年第 3 期。

刘海洋、刘峥、吴龙：《工会提高了员工福利和企业效率吗？——来自第一次全国经济普查的微观证据》，《产业经济研究》2013 年第 5 期。

刘金典：《超时劳动对农民工幸福感的影响研究》，《劳动经济研究》2022 年第 6 期。

刘昕、曾琦：《工作负担为何不一定削弱组织认同感？——基于工作负担和工作回报的响应面分析》，《经济与管理研究》2021 年第 3 期。

〔美〕罗伯特·K. 默顿：《社会理论和社会结构》，唐少杰、齐心等译，译林出版社，2015。

罗连化、周先波：《超时工作会挤出居民家庭消费吗？——基于 CFPS 数据的经验证据》，《中山大学学报》（社会科学版）2022 年第 3 期。

罗玉越、舒晓兵、史茜：《付出 - 回馈工作压力模型：西方国家十年来研究的回顾与评析》，《心理科学进展》2011 年第 1 期。

〔德〕马克思：《雇佣劳动与资本》，中共中央马克思恩格斯列宁斯大林著作
　　编译局译，人民出版社，2018。

《马克思恩格斯全集》（第四十六卷）（上册），人民出版社，1979。

《马克思恩格斯文集》（第五卷），人民出版社，2009。

《马克思恩格斯选集》（第二卷），人民出版社，1972。

《马克思恩格斯选集》（第一卷），人民出版社，2012。

〔德〕马克斯·韦伯著，〔德〕约翰内斯·温克尔曼整理《经济与社会》（上
　　卷），林荣远译，商务印书馆，1997。

〔法〕马塞尔·莫斯：《礼物》，汲喆译，商务印书馆，2016。

〔美〕迈克尔·布若威：《制造同意——垄断资本主义劳动过程的变迁》，李
　　荣荣译，商务印书馆，2008。

〔美〕迈克尔·斯彭斯：《市场信号传递：雇佣过程中的信息传递及相关筛选
　　过程》，李建荣译，中国人民大学出版社，2019。

毛畅果、郭磊：《中国员工沉默动因：基于内隐理论的研究》，《北京师范大
　　学学报》（社会科学版）2017年第4期。

孟泉：《竞合空间与生存空间：企业工会可持续能动性的运作逻辑》，《中国
　　人力资源开发》2021年第2期。

孟续铎：《劳动者过度劳动的成因研究：一般原理与中国经验》，博士学位论
　　文，首都经济贸易大学，2013。

孟续铎：《劳动者过度劳动的若干理论问题研究》，《中国人力资源开发》
　　2014年第3期。

苗大雷、王修晓：《项目制替代单位制了吗？——当代中国国家治理体制的比
　　较研究》，《社会学评论》2021年第4期。

聂琦、张捷、彭坚、毕砚昭：《养精蓄锐：工间微休息研究述评与展望》，
　　《外国经济与管理》2020年第6期。

聂伟、风笑天：《996在职青年的超时工作及社会心理后果研究——基于
　　CLDS数据的实证分析》，《中国青年研究》2020年第5期。

潘峰：《"应付了事"：作为弱者抵抗的实习怠工——基于校企合作制度下的
　　实习生问题之反思》，《中国人力资源开发》2014年第7期。

彭息强、田喜洲、彭小平、姜梦媛、焦青松：《莫道桑榆晚：老龄员工职场成
　　功的前因、后果及实现策略》，《外国经济与管理》2022年第8期。

乔健、钱俊月：《对民营企业工会建设问题的思考》，《中国人力资源开发》
　　2010 年第 10 期。

乔健：《在国家、企业和劳工之间：工会在市场经济转型中的多重角色——对
　　1811 名企业工会主席的问卷调查》，《当代世界与社会主义》2008 年第
　　2 期。

〔美〕乔治·H. 米德：《心灵、自我与社会》，赵月瑟译，上海译文出版社，2018。

卿石松、刘明巍：《劳动合同和工会的权益保护作用——基于 CGSS 2008 的经
　　验分析》，《社会学评论》2014 年第 1 期。

沈原：《市场、阶级与社会——转型社会学的关键议题》，社会科学文献出版
　　社，2007。

石建忠：《过度劳动理论与实践——国外经验、中国现状和研究展望》，《人
　　口与经济》2019 年第 2 期。

帅满、关佳佳：《分类控制与劳资共识分化：快递员劳动过程研究》，《清华
　　社会学评论》2020 年第 1 期。

帅满：《快递员的劳动过程：关系控制与劳动关系张力的化解》，《社会发展
　　研究》2021 年第 1 期。

宋皓杰、郜人婧、张强、程延园：《工作时间与工作绩效的非线性关系：一项
　　元分析》，《心理科学进展》2022 年第 12 期。

宋萌、黄忠锦、胡鹤颜、綦萌：《工作意义感的研究述评与未来展望》，《中
　　国人力资源开发》2018 年第 9 期。

苏熠慧：《控制与抵抗：雇主与家政工在家务劳动过程中的博弈 》，《社会》
　　2011 年第 6 期。

孙健敏、姜铠丰：《中国背景下组织认同的结构——一项探索性研究》，《社
　　会学研究》2009 年第 1 期。

孙姣、杨河清：《近年我国过度劳动问题研究动态》，《中国人力资源开发》
　　2016 年第 19 期。

孙兆阳、刘玉锦：《工会对企业员工工资有什么影响？——基于中国综合社会
　　调查 2008－2015 年混合截面数据的分析》，《劳动经济研究》2019 年第
　　4 期。

孙中伟、贺霞旭：《工会建设与外来工劳动权益保护——兼论一种"稻草人
　　机制"》，《管理世界》2012 年第 12 期。

孙中伟、黄婧玮：《加班依赖体制：再探青年农民工过度加班问题》，《中国青年研究》2021 年第 8 期。

谭金可：《论过度劳动的法律治理》，《法商研究》2017 年第 3 期。

唐晓琦：《工作情景、时间体验与不同劳动体制下的自由感知——关于青年群体"奔赴零工"现象的反思》，《中国青年研究》2022 年第 4 期。

田喜洲、左晓燕、彭小平：《工作意味着什么——工作意义概念、影响与研究框架》，《心理研究》2017 年第 2 期。

田效勋：《薪酬模式设计》，《企业管理》2003 年第 10 期。

田毅鹏、余敏：《单位制形成早期国企的劳动纪律问题》，《江海学刊》2015 年第 4 期。

佟新：《当代中国劳动问题的社会学研究》，社会科学文献出版社，2014。

佟新：《职业生涯研究》，《社会学研究》2001 年第 1 期。

佟新、周旅军：《就业与家庭照顾间的平衡：基于性别与职业位置的比较》，《学海》2013 年第 2 期。

〔美〕W. 理查德·斯格特：《组织理论：理性、自然和开放系统》，黄洋等译，华夏出版社，2002。

汪世锦：《论权威——兼论权威与权力的关系》，《湖北大学学报》（哲学社会科学版）2001 年第 6 期。

王艾青：《过度劳动及其就业挤出效应分析》，《当代经济研究》2007 年第 1 期。

王丹、杨河清：《知识工作者过度劳动的形成机制探析》，《中国人力资源开发》2012 年第 1 期。

王广慧、苏彦昭：《工作时间对劳动者健康影响的阈值效应分析》，《劳动经济研究》2021 年第 4 期。

王健：《必要的消失：论劳动者的离线权》，《上海交通大学学报》（哲学社会科学版）2023 年第 6 期。

王林清：《加班控制制度法律问题研究》，《法学杂志》2012 年第 8 期。

王宁：《后单位制时代，"单位人"转变成了什么人》，《学术研究》2018 年第 11 期。

王宁：《压力化生存——"时间荒"解析》，《山东社会科学》2013 年第 9 期。

王宁：《要钱还是要闲？——时间荒的文化根源》，第 13 届中国休闲与社会进步学术年会会议论文，2015 年 11 月，广州。

王琼、叶静怡：《进城务工人员健康状况、收入与超时劳动》，《中国农村经济》2016 年第 2 期。

王天夫：《社会研究中的因果分析》，《社会学研究》2006 年第 4 期。

王天玉：《工作时间基准的体系构造及立法完善》，《法律科学（西北政法大学学报）》2016 年第 1 期。

王笑天、李爱梅、吴伟炯、孙海龙、熊冠星：《工作时间长真的不快乐吗？异质性视角下工作时间对幸福感的影响》，《心理科学进展》2017 年第 1 期。

王欣、杨婧：《过度劳动视阈下员工隐性缺勤的经济损失研究》，《首都经济贸易大学学报》2021 年第 2 期。

王欣、杨婧：《劳动时间长度与健康的关系——基于肥胖视角》，《人口与经济》2020 年第 1 期。

王永丽、郑婉玉：《双重角色定位下的工会跨界职能履行及作用效果分析》，《管理世界》2012 年第 10 期。

〔美〕威廉·大内：《Z 理论——美国企业界怎样迎接日本的挑战》，孙耀君、王祖融译校，中国社会科学出版社，1984。

卫武、黄昌洋、张琴：《消极情绪对组织公民行为和反生产行为的影响：自我控制视角》，《管理评论》2019 年第 12 期。

魏钧、陈中原、张勉：《组织认同的基础理论、测量及相关变量》，《心理科学进展》2007 年第 6 期。

魏下海、董志强、金钊：《工会改善了企业雇佣期限结构吗？——来自全国民营企业抽样调查的经验证据》，《管理世界》2015 年第 5 期。

温忠麟、叶宝娟：《中介效应分析：方法和模型发展》，《心理科学进展》2014 年第 5 期。

闻效仪：《集体合同工作中的行政模式以及工会困境》，《中国党政干部论坛》2013 年第 5 期。

闻效仪：《"上代下"：工会改革逻辑与多样化类型》，《社会学评论》2020 年第 5 期。

吴建平：《地方工会"借力"运作的过程、条件及局限》，《社会学研究》2017 年第 2 期。

吴建平：《地方工会"以上代下"与基层工会"瘦身减负"——近40年来中国工会改革的趋势与特点》，《中国劳动关系学院学报》2018年第1期。

吴洁倩、张译方、王桢：《员工非工作时间连通行为会引发工作家庭冲突？心理脱离与组织分割供给的作用》，《中国人力资源开发》2018年第12期。

吴清军：《国企改制中工人的内部分化及其行动策略》，《社会》2010年第6期。

吴清军：《西方工人阶级形成理论述评——立足中国转型时期的思考》，《社会学研究》2006年第2期。

吴清军主编《中国劳动关系学40年（1978－2018）》，中国社会科学出版社，2018。

吴亚平、郑桥：《中国特色社会主义工会发展道路探析》，《新视野》2013年第6期。

武雅彤、王晶：《企业工会改革的可能性与局限性——基于组织有效性与合法性关系的考察》，《中国人力资源开发》2017年第7期。

夏传玲：《权杖和权势——组织的权力运作机制》，中国社会科学出版社，2008。

谢勇、史晓晨：《农民工的劳动时间及其影响因素研究——基于江苏省的调研数据》，《河北大学学报》（哲学社会科学版）2013年第1期。

谢玉华、何包钢：《基于新自由主义与社团主义的工会功能分析：以沃尔玛工会为例》，《浙江社会科学》2013年第7期。

徐春丽：《单位制变迁背景下劳动激励的转型——以国有企业内部关系为中心》，博士学位论文，吉林大学，2018。

徐梦、李小平：《组织不公平与反生产行为的关系》，《心理与行为研究》2017年第2期。

徐小洪：《中国工会的双重角色定位》，《人文杂志》2010年第6期。

许怡、叶欣：《技术升级劳动降级？——基于三家"机器换人"工厂的社会学考察》，《社会学研究》2020年第3期。

〔美〕亚伯拉罕·马斯洛：《动机与人格》（第三版），许金声等译，中国人民大学出版社，2007。

颜爱民、赵德岭、余丹：《高绩效工作系统、工作倦怠对员工离职倾向的影响研究》，《工业技术经济》2017年第7期。

杨河清、韩飞雪、肖红梅：《北京地区员工过度劳动状况的调查研究》，《人口与经济》2009 年第 2 期。

杨河清、王欣：《新常态下我国过度劳动法律规制问题研究》，《南京大学学报》（哲学·人文科学·社会科学）2017 年第 5 期。

杨伟国、代懋主编《劳动经济学》（第三版），东北财经大学出版社，2019。

叶仁荪、倪昌红、夏军：《员工群体离职研究述评》，《经济理论与经济管理》2012 年第 11 期。

易定红、袁青川：《中国工会存在工资溢价吗——基于控制样本选择性偏差的 Blinder-Oaxaca 回归分解》，《经济理论与经济管理》2015 年第 2 期。

易明、罗瑾琏、王圣慧、钟竞：《时间压力会导致员工沉默吗——基于 SEM 与 fsQCA 的研究》，《南开管理评论》2018 年第 1 期。

游正林：《60 年来中国工会的三次大改革》，《社会学研究》2010 年第 4 期。

游正林：《不平则鸣：关于劳资冲突分析的文献综述》，《学海》2005 年第 4 期。

游正林：《政绩驱动下的工会行动——对 F 厂工会主动介入生产管理过程的调查与思考》，《学海》2011 年第 1 期。

余向平主编《企业管理原理》（第二版），经济管理出版社，2009。

俞可平：《权力与权威：新的解释》，《中国人民大学学报》2016 年第 3 期。

袁庆宏、钱珊珊、王春艳：《员工离职研究综述与展望》，《中国人力资源开发》2017 年第 4 期。

曾湘泉主编《劳动经济学》，中国劳动社会保障出版社、复旦大学出版社，2005。

翟学伟：《中国人社会行动的结构——个人主义和集体主义的终结》，《南京大学学报》（哲学·人文科学·社会科学版）1998 年第 1 期。

〔美〕詹姆斯·C. 斯科特：《弱者的武器》，郑广怀、张敏、何江穗译，译林出版社，2007。

〔美〕詹姆斯·C. 斯科特：《支配与抵抗艺术：潜隐剧本》，王佳鹏译，南京大学出版社，2021。

〔美〕詹姆斯·S. 科尔曼：《社会理论的基础》（上、下），邓方译，社会科学文献出版社，1999。

张德远：《关于现代西方效率工资理论的评述》，《财经研究》2002 年第 5 期。

张抗私、刘翠花、丁述磊：《工作时间如何影响城镇职工的健康状况？——来

自中国劳动力动态调查数据的经验分析》，《劳动经济研究》2018 年第
1 期。

张伶、张大伟：《工作—家庭冲突研究：国际进展与展望》，《南开管理评论》
2006 年第 4 期。

张希坡：《我国劳动法中关于工时和周休制度的历史演进》，《人文杂志》
1996 年第 2 期。

张彦、李汉林：《治理视角下的组织工作环境：一个分析性框架》，《中国社
会科学》2020 年第 8 期。

张铮、陈雪薇、邓妍方：《从浸入到侵入，从待命到疲倦：媒体从业者非工作
时间社交媒体使用与工作倦怠的关系研究》，《国际新闻界》2021 年第
3 期。

张智勇、王玉洁：《过度劳动形成机制的分析》，《中国劳动》2015 年第 8 期。

郑广怀、孙慧、万向东：《从"赶工游戏"到"老板游戏"——非正式就业
中的劳动控制》，《社会学研究》2015 年第 3 期。

周飞舟：《分税制十年：制度及其影响》，《中国社会科学》2006 年第 6 期。

周黎安：《中国地方官员的晋升锦标赛模式研究》，《经济研究》2007 年第
7 期。

周雪光：《组织社会学十讲》，社会科学文献出版社，2003。

〔美〕朱丽叶·斯格尔：《过度劳累的美国人》，赵惠君、蒋天敏译，重庆大
学出版社，2010。

朱玲：《农村迁移工人的劳动时间和职业健康》，《中国社会科学》2009 年第
1 期。

祝仲坤：《过度劳动对农民工社会参与的"挤出效应"研究——来自中国流
动人口动态监测调查的经验证据》，《中国农村观察》2020 年第 5 期。

庄家炽、韩心茹：《精细化管理与金融从业人员加班问题研究》，《中国青年
研究》2021 年第 8 期。

《资本论》（第一卷），人民出版社，1975。

Aaron Cohen & Alon Diamant, "The Role of Justice Perceptions in Determining
Counterproductive Work Behaviors," *The International Journal of Human Re-
source Management* 30（2019）.

Achmad Junaidi, Eko Sasono, Wanuri Wanuri & Dian Emiyati, "The Effect of Overtime, Job Stress, and Workload on Turnover Intention," *Management Science Letters* 10 (2020).

Adrian Loerbroks, Heng Meng, Min Li Chen, Raphael Herr, Peter Angerer & Jian Li, "Primary School Teachers in China: Associations of Organizational Justice and Effort-Reward Imbalance with Burnout and Intentions to Leave the Profession in a Cross-Sectional Sample," *International Archives of Occupational & Environmental Health* 87 (2013).

Andrew L. Friedman, *Industry and Labour: Class Struggle at Work and Monopoly Capitalism* (London: Macmillan, 1977).

Anne Roeters & Lyn Craig, "Part-Time Work, Women's Work-Life Conflict, and Job Satisfaction: A Cross-National Comparison of Australia, the Netherlands, Germany, Sweden, and the United Kingdom," *International Journal of Comparative Sociology* 55 (2014).

Barry Bluestone & Stephen Rose, "Overworked and Underemployed: Unraveling an Economic Enigma," *American Prospect* 31 (1997).

Blake Ashforth, Glen Kreiner & Mel Fugate, "All in a Day's Work: Boundaries and Micro Role Transitions," *Academy of Management Review* 25 (2000).

Christos Doucouliagos & Patrice Laroche, "What Do Unions Do to Productivity? A Meta-Analysis," *Industrial Relations: A Journal of Economy and Society* 42 (2003).

Colette Fagan, Clare Lyonette, Mark Smith & Abril Saldaña-Tejeda, *The Influence of Working Time Arrangements on Work-Life Integration or"Balance": A Review of the International Evidence* (Geneva: International Labour Organization), 2012.

Craig C. Pinder & Karen P. Harlos, "Employee Silence: Quiescence and Acquiescence as Responses to Perceived Injustice," in *Research in Personnel and Human Resources Management* (Emerald Group Publishing Limited, 2001).

Cristina Borra, Almudena Sevilla & Jonathan Gershuny, "Calibrating Time-Use Estimates for the British Household Panel Survey," *Social Indicators Research* 114 (2013).

Edward P. Lazear & Sherwin Rosen, "Rank-Order Tournaments as Optimum Labor Contracts," *Journal of Political Economy* 89 (1981).

Elena Bardasi & Quentin Wodon, "Working Long Hours and Having No Choice: Time Poverty in Guinea," *Feminist Economics* 16 (2009).

Emily Hughes & Katharine Parkes, "Work Hours and Well-Being: The Roles of Work-Time Control and Work-Family Interference," *Work and Stress* 21 (2007).

Feng Chen, "Union Power in China Source, Operation, and Constraints," *Modern China* 35 (2009).

Florian Schulz & Daniela Grunow, "Comparing Diary and Survey Estimates on Time Use," *European Sociological Review* 28 (2011).

George A. Akerlof, "Labor Contracts as Partial Gift Exchange," *Quarterly Journal of Economics* 97 (1982).

G. Notelaers, M. Törnroos & D. Salin, "Effort-Reward Imbalance: A Risk Factor for Exposure to Workplace Bullying," *Frontiers in Psychology* 10 (2019).

Gretchen Webber & Christine Williams, "Part-Time Work and the Gender Division of Labor," *Qualitative Sociology* 31 (2008).

Haya Stier & Noah Lewin-Epstein, "Women's Part-Time Employment and Gender Inequality in the Family," *Journal of Family Issues* 21 (2000).

International Labour Office, *Guide to Developing Balanced Working Time Arrangements* (Geneva: International Labour Organization), 2019.

James L. Price & Charles W. Mueller, "A Causal Model of Turnover for Nurses," *Academy of Management Journal* 24 (1981).

James L. Price, "Reflections on the Determinants of Voluntary Turnover," *International Journal of Manpower* 22 (2001).

Janet Gornick & Alexandra Heron, "The Regulation of Working Time as Work-Family Reconciliation Policy: Comparing Europe, Japan, and the United States," *Journal of Comparative Policy Analysis: Research and Practice* 8 (2006).

Jay Ginn & Jane Sandell, "Balancing Home and Employment: Stress Reported by Social Services Staff," *Work, Employment & Society* 11 (1997).

J. Devaro, "Internal Promotion Competitions in Firms," *Labor & Demography* 37 (2010).

Jeanne Fagnani & Marie-Thérèse Letablier, "Work and Family Life Balance: The

Impact of the 35 – Hour Laws in France," *Work, Employment & Society* 18 (2004).

Jeffrey H. Greenhaus & Nicholas J. Beutell, "Sources of Conflict Between Work and Family Roles," *The Academy of Management Review* 10 (1985).

Jenny Chalmers, Iain Campbell & Sara Charlesworth, "Part-Time Work and Caring Responsibilities in Australia: Towards an Assessment of Job Quality," *Labour & Industry* 15 (2005).

Jerry A. Jacobs & Kathleen Gerson, "Who Are the Overworked Americans?," *Review of Social Economy* 56 (1998).

Jerry Jacobs & Kathleen Gerson, *The Time Divide: Work, Family, and Gender Inequality* (Cambridge: Harvard University Press), 2004.

Johannes Siegrist & Jian Li, "Associations of Extrinsic and Intrinsic Components of Work Stress with Health: A Systematic Review of Evidence on the Effort-Reward Imbalance Model," *International Journal of Environmental Research and Public Health* 13 (2016).

John Brack & Keith Cowling, "Advertising and Labour Supply: Workweek and Workyear in U. S. Manufacturing Industries, 1919 – 76," *Kyklos* 36 (1983).

John Robinson & Geoffrey Godbey, *Time for Life: The Surprising Ways Americans Use Their Time* (Pennsylvania: Penn State University Press), 1997.

John T. Addison & Barry T. Hirsch, "Union Effects on Productivity, Profits, and Growth: Has the Long Run Arrived?," *Journal of Labor Economics* 7 (1989).

J. Siegrist, "Adverse Health Effects of High-Effort/Low-Reward Conditions," *Journal of Occupational Health Psycholgy* 1 (1996).

J. Yang & J. M. Diefendorff, "The Relations of Daily Counterproductive Workplace Behavior with Emotions, Situational Antecedents, and Personality Moderators: A Diary Study in Hong Kong," *Personnel Psychology* 62 (2010).

Kapo Wong, Alan H. S. Chan & S. C. Ngan, "The Effect of Long Working Hours and Overtime on Occupational Health: A Meta-Analysis of Evidence from 1998 to 2018," *International Journal of Environmental Research and Public Health* 16 (2019).

K. Askew, J. E. Buckner, M. U. Taing, A. Ilie, J. A. Bauer & M. D. Coovert, "Explaining Cyberloafing: The Role of the Theory of Planned Behavior," *Computers in Human Behavior* 36 (2014).

Kate Sparks, Cary Cooper, Yitzhak Fried & Arie Shirom, "The Effects of Hours of Work on Health: A Meta-Analytic Review," *Journal of Occupational & Organizational Psychology* 70 (1997).

Laura Leete & Juliet B. Schor, "Assessing the Time-Squeeze Hypothesis: Hours Worked in the United States, 1969 – 89," *Industrial Relations: A Journal of E-conomy* 33 (1994).

Leah Ruppanner & David J. Maume, "Shorter Work Hours and Work-to-Family Interference: Surprising Findings from 32 Countries," *Social Forces* 95 (2016).

Leslie A. Perlow, "Boundary Control: The Social Ordering of Work and Family Time in a High-Tech Corporation," *Administrative Science Quarterly* 43 (1998).

Linn Van Dyne, Soon Ang & Isabel C. Botero, "Conceptualizing Employee Silence and Employee Voice as Multidimensional Constructs," *Journal of Management Studies* 40 (2003).

Lonnie Golden & Tesfayi Gebreselassie, "Overemployment Mismatches: The Preference for Fewer Work Hours," *Monthly Labor Review* 130 (2007).

Man Yee Kan & Stephen Pudney, "Measurement Error in Stylized and Diary Data on Time Use," *Sociological Methodology* 38 (2008).

Mark Wooden, Diana Warren & Robert Drago, "Working Time Mismatch and Subjective Well-Being," *British Journal of Industrial Relations* 47 (2009).

Max Weber, *The Theory of Social and Economic Organization* (New York: Oxford University Press, 1974).

Michael Knoll & Rolf Van Dick, "Do I Hear the Whistle? A First Attempt to Measure Four Forms of Employee Silence and Their Correlates," *Journal of Business Ethics* 113 (2013).

Michael R. Frone, Marcia Russell & M. Lynne Cooper, "Antecedents and Outcomes of Work-Family Conflict: Testing a Model of the Work-Family Interface," *Journal of Applied Psychology* 77 (1992).

MinaBeigi, Melika Shirmohammadi & Jim Stewart, "Flexible Work Arrangements and Work-Family Conflict: A Metasynthesis of Qualitative Studies Among Academics," *Human Resource Development Review* 17 (2018).

M. J. Sirgy & D. J. Lee, "Work-Life Balance: An Integrative Review," *Applied Research in Quality of Life* 13 (2018).

Monique Valcour, "Work-Based Resources as Moderators of the Relationship Between Work Hours and Satisfaction with Work-Family Balance," *Journal of Applied Psychology* 92 (2007).

M. S. Rosemberg & Y. Li, "Effort-Reward Imbalance and Work Productivity Among Hotel Housekeeping Employees: A Pilot Study," *Workplace Health and Safety* 66 (2018).

Natalie Skinner & Barbara Pocock, "Work-Life Conflict: Is Work Time or Work O-verload More Important?," *Asia Pacific Journal of Human Resources* 46 (2008).

Patricia E. Van Echtelt, Arie C. Glebbeek & Siegwart M. Lindenberg, "The New Lumpiness of Work: Explaining the Mismatch Between Actual and Preferred Working Hours," *Work, Employment & Society* 20 (2006).

Penny Edgell Becker & Phyllis Moen, "Scaling Back: Dual-Earner Couples' Work-Family Strategies," *Journal of Marriage and the Family* 61 (1999).

Peter W. Hom, Thomas W. Lee, Jason D. Shaw & John P. Hausknecht, "One Hundred Years of Employee Turnover Theory and Research," *Journal of Applied Psychology* 102 (2017).

Pierre Walthery & Jonathan Gershuny, "Improving Stylised Working Time Estimates with Time Diary Data: A Multi Study Assessment for the UK," *Social Indicators Research* 144 (2019).

P. L. Rones, R. E. Ilg & J. M. Gardner, "Trends in Hours of Work Since the Mid – 1970s," *Monthly Labor Review* 120 (1997).

Ralf Dahrendorf, *Class and Class Conflict in Industrial Society* (Stanford, California: Stanford University Press), 1959.

Richard B. Freeman, "Individual Mobility and Union Voice in the Labor Market," *The American Economic Review* 66 (1976).

Robert M. Solow, "Another Possible Source of Wage Stickiness," *Journal of Macroeconomics* 1 (1979).

Robert N. Mefford, "The Effect of Unions on Productivity in a Multinational Manufacturing Firm," *ILR Review* 40 (1986).

R. Rathee & P. Rajain, "Workplace Spirituality: A Comparative Study of Various Models," *Jindal Journal of Business Research* 9 (2020).

Samuel Aryee, Ekkirala S. Srinivas & Hwee Hoon Tan, "Rhythms of Life: Antecedents and Outcomes of Work-Family Balance in Employed Parents," *Journal of Applied Psychology* 90 (2005).

Sangheon Lee, Deirdre McCann & Jon C. Messenger, *Working Time Around the World: Trends in Working Hours, Laws and Policies in a Global Comparative Perspective* (London: Routledge, 2007).

Schlachter Svenja, Mcdowall Almuth, Cropley Mark et al., "Voluntary Work-Related Technology Use During Non-Work Time: A Narrative Synthesis of Empirical Research and Research Agenda," *International Journal of Management Reviews* 20 (2017).

Scott Walsworth, "What Do Unions Do to Innovation? An Empirical Examination of the Canadian Private Sector," *Relations Industrielles* 65 (2010).

S. Fox & P. E. Spector (eds.), *Counterproductive Work Behavior: Investigations of Actors and Targets* (Washington, DC: APA Books, 2005).

Steffen Otterbach, "Mismatches Between Actual and Preferred Work Time: Empirical Evidence of Hours Constraints in 21 Countries," *Journal of Consumer Policy* 33 (2010).

Stella Chatzitheochari & Sara Arber, "Class, Gender and Time Poverty: A Time-Use Analysis of British Workers' Free Time Resources," *British Journal of Sociology* 63 (2012).

Sue Clark, "Work/Family Border Theory: A New Theory of Work/Family Balance," *Human Relations* 53 (2000).

Tammy D. Allen, David El Herst, Carly S. Bruck & Martha Sutton, "Consequences Associated with Work-to-Family Conflict: A Review and Agenda for Future Research," *Journal of Occupational Health Psychology* 5 (2000).

Terry Taylor, "The True Cost of Turnover and How to Prevent It," *Journal of Property Management* 58 (1993).

T. F. Meijman & G. Mulder, "Psychological Aspects of Workload," In P. Drenth,

H. Thierry & C. Wolff (eds.), *Handbook of Work and Organizational Psychology: Work Psychology* (Hove, England: Psychology Press), 1998.

Thomas W. Lee & Terence R. Mitchell, "An Alternative Approach: The Unfolding Model of Voluntary Employee Turnover," *Academy of Management Review* 19 (1994).

Tracey Warren, "Class-and Gender-Based Working Time? Time Poverty and the Division of Domestic Labour," *Sociology* 37 (2003).

Tracey Warren, "Working Part-Time: Achieving a Successful 'Work-Life' Balance?," *British Journal of Sociology* 55 (2004).

Virginia Smith Major, Katherine J. Klein & Mark G. Ehrhart, "Work Time, Work Interference with Family, and Psychological Distress," *Journal of Applied Psychology* 87 (2002).

William H. Mobley, Rodger W. Griffeth, Herbert H. Hand & Bruce M. Meglino, "Review and Conceptual Analysis of the Employee Turnover Process," *Psychological Bulletin* 86 (1979).

Young Jin Ko & Jin Nam Choi, "Overtime Work as the Antecedent of Employee Satisfaction, Firm Productivity, and Innovation," *Journal of Organizational Behavior* 40 (2019).

附　录

中国城镇居民工作环境调查问卷（节选）

尊敬的女士/先生：

　　您好！

　　由中国社会科学院主持的这次调查，目的是了解人们的工作状况、工作环境以及他们对工作和社会的一些看法。所收集的资料将经过统计分析，为国家制定政策提供依据。本问卷中的任何问题，答案都没有对错之分，您只要根据自己的实际想法和所了解的实际情况回答就行。全部访问需要半小时左右。涉及到个人信息，我们将依据《中华人民共和国统计法》予以保密。

　　感谢您对我们调查的大力支持！

中国社会科学院工作环境研究课题组

2022 年 8 月

****

C 首先，我们来谈谈您的工作情况。

C4 您的工作状况属于下列哪一种情形？

（1）普通员工　　　　　　　　（2）中层管理者

（3）个体工商户（跳问 C8）　　（4）企业经营者（跳问 C8）

（5）单位负责人（跳问 C8）　　（6）自由职业者（跳问 C8）

（7）其他（请说明）＿＿＿＿＿

C15 通常情况下，您每周工作几天？（包括加班，不包括兼职）＿＿＿＿＿＿天

C17 如果您可以自主决定每周的工作时间，且工作时间的增减会影响到您的收入，请问您更愿意：

（1）增加工作时间　　（2）与现在保持不变　　（3）减少工作时间

C18 上个月，您平均每天花多少时间从事下列活动？

A 正常上班（如合同规定、法定、单位规定的上班时间）	＿＿＿＿小时＿＿＿＿分钟
B 加班（正常上班之外的额外工作时间）	＿＿＿＿小时＿＿＿＿分钟

C20 通常情况下，您加班主要是单位安排还是个人选择？

（1）单位安排　　（2）个人选择　　（3）其他（请说明）＿＿＿＿

C21 下列各种说法，多大程度上符合您的实际情况？

	完全符合	比较符合	一般	较不符合	很不符合	不适用
A 工作中，我能把一些创新性想法转化为实际应用	（5）	（4）	（3）	（2）	（1）	（8）
B 我会改进工作流程或方法去提高工作效率	（5）	（4）	（3）	（2）	（1）	（8）
C 我能通过学习去解决工作中遇到的问题	（5）	（4）	（3）	（2）	（1）	（8）
D 我能通过学习去掌握新知识、新技能、新流程	（5）	（4）	（3）	（2）	（1）	（8）
E 我可以保质保量地完成工作任务	（5）	（4）	（3）	（2）	（1）	（8）
F 我能够胜任当前的工作岗位	（5）	（4）	（3）	（2）	（1）	（8）
G 我常常鼓励和帮助其他同事更好地完成工作	（5）	（4）	（3）	（2）	（1）	（8）
H 我总是支持和维护领导的决策	（5）	（4）	（3）	（2）	（1）	（8）

	完全符合	比较符合	一般	较不符合	很不符合	不适用
I 工作太忙，我没时间照顾家庭	（5）	（4）	（3）	（2）	（1）	（8）
J 工作太累，我没精力处理家庭事务	（5）	（4）	（3）	（2）	（1）	（8）
M 下班之后我还要接听工作电话、收发电子邮件、回复消息	（5）	（4）	（3）	（2）	（1）	（8）
O 我尽可能把工作做得又快又好	（5）	（4）	（3）	（2）	（1）	（8）
Q 对于工作，我干劲十足	（5）	（4）	（3）	（2）	（1）	（8）
R 工作时，我十分专注	（5）	（4）	（3）	（2）	（1）	（8）

C23 为了熟练掌握这份工作的主要技能和操作流程，您认为一个没有经验的人需要经过多长时间的培训？

（1）一周以内　　　　（2）一个月以内　　　　（3）半年以内

（4）一年以内　　　　（5）一年至三年　　　　（6）三年以上

C24 您是否是专业技术人员？

（1）是　　　（2）否（跳问 C26）　　　　（8）不适用（跳问 C26）

C25 您的技术职称是（或相当于）：

（1）高级（副教授及以上）　　　　（2）中级（讲师）

（3）初级（助教）　　　　（4）未定级

（5）其他（请说明）＿＿＿＿＿＿

C26 下列各种说法，多大程度上符合您的实际情况？

	完全符合	比较符合	一般	较不符合	很不符合	不适用
B 这份工作有助于促进我个人的成长	（5）	（4）	（3）	（2）	（1）	（8）

	完全符合	比较符合	一般	较不符合	很不符合	不适用
C 我这份工作可以给社会带来积极影响	(5)	(4)	(3)	(2)	(1)	(8)
E 这份工作提高了我的技能或知识水平	(5)	(4)	(3)	(2)	(1)	(8)

C30 您对这份工作是否感到满意？

（5）很满意　　　（4）较满意　　　（3）一般　　　（2）较不满意

（1）很不满意

C31 您有没有换一个工作的想法？

（3）经常有　　　　　（2）偶尔有　　　　　　（1）从没有

C36 如果您钱多得这辈子都花不完，您是否还会从事现在这份工作？

（5）一定会　　　　　（4）大概会　　　　　　（3）不确定

（2）大概不会　　　　（1）肯定不会

C37 下列各种说法，多大程度上符合您目前的工作岗位情况？

	完全符合	比较符合	一般	较不符合	很不符合
C 应付上级分配的任务	(5)	(4)	(3)	(2)	(1)
D 工作拖拖拉拉	(5)	(4)	(3)	(2)	(1)

D 下面，我们来谈谈您单位的情况。

D1 您有没有工作单位？

（1）有　　　　　　　（2）无（跳问 E 部分）

（3）其他（请说明并跳问 E 部分）＿＿＿

D2 您所在单位的类型属于下列哪一类？

（1）国家机关　　（2）事业单位　　　　　（3）社会团体

（4）国有企业　　（5）集体企业　　　　　（6）股份合作企业

（7）联营企业　　（8）有限责任公司　　（9）股份有限公司

（10）私营企业　　（11）港澳台商投资企业（12）外商投资企业

（13）个体工商户（14）其他（请说明）＿＿＿＿＿

D6 您所在单位属于下列哪一个行业?

（1）农林牧渔业　　　（2）采矿业

（3）制造业　　　　　（4）电力、热力、燃气及水生产和供应业

（5）建筑业　　　　　（6）批发和零售业

（7）交通运输、仓储和邮政业　　　　（8）住宿和餐饮业

（9）信息传输、软件和信息技术服务业　　（10）金融业

（11）房地产业　　　　　（12）租赁和商务服务业

（13）科学研究和技术服务业　　（14）水利、环境和公共设施管理业

（15）居民服务、修理和其他服务业　　　（16）教育

（17）卫生和社会工作　　（18）文化、体育和娱乐业

（19）公共管理、社会保障和社会组织　　（20）国际组织

（21）其他（请说明）＿＿＿＿＿

D7 您工作单位的在职员工总共有多少人?

＿＿＿＿＿＿＿＿＿＿＿＿＿人

D10 您所在单位中，有没有下列团体或组织?

	有	无	不清楚	不适用
A 工会	（1）	（0）	（9）	（8）

D12 您所在单位中是否设有下列福利?

	有	无	不清楚	不适用
I 带薪年假	（1）	（0）	（9）	（8）
O 法定节假日休假	（1）	（0）	（9）	（8）

D16 如果您所在单位，工作在一线的基层员工是第一层，最大的领导是最高层，那么您单位从第一层到最高层共有多少层?

_____层

D17 在您单位的层级中，您处在第几层？

_____层

D19 在未来三年内，您在单位里的晋升机会有多大？

（5）很大　　　　（4）较大　　　　　（3）较小

（2）很小　　　　（1）无机会　　　　（9）不好说

（8）不适用

D22 下列各种说法，多大程度上符合您在单位中的实际情况？

	完全符合	比较符合	一般	较不符合	很不符合	不适用
H 能在这个单位工作，我感到很荣幸	（5）	（4）	（3）	（2）	（1）	（8）
I 单位给了我家的感觉	（5）	（4）	（3）	（2）	（1）	（8）
J 单位在社会上的形象很能够代表我	（5）	（4）	（3）	（2）	（1）	（8）
K 尽管我有对单位的好建议，也不说出来	（5）	（4）	（3）	（2）	（1）	（8）
L 尽管我发现了单位中的一些问题，但我通常保持沉默	（5）	（4）	（3）	（2）	（1）	（8）
M 为了提高工作效率，我会向单位提出优化意见	（5）	（4）	（3）	（2）	（1）	（8）
N 我会指出那些影响单位发展的不合理制度和安排	（5）	（4）	（3）	（2）	（1）	（8）

E 下面，我们将谈谈您的收入和福利。

E2 您目前的工资形式属于下列哪一种？

（1）计时制　　　（2）计件制　　　（3）岗位工资

（4）效益工资　　　（5）保底提成　　　（6）其他（请说明）＿＿＿

（8）不适用

E4a 您目前这份工作的月收入大约是多少元？＿＿＿＿＿＿＿元/月

E5 您对目前这份工作的月收入是否满意？

（5）很满意　　　　　（4）较满意　　　　　　（3）一般

（2）较不满意　　　（1）很不满意

E7 与下面的人群相比，您的经济收入状况如何？

	很高	较高	差不多	较低	很低	不清楚
1 身边的亲朋好友	（5）	（4）	（3）	（2）	（1）	（9）
2 单位内同事	（5）	（4）	（3）	（2）	（1）	（9）
3 相同职业的人	（5）	（4）	（3）	（2）	（1）	（9）

E8 就您的能力和工作付出而言，您觉得您现在的收入是否合理？

（4）非常合理　　　（3）比较合理　　　（2）较不合理

（1）很不合理　　　　（9）不好说

F 下面，我们将谈谈您在工作和生活中的感受。

F1 在工作中，您是否经常有下列感受或状况？

	完全符合	比较符合	一般	较不符合	很不符合	不适用
A 工作十分劳累，提不起精神	（5）	（4）	（3）	（2）	（1）	（8）
B 不想努力奋斗，只想得过且过	（5）	（4）	（3）	（2）	（1）	（8）
C 对工作越来越提不起兴趣	（5）	（4）	（3）	（2）	（1）	（8）
D 在工作中越来越没有自信	（5）	（4）	（3）	（2）	（1）	（8）

续表

	完全 符合	比较 符合	一般	较不 符合	很不 符合	不适用
F 觉得所做的工作没什么 意义和价值	（5）	（4）	（3）	（2）	（1）	（8）

F3 下列各种说法，多大程度上符合您在单位中的实际情况？

	完全 符合	比较 符合	一般	较不 符合	很不 符合	不 适用
A 因为工作量大，我常常 感到时间不够用	（5）	（4）	（3）	（2）	（1）	（8）

R 为了把调查结论推论到和您相似的其他人身上，我们需要了解您的一些基本情况。

R1 被访者性别：

（1）男　　　　　　　　　　　　（2）女

R2 您的年龄：＿＿＿＿＿＿＿周岁

R3 您的最高教育程度（包括同等学力和成人教育）属于下列哪一种情形？

（1）没有上过学（不识字或识字很少）　　（2）小学

（3）初中　　　　　　（4）高中、技校、职高、中专

（5）大专　　　　　　（6）大学本科

（7）硕士　　　　　　（8）博士　　　（9）其他（请说明）

R5 您目前的户口类型是什么？

（1）农业（农村）户口　　　　（2）城镇（非农）户口

（3）居民户口　　　　　　　　（4）其他（请说明）＿＿＿＿＿

R6 您目前的婚姻状况是：

（1）未婚　　　（2）已婚　　　（3）离婚　　　（4）丧偶

（5）其他（请说明）＿＿＿＿

R9 您居住的房子是：

（1）自有房　　　　（2）租赁房　　　　（3）单位宿舍或合租房

（4）其他（请说明）＿＿＿

R13 您家中有没有需要他人照料的家庭成员（如老年人、残障人士、病人、婴幼儿等）？

　　　＿＿＿＿＿＿人

访问到此结束，谢谢您的合作！

图书在版编目（CIP）数据

劳动过程视角下的员工工作时间研究 / 李中著. --
北京：社会科学文献出版社，2024.6
（中国工作环境研究丛书）
ISBN 978 - 7 - 5228 - 3716 - 1

Ⅰ.①劳…　Ⅱ.①李…　Ⅲ.①工时 - 劳动制度 - 研究
- 中国　Ⅳ.①F249.25

中国国家版本馆 CIP 数据核字（2024）第 110984 号

中国工作环境研究丛书
劳动过程视角下的员工工作时间研究

著　　者 / 李　中

出 版 人 / 冀祥德
组稿编辑 / 谢蕊芬
责任编辑 / 赵　娜
文稿编辑 / 陈彩伊
责任印制 / 王京美

出　　版 / 社会科学文献出版社·群学分社（010）59367002
　　　　　 地址：北京市北三环中路甲 29 号院华龙大厦　邮编：100029
　　　　　 网址：www.ssap.com.cn
发　　行 / 社会科学文献出版社（010）59367028
印　　装 / 三河市尚艺印装有限公司

规　　格 / 开本：787mm × 1092mm　1/16
　　　　　 印 张：15.25　字 数：205 千字
版　　次 / 2024 年 6 月第 1 版　2024 年 6 月第 1 次印刷
书　　号 / ISBN 978 - 7 - 5228 - 3716 - 1
定　　价 / 89.00 元

读者服务电话：4008918866